MASTERING
RISK
MANAGEMENT
A practical guide to understanding
and managing risk

风险管理实务

从入门到精通

[英]
托尼·布伦登
（Tony Blunden）

约翰·瑟尔韦尔
（John Thirlwell）

著

池国华

译

中国人民大学出版社
·北京·

　　2020 年突如其来的新冠疫情成了 2008 年国际金融危机爆发以来全球最大的一起"黑天鹅"事件，对世界政治、经济和社会发展产生深刻的改变和深远的影响，尤其对各国企业造成了极大的冲击，一大批企业甚至是知名企业纷纷破产，这让企业家们愈发认识到了风险管理的重要性。事实上，自 1986 年德国著名社会学家乌尔里希·贝克教授在其著作《风险社会》中做出"人类已经开始步入风险时代"的预判以来，企业家们发现不仅风险的种类越来越多，而且风险传播的速度、发生的频率、影响的广度和深度发生了前所未有的变化。其实，不只是企业，整个社会环境的发展亦是如此，特别是近年来愈发呈现出易变性（Volatility）、不确定性（Uncertainty）、复杂性（Complexity）、模糊性（Ambiguity）的特征，对人类的生存与发展带来了巨大的威胁和严峻的挑战。由此可见，风险管理已经成为 21 世纪包括政府、企业在内的一切组织在运行过程中所要掌握的重要技能。问题是如何快速掌握风险管理的技能呢？

　　国内现有的关于风险管理的图书，内容要么犹如蜻蜓点水，过于简单，要么充斥着数学模型，过于复杂。这本由英国资深实务专家托尼·布伦登和约翰·瑟尔韦尔共同撰写的《风险管理实务——从入门到精通》很好地将实操性与可读性融于一体，不仅深入浅出地介绍了风险管理的步骤和实用工具，而且展示了实用的风险管理框架和基本流程，更值得肯定的是该书与时俱进，对当前让许多企业管理层时刻保持警醒的一些新问题也有涉及，如生存危机、声誉损失、信息安全、供应链风险等。因此，这本书既是一本适合风险管理从业者使用的风险管理简明指南，也是一本适合非专业人士阅读的风险管理入门工具书。正如曾担任伦敦市长和罗斯柴尔德公司独立非执行董事的彼得·埃斯特林（Peter Estlin）评价的那样，"在充满风险和回报的世界里，这是一本必读书"。

本书的翻译工作主要由我本人完成，同时还要感谢来自以下方面的支持：首先感谢国家自然科学基金管理科学部的支持，本书属于国家自然科学基金面上项目"银行内部控制与信贷风险的动态防控：基于银企信贷契约视角的研究"（72172061）、"政府审计与内部控制整合视角的腐败综合治理机制研究：基于政府和企业两种情景"（71772089）的阶段性成果。其次，感谢我指导的南京审计大学 2021 级审计学学硕和审计专硕周正义、韦天丽、王思繁、江怡珺、施楠在部分章节初译中提供的支持，感谢南京审计大学 2022 级审计学学硕和审计专硕苍正伟、汤敏、赵瑞萱、邵雯宇、史琪慧、叶昊等在部分章节校对中提供的帮助。最后，感谢中国人民大学出版社的编辑在本书出版过程中付出的辛勤劳动！

由于译者水平有限，本书难免存在疏漏和不妥之处，在此敬请业界专家和读者批评指正。

池国华

风险是企业制定商业决策时面临的核心问题，它不是复杂的科学，而是一门非常人性化的艺术。它既与机遇有关，也与威胁有关。因此，企业需要想象力和灵活性来适应快速变化的风险环境。

风险管理应该能够提高绩效、鼓励创新并支持目标的实现。良好的风险管理可以带来真正的商业价值。

这就是为什么《风险管理实务——从入门到精通》具有实践性、可用性，而且，最重要的是具有可读性。本书由从业者撰写，内容涉及风险管理，但不会充斥数学模型。许多风险管理书籍过于关注数学模型，本书不是这样，我们相信本书不仅会吸引风险经理，还会吸引非风险管理专业的读者和从事商业的读者。

在《风险管理实务——从入门到精通》第一篇中，我们介绍了情景并阐述了风险管理的含义。我们不仅介绍了风险管理的价值，也介绍了文化。风险管理与数字无关，它关乎不断变化的人与环境，以及必须做出的决断。这就是为什么本书如此多的章节都在讨论外部风险和水平扫描。

第二篇是本书的核心，搭建了一个实用的风险管理框架，不仅介绍了实施风险管理的基本流程，还介绍了如何使用风险管理工具。

第三篇介绍风险管理的实际业务，其中包括人员风险管理、声誉损失、信息安全与网络风险管理、企业生存与复苏以及第三方、外包和供应链风险管理。

　　我们希望您能喜欢本书，就像我们喜欢撰写《风险管理实务——从入门到精通》一样。我们也特别感谢由编辑埃洛伊丝·库克（Eloise Cook）领导的培生团队，感谢他们的指导和支持。本书任何错误或遗漏完全由我们自己负责。

目 录

第一篇　设置情景

第二篇　风险管理工具

第 10 章
如何使用风险管理数据建模 / 181

第 11 章
建模面临的挑战 / 199

第 18 章
第三方、外包和供应链风险管理 / 351

MASTERING RISK MANAGEMENT

第一篇

设置情景

什么是风险管理

引言

当瘟疫、战争和饥荒在 13 世纪的欧洲大陆肆虐时，哲学家托马斯·阿奎那（Thomas Aquinas）写道："世界从未如此充满风险。"750 多年后，人们仍然持有同样的看法，如今的气候变化、恐怖主义、化学武器、生物武器、辐射和核武器更让人们时刻保持警醒。当然，包括新冠疫情、1918—1919 年的"西班牙流感"①，以及 SARS 或猪流感等流行病，依然困扰着我们。风险如影随形。

无论世界是否更加危险，人们对风险的认识总是深刻的。这在一定程度上反映了社会的变化，即风险评估和风险容忍度的确定越来越民主化了。各种形式的行动主义者的出现，无论是消费者还是非政府组织，都意味着我们不再允许风险评估尤其是风险容忍度仅仅由政府或专家来确定。

正如托马斯·阿奎那所说："风险一直伴随着我们。"

① 1918—1919 年的流行病（带有禽类基因的 H1N1）传染了世界上三分之一的人口，导致 5 000 万人死亡。

定义风险

风险（risk）这个词是在 17 世纪由意大利语 risco 或 rischio 演化而来的，意思是危害或危险。1992 年，英国皇家学会（Royal Society）给出的定义中体现了这个词的部分含义，即"确定的危险在一定程度上发生的可能性"。[①] 这个定义的优点是引入了概率的概念，但它强调"确定的危险"意味着它涉及"已知的不确定"。

风险的另外两个定义引入了一个关键因素，即对目标的影响，这是一个贯穿本书的主题。在 2017 年美国反虚假财务报告委员会下属的发起人委员会（COSO）的修订定义中，"风险是事件发生并影响目标实现的可能性"。[②] 最新的风险定义变成了"不确定性对目标的影响"，这就把重点从结果转移到了原因。[③] 风险的主题变成了"可能发生的事情"。我们现在正进入"未知的不确定"领域，重要的是事件发生的原因。

上述定义不涉及威胁，它们涉及效果、影响或结果。风险和风险管理可以是机会，也可以是威胁。在中文里，风险由"危机"来代表，这两个字的意思可以理解为危险和机会，这表明中国人早在多个世纪前就理解了风险在概念上的两面性。正如彼得·伯恩斯坦（Peter Bernstein）在《与天为敌》（*Against the Gods*）一书中讨论 17 世纪瑞士数学家丹尼尔·伯努利（Daniel Bernoulli）的理论时所说："风险不是要面对的东西，而是一系列可以选择的机会。"[④] 一个或多个关键员工流失、声誉受损或项目泡汤很可能对财务产生不利影响，但即便如此，它们也有可能在短期和中期内带来一些经济利益。当某些事情发生时，它可能帮助你实现并超越你的目标。这些目标可以是销量、利润、市场份额或其他东西，例如在第 3 章以及第 14 章中讨论的行为。风险管理意味着你既要做好应对不利情况的准备，也要

---

① Royal Society, *Risk*: *Analysis, Perception and Management*; Report, 1992.

② Committee of the Sponsoring Organization of the Treadway Commission (COSO), *Enterprise Risk Management: Integrating with Strategy and Performance*, 2017.

③ International Organization for Standardization, *ISO 31000*: *Risk management-Guidelines*, 2018.

④ Peter L. Bernstein, *Against the Gods* (New York: John Wiley & Sons), 1998.

做好应对有利情况的准备。虽然风险经常令人感觉犹如在走下坡路，但实际并非总是如此。

最后，我们对风险的感知是非常主观的，而且往往是滞后的。比如，保险公司安盛（Axa）每年针对全球 2 万名公众和风险专家小组进行调查。[①]2018 年，流行病风险被认为是第十位最可怕的新兴威胁，仅次于医疗进步和创新以及基因改造等带来的风险。排在首位的是气候变化和网络安全问题。在世界经济论坛于 2020 年 1 月发布的《全球风险报告》(Global Risks Report）中，流行病几乎不见踪影。无论是发生的可能性还是影响力，传染病在 2007—2010 年期间都排在前五位，而气候变化和自然灾害自 2011 年以来一直排在前三或前四位，大规模杀伤性武器自 2016 年以来一直占据第一位或第二位。

安盛的调查表明，73% 的人认为他们在 2019 年比五年前更加脆弱和敏感。进一步的分析发现，美国人中有这种感受的占 75%，德国人中有 55%，中国人中有 25%。也许正因如此，45% 的亚洲专家认为"对流行病和传染病有绝对或一定的准备"，而美国的这个数字只有 16%。

因果关系

关于各类风险的本质还需更深入地思考。对于大多数风险类型来说，事件发生的结果通常是财务损失，很少是非常悲惨的人员损失。而这正是人们在决定今后如何更好地管理风险时所关注的。

但这并不是风险管理的意义所在。风险管理的意义应当是对因果关系链的充分理解，因果关系链如下所示：

原因——→事件——→影响 / 后果

虽然风险管理是对事件的管理，但它通过预防性控制和指标来管理事件原因，并通过检查性控制和行动来减小其影响。很多时候，公司，包括

---

① Axa Insurance, *Future Risks Report*, 2020; Gillian Tett, *Financial Times*, 10/11 October 2020.

风险管理人员，经常混淆事件的因果关系。人们将风险缓解建立在分析事件而不是分析原因的基础上，然而原因才是风险管理的主要关注点之一，分析原因是防止风险事件发生的最好方法。

我们通过一些非金融部门事件的例子来理解因果关系链（见表1-1）。

表1-1　因果关系链和一些重大风险事件

年份	原因	事件	影响/后果
2005	没有维护用于应对潜在严重飓风的堤坝；潜在的严重飓风，使庞恰特雷恩湖的水流入新奥尔良；1915年、1947年和1965年的洪水灾难重演	"卡特里娜"飓风	超过1 800人死亡；新奥尔良80%的面积被淹（大部分地区至今仍荒废）；财产损失约800亿美元，经济损失约1 500亿美元
2010	井上质量有缺陷的水泥；削减成本的决定；不完善的安全系统；不健全的行业惯例和政府政策	英国石油公司（BP）"深水地平线"钻井平台爆炸事件，马孔多油井漏油事件	490万桶原油泄漏入海；6个月后宣布封井；清理费用、收费和罚款超过650亿美元；对生态环境造成灾难性影响
2015	实际驾驶中的氮氧化物排放量是实验室测试的40倍；公司知道有"作弊软件"，但在取证后才承认	大众汽车"排放门"	首席执行官辞职；罚款和赔偿金超过350亿美元；股价下跌了三分之一；环境遭到破坏
2016	手机电池的缺陷导致一些手机产生了过多的热量，引发爆炸；用于更换的手机也频频发生自燃事件；通话声音不清晰	三星Galaxy Note 7爆炸起火事件	美国宣布禁止空运所有的三星Note 7手机；与2016年第二季度相比，第三季度三星营业利润下降了三分之一；三星在全球范围内召回该型号手机
2018	2010年海地地震后，高级工作人员嫖娼（可能涉及未成年人）；欺凌、骚扰证人；2011年的内部报告谈到的"严重不当行为"；乐施会没有接受慈善委员会的调查；《泰晤士报》（*The Times*）在2018年的爆料；关于其他不当行为的指控	英国乐施会（Oxfam）性丑闻频发	首席执行官和副手辞职；英国政府威胁削减对英国乐施会的资助；失去了7 000名捐赠者。

后面四个事件都使涉事公司或组织声誉受损。这就是为什么我们把与声誉相关的第 15 章称为"声誉损失"，而不是声誉风险。声誉通常在风险发生后受到影响。然而，许多公司都认为声誉受损是它们面临的最大的风险之一，因为声誉受损可能危及企业生存。这更加清楚地说明声誉损失是在事件发生后才产生的影响或损失，声誉受损后我们才考虑事件发生的原因。

因果分析的另一个重要因素在于风险的相互关联性。世界经济论坛每年都会发布一份全球风险关联地图。[①] 除了展示不同风险之间的联系外，它还强调了风险的系统性，例如：极端天气导致气候行动失败、生物多样性丧失或动物非自愿迁移；网络攻击导致信息基础设施崩溃，同时也导致失业加剧和社会不稳定。

在公司层面，你需要了解关键风险和其他风险之间的相互关系以及风险扩散的影响，这将使你更清楚地知道什么是你必须做对的，什么错误是你无法承受的。你很可能会发现一个看起来不是特别重要的风险，实际上却是一个重要的节点。如果这个风险事件发生了，就会引发一系列风险事件，并改变你对公司面临的关键风险及其优先级的看法。事实上一个风险事件的发生可能有许多原因，也可能带来许多不同的影响或结果，而一个原因就可能触发许多不同的风险事件。

最后，考虑一下风险速度。一个风险能多快变成现实？预防性控制的反应性如何？ VUCA 常用来描述风险——易变性（Volatility）、不确定性（Uncertainty）、复杂性（Complexity）和模糊性（Ambiguity）。显然，风险不是一门科学。

风险管理、目的和战略

在考虑风险和风险管理之前，我们需要明确公司的目的——公司为什么会存在？不管你管它叫使命还是愿景，公司里的每个人都知道他每天上班的原因。公司的目的应该与利益相关者的期望相一致。

---

① https://reports.weforum.org/global-risks-report-2020/survey-results/the-global-risks-interconnections-map-2020/#risks.

目的必须是公司价值观的组成部分，而价值观是战略和决策的基础。几年前，荷兰合作银行（Rabobank）在史基浦机场的入境大厅张贴了一张海报，上面写着"复杂的业务依赖于清晰的价值观"。管理层不仅在董事会会议上摆正了自己的位置，而且对所有的利益相关者包括客户都表明了自己的态度。

在明确了公司的目的和价值观之后，我们就可以考虑战略和目标了。在这一点上，风险管理部门应该确保战略和目标与公司目的一致，并且需要考虑战略和目标的风险。风险管理不是编制清单和编写管理信息，而是为未来制定战略。更重要的是，风险管理应该能够提高绩效、鼓励创新并支持目标的实现。

需要思考"哪些事情必须做对"这一问题的答案以及管理层不能承担哪些事情出错的后果。这样做的好处是可以评估公司的关键风险并确定风险的优先次序。明确地说，一旦目的明确了，风险就会自动浮出水面。

战略是取舍和权衡的结果。如果实施风险管理，管理层可以更好地理解对风险的考量会如何影响战略选择，并审视替代战略及其对风险状况的潜在影响。风险管理有助于做出明智的选择，包括确定公司的风险偏好以帮助创造、保持和实现公司价值。

我们还需要回答其他问题，比如我们是否对客户需求进行了准确的识别？我们的供应链能保障公司在预算内按时交货吗？新的竞争对手会不会出现？我们的技术基础设施能支持公司完成任务吗？所有这些都需要通过风险视角以及风险之间的相互关系，还有风险扩散后的影响来了解。

没有什么是不变的，风险管理对于提高公司韧性——预测和应对变化的能力——至关重要。随着条件的变化，风险管理为了解战略优势和劣势提供了新的视角，从而丰富了管理对话。目的和核心价值的重要性不言而喻，尤其是当涉及风险管理和在变化时期要保持韧性时最为重要。

风险是所有决策的基础之一

我们每天都在做决策，这些决策都有一定的风险。公司做出决策及确保所有风险都被考虑的方式，对其长期生存至关重要。好的决策将创造新的机会。

重要的是，风险管理不是一个独立的或具有某种周期性的活动，而是公司的基因的一部分，风险管理既涉及组织的决策也涉及个人的决策。决策不是仓促做出的也不是事后制定的，应适当考虑风险管理。好的决策涉及风险管理，并允许对商业决策提出质疑。

一个好的决策模式有助于确保你在做决策之前，收集所有相关信息和了解所有相关职责，并了解多种可能的结果。使用结构化的方法对风险进行讨论和分类，并采用适当的工具评估财务风险，可以帮助决策者对一个综合的业务案例做出明智的决策。如果做好了风险管理，这些决策将有助于我们充分利用机会。

在决策模式中，第一个基本问题是明确决策者要解决的问题，确保在这个问题上意见一致。接下来，思考公司主要的优势，它将如何促进战略目标的实现？一旦决策者就这一点达成一致，就可以看看主要的方案，包括推荐的解决方案和每个方案的利弊。决策者需要了解他们要拒绝的是什么，以及要做出的决定是什么，因此所有可供考虑的方案都应该一目了然。风险偏好是决策的一道防护栏。

对于参与风险评估的人员，其认知的偏差和运用的假设应予以考虑。偏差未被识别，如证实偏差（以一种确认自己先入之见的方式搜索或解释信息的倾向）和锚定（根据最初获得的信息做出决策的倾向），会影响风险评估人员的判断并做出错误的评估，从而导致糟糕的决策（见第 9 章）。

个体通常带有偏见且过度自信。一个糟糕的领导者往往会对其他人看到的重要风险视而不见。另外，我们倾向于快速做出决策，而快速的思维过程难免导致错误。人们过多地考虑过去的模式，而忽略了未来的发展。为了做出重大决策，我们需要更稳健、更科学地思考，并让具有多样性认知的群体参与其中，这些内容将在第 14 章介绍。

在尽可能消除偏见之后，我们会考虑那些受这些决策影响的人，包括内部和外部的利益相关者。决策的关键假设和对财务的长期影响是什么？涉及的风险是什么？这些风险成为现实的后果是什么？如何管理关键风险？如何制订应急计划以应对这些关键风险？公司的资源、时间机会成本和能力又如何呢？决策和计划的主要阶段的时间表是什么样的？

一旦实施风险管理，需要对过程进行反馈和审查，以辅助决策的制定。

非金融风险和金融风险的边界问题

我们介绍了风险的定义，如何定义风险取决于你自己。你对风险的定义必须符合你的公司的特点，因为各个公司在业务、价值观和员工方面都是不同的。同样，风险管理框架应该反映公司的工作方式。如何定义风险将决定你如何对风险进行分类和评估，以及如何管理风险。定义风险是制定风险政策的基石。

对风险进行分类并不意味着各类风险没有交集。事实上，风险会与其他风险重叠即存在"边界问题"。在金融服务领域，无论是零售交易还是批发交易，据说至少 50% 的银行坏账实际上属于非金融风险损失，由于缺少抵押品失效的记录，银行往往将这些损失以信贷损失的形式记入账目。同样，在市场交易环境中，大量被记为市场损失的账目也属于非金融风险损失。例如，手滑按错了键，或者订单打错了以及在应该卖出的时候买入，或者应该购买的是日本招聘机构 J-Com 而不是有线电视集团 JCom 的股票。①

在较高的水平上对风险进行分类，尤其是对那些有相对同质的时间序列数据的金融风险进行分类，有助于进行定量建模。然而，你至少应该跟踪和记录那些带来非金融风险损失的事件。事实上，风险是跨越边界的（而且是跨越职责的），并且以不同的方式牵扯到不同层次的人。它涉及公司的微观政治以及宏观政治。用迈克尔·鲍尔（Michael Power）的话来说：

（非金融）风险的划分是一种延伸的制度化尝试，旨在框定那些无法框定的事物，缓解人们对无法控制的"无赖者"的恐惧，并驯服

---

① Jeremy Grant and Michael Mackenzie, ' Ghost in the machine ', *Financial Times*, 18 February 2010.

（金融体系中的）"人造怪物"。①

对风险进行分类的真正目的是便于风险管理，而不是风险度量。

非金融风险和金融风险的区别有哪些？

因非金融风险涉及范围较广，需着重考虑非金融风险与金融风险是否有本质区别。

- 每次进行交易时都会发生风险，但风险的存在并不依赖于交易本身。在一家公司开业并开展业务之前，它就面临诸如火灾、盗窃或洪水等风险。如果风险仅基于交易本身，则会有海量数据附加到每笔交易中并被深度评估、分析和监测。但事实并非如此，风险的影响也不单单包括金融方面。

- 对于金融风险，尽量减少其对某一实体、货币、地理区域等的影响。然而，非金融风险时有发生。对于内部风险，通过有效管理可以降低其发生的可能性和影响（见第 6 章），如设置阈值、确定风险偏好（见第 4 章）。对于外部风险，我们会在本章接下来的内容中进行阐述。使用检查性控制和纠正性控制或许可以减小外部风险的影响，但在大多数情况下，你不能阻止外部风险的发生。

- 金融服务的核心在于对风险的假设和管理，无论是银行的贷款、保险公司的承保，还是交易商的货币或债券贸易，都是如此。其他类型的业务中，无论是信贷管理和流动性风险还是商品风险，都可能是业务中的必要一环，但不是公司运营的原因。正如前面所说，不论喜欢与否，非金融风险基本上是不可避免的。重要的是通过各种类型的控制和对风险偏好的确定来管理风险。

- 我们可以审计风险损失是否已被准确记录，但前提是它已经被报告。只要审计人员知晓此事，即使损失不被承认，也可进行审计。但不论公司政策如何，你不能保证所有损失事件被一一记录下来，

---

① Michael Power, *Organized Uncertainty* (Oxford: Oxford University Press), 2009, p. 126.

除非检查账簿上的每一条借贷记录（见第 13 章）。

- 非金融风险和金融风险最后的区别在于公司的每名员工都要对非金融风险的某些方面负责，且这一风险遍布公司开展的所有活动。非金融风险无处不在，因而对它的管理成为董事会和企业高管最关心的问题。

测量问题

第 10 章和第 11 章会介绍建模方法及其面临的挑战。即使我们有定量和定性数据，仍需谨慎对待建模问题。因为要获得关于风险成本的准确信息极为困难。在报告中，有时我们必须充分考虑报告编制人员的诚信和汇报的方式，而不是会计系统中的数据。

人们错误地相信数字是理性决策的基础，甚至是替代品。如果这种想法属实且存在于相对同质化、数据丰富的信贷和市场风险环境，那又会有多大可能存在于异构型、数据匮乏的非金融风险环境中呢？1703 年，莱布尼茨（Leibnitz）给他的朋友雅各布·伯努利（Jacob Bernoulli）写信，"有限数量的实验样本太小，无法精确计算大自然的意图"[①]。大自然的意图常常是非金融风险的主题。接受一个差不多的结果可能是我们能做的最好的事情。非金融风险的一大问题是覆盖范围太广，而且从其定义来看，它常常涉及多个风险，而不是某一个风险。一个原因可导致多种结果；一个结果可能有多个原因。

鉴于风险产生的原因和风险测量行为的重要性以及其涵盖了风险的本质，真正科学的风险测量过程中可能会包括各类专业人士，如经济学家、工程师、社会科学家、行为科学家、未来学家以及不同类型的数学家。如果风险管理是一门科学（与艺术相对），风险测量就是一门社会科学，而非纯粹的数学科学。当罕见、影响大的事件发生时，往往缺乏足够的数据。对非金融风险的概率估算不可避免地会受到行为因素而非技术因素的影

---

① Peter L. Bernstein, *Against the Gods* (New York: John Wiley & Sons), 1998, p. 118.

响，事实上，重大损失会导致行为变化和控制改变，从而使过去的经验不那么重要。

外部风险和水平扫描

风险管理的一个问题，也是管理中普遍存在的问题，就是把过多时间花在担心内部风险而非外部环境上。一般而言，导致一家公司倒闭的风险主要与人（通常是高级管理人员）有关，或者是与外部风险有关。

在本书中，我们自始至终都在强调管理以及风险管理应该持续进行水平扫描。水平扫描在许多章中反复提及，如从本章至第 3 章、第 5 章、第 15 ~ 18 章。水平扫描需要三道防线各自发挥其功能作用。之后便可通过水平扫描综合了解整个公司的风险敞口、流程和运营环境。

PRESTEL 是社会科学领域的一个有效工具，有助于公司思考外部风险和进行水平扫描。仔细甄别这些外部风险的类别，就会意识到为什么任何一家公司都必须调整其关注的焦点。

政治方面（Political）：政治上的不确定性可能影响国内和国际市场。地缘政治变化和恐怖主义可能会阻碍（全球）经济发展。

监管方面（Regulatory）：公司必须监控规章制度的变化，包括与隐私、产品开发和审批以及治理预期相关的规章制度。

经济方面（Economic）要考虑的影响包括：经济状况可能会限制劳动力市场的发展；不断变化的客户偏好和人口结构改变了现有客户基础；股东维权给公司带来的影响；新的竞争者和破坏者给公司带来的影响。

社会方面（Social）要考虑的影响包括：新闻媒体、社交媒体（包括客户和前员工）、政客、更广泛社会群体、当地社区等对公司施加的压力；激进民粹主义者，如"反抗灭绝"者对公司的影响；管理层和其他主要代表的表现和个人操守可能与社会期望不符；人类流行病对公司的影响。

技术方面（Technological）要考虑的影响包括：新兴技术和数字技术

（人工智能、机器人、自然语言处理）的应用可能需要员工掌握新技能、提高现有技能、接受技能再培训；颠覆性创新需要的能力水平可能会比对抗风险或有效管理风险需要的能力水平更高；对网络威胁准备不足可能会严重破坏核心业务或损害品牌形象；新的以低成本为基础的数字化竞争对手可能会颠覆现有的公司；隐私和身份管理中存在的风险。

生态环境方面（Environmental）要考虑的影响包括：气候变化的影响，包括供应链对公司的影响；

由金融稳定委员会（Financial Stability Board）赞助的气候相关财务信息披露工作组（Task Force on Climate-related Finance Disclosure）不仅包括金融部门，还包括能源、运输、材料和建筑、农业、林业产品等部门该工作组议定的财务信息披露建议对公司的影响；

绿色金融和棕色金融对公司业务的影响。

法律方面（Legal）要考虑的影响包括：除了《反贿赂法》（Bribery Act）等法律法规，东道国的许多商业惯例也发生了变化。

世界经济论坛发布的《全球风险报告》展示了五大风险：不稳定的世界，影响经济稳定和社会凝聚力的风险，气候威胁和生物多样性加速消失，数字碎片化的后果，医疗体系面临新的压力（包括在新冠疫情之前）。

资产管理公司贝莱德（BlackRock）首席执行官拉里·芬克（Larry Fink）在发布的年度公开信中写道：

> 公司应问问自己：我们在社区中扮演什么角色？我们如何管理对环境的影响？我们是否适应技术变革？我们是否为员工提供了再培训、是否抓住了业务机会，以适应日益自动化的世界？[1]

除了强调风险类别，内外部风险每天都在变化。商业环境充满了不确定性，因此我们必须有效管理重大的威胁和机遇，而这意味着公司要时刻关注这些不确定性因素。问题的发生有快有慢，但其影响巨大。作为公司持续成长的一部分，确保风险管理框架能够应对内外部变化是关键所

---

[1] Larry Fink's Annual Letter to CEOs 2020，https://www.blackrock.com/corporate/investor-relations/larry-fink-ceo-letter.

在。那些拒绝改变和无法调整商业模式和运营的公司终将失败。当然，事情的发展会出乎意料。问题在于是否有适应能力，这是所有公司都面临的挑战。

风险管理应鼓励管理者密切关注其他形式的数据——信息比纯粹的数字更有意义，即使是流言蜚语和随意评论。这又违背了概率的基本定律，它要求对同质事件进行独立、客观的观察。话虽如此，即使是精算师也承认需要使用定量框架来验证他们的"猜测"。[①] 定量分析无疑有它的地位，但顶尖精算师都在应用智能风险管理，这就是本书要介绍的全部内容。

有观点认为，如果没有数字，便无法进行管理。数字即使虚假，也能给公司以确定性的安慰；但如果数字分析方法的准确性是虚假的，那就危险了。风险不是用数字来管理的，风险是在管理不断变化的人和环境。这种情况下，即便判断是基于确凿的证据，仍具主观性。这是某些风险报告中使用颜色（或文字）而不是表面上看起来精确的数字的原因。一幅画胜过千言万语。在风险中，一种颜色胜过成千上万的数字。

整合风险管理

风险管理是管理的重要组成部分。风险管理必须与公司的战略、目标和文化相一致。董事会应该监督公司的风险管理，强大的整体文化会促使公司从被动应对风险转向进行主动的、综合的、灵活的风险管理，其中包括打破组织壁垒、整合关键人员和流程（如战略规划）、联结整个企业各节点以构建整体风险观。

风险团队和各项业务各自独立地运作没有意义。整合风险管理的整体目标是整合业务组合或是单项业务中所有不同的风险管理。这使公司能够了解其整体的风险概况，以透明、结构化、全面的方式识别和解释风

---

① Ericson, R., Doyle, A. and Barry, D., *Insurance as Governance* (Toronto:Toronto University Press), 2003, quoted in Power, p. 13.

险。整合风险管理涉及跨职能的伙伴关系，包括业务线、领导力、人力资源及它们之间的沟通。真正的整合风险管理需要多样化的视角和跨学科的方法。

我们的目标是在整个公司建立一个结构化的、一致的和持续性的流程，尽可能识别、评估、降低风险，决定如何对机会和威胁进行应对和报告。这将确保公司对风险和风险语言有一个共同的理解。

整合风险管理要了解公司不同部分的风险敞口，并能够发现公司某一部分的风险会影响另一部分，这意味着公司上下沟通顺畅。数据和技术将在决策中发挥重要作用，但如果没有合适的人员、良好的文化和强大的信息流来确保数据的访问和处理，这些作用将无法实现。

风险信息应与成功管理公司所需的其他信息紧密结合。公司必须以与当前业务和未来战略相一致的方式开展活动。将对风险的考量纳入现有的管理活动，确保风险信息成为高管和董事会成员使用的管理信息的一部分。这将有助于扭转这样一种看法，即风险管理只关注风险，与公司的日常管理和未来战略发展脱节。

整合风险管理对大多数公司来说并非易事。但理解和掌握整合风险管理方法的好处很多，有助于实现公司目标和提高业绩。

跨企业风险一个很好的例子是一个项目。这个项目可能是一个由特殊团队跟进，长达6个月甚至更久的项目；或者是由一个具有特殊技能的团队研发的持续性项目，目的是降低产品缺陷率或提高产品质量；或者是成立一个全职开发新产品的小组。无论什么项目，都涉及公司所有的职能部门，因此存在许多风险。事实上，大多数项目或是没有实现业务收益，或是交付延迟，或是超出预算。因此，风险管理应成为一项主要任务。

考虑到风险问题，明确以下因素有助于节省项目的时间和预算：

- 范围和目标。团队和公司中的每个人都很清楚项目范围及目标。
- 计划。项目开始前在给定的时间内做好计划。
- 人力。确保有强大的团队、足够的资源，明确每个人的作用和责任。
- 沟通。与内外部进行沟通；当遇到问题和复杂情况时，要有一个沟通系统。

- 采购合同。排除使合同无法执行的条件；排除不适当或不明确的合同条款。
- 时间和预算目标。建立应对变化的系统；避免估计错误或"最佳猜测"；对生产力有足够的控制。
- 质量保证。清楚可交付成果的质量；有适当的质量控制和保证措施。

风险管理不仅涉及项目评估和上述事项，还涉及对事件的响应及控制，应确保在发生重大事件时已制订了完备的应急计划。

除了项目风险，产品风险还涉及商品或市场上零部件价格变动的风险，也包括产品质量、设计和分销方面的风险。供应链风险涉及供应商和买方的信用风险，但它的根源在于供应链物流风险（见第 16 章）。这些风险涉及跨企业风险和价格变动风险。

小结

风险管理的一大问题是，我们并不完全了解现在或未来所面临的风险，但我们必须采取行动。未来如果是确定的，就只有特定的结果。我们能做的最好的事情就是努力让未来更加确定，将负面结果发生的可能性降到可接受的水平。

总有一些事情可能会出错，无论是由于过程失误、人为失误，还是仅仅因为外部发生的意外事件。在所有这些因素中，最不可测、最有可能造成严重问题的是人为失误和外部事件。但这并不意味着这些不可预测的因素是不可控制的。我们需要理智对待风险管理并接受其局限性，否则，风险管理本身会成为一种风险。风险管理既不意味着规避风险，也不意味着消除风险。

风险管理的商业价值

引言：为什么要进行风险管理?

机会与威胁

风险管理意味着什么? 风险与其说是威胁，不如说是一件需要正确处理的事情。良好的风险管理不仅关乎绩效的持续改进和获得更多的机会，还关乎威胁和危险。

这意味着，对于每一个风险，应探究其中隐含的机会及其对公司的威胁。恰当的风险管理能够使公司利用风险获取利益，同时保护自身免遭不利后果的影响。

通过积极地开展风险管理，公司将从发展中获益。

使战略、目标和文化保持一致

明确公司的战略是至关重要的。如果我们对战略和目标有清晰的认识，整个公司会因此获益。

在良好的文化中，价值观是战略的基础。同样，更好地理解对风险的考量如何影响战略选择是至关重要的。公司的管理是由目标驱动的。对风险的理解将使目标更加明确，并有助于在公司内部更好地开展风险管理，从而形成更和谐的文化。

正如我们将在第 3 章中提到的，良好的文化以及共同的行为是一种宝贵的资产，是竞争优势的来源，对创造和保护长期价值至关重要。当公司做出风险决策或识别、评估、讨论风险并采取行动时，价值观和行为文化应该是不可分割的一部分。为此，公司必须建立并保持相关的文化。

风险文化反映了公司整体的风险意识，也是公司的一种价值观。总之，价值观能推动价值的创造。

领导力和综合风险管理

在了解了价值观、明确了战略和目标之后，我们需要有坚定的领导力——来自所有领导者，而不仅仅是首席执行官或主席，更不是某个个体或派系。如果有坚定的领导，就会有信任，包括更多的授权，并在作出重要决定时进行开诚布公的讨论。了解风险决策的制定背景是明智决策的一个基本要素。我们需要清晰地了解这些背景信息。一个好的领导者也会欢迎不同的观点、价值观和行为。良好的决策为公司创造机会和收益。

显而易见的领导力还有助于实现跨职能的综合风险管理，使公司上下对风险文化有一个共同的理解。风险管理必须是管理的组成部分。

清晰的风险治理是开发有效和一致的风险管理框架的基础（见第 5 章）。良好的治理是：

- 阐明公司的风险政策，确保董事会确定的风险偏好与公司的业务策略和目标一致；
- 对业务目标有影响的风险能得到有效管理，整个公司面临的风险能得到识别；
- 阐明风险、控制权和责任，从而减少疏忽和重复性工作；
- 为内部控制的有效性提供更好的保证，并减少无效的内部控制；

■ 开展结构化的、一致的和持续的风险流程管理。

良好的治理不仅仅关乎领导力、治理和风险管理。为了让所有工作顺利进行且公司能从中获益，良好的治理需要所有员工的支持。通过从上至下的沟通获得支持。不仅要在内部进行沟通，还要确保每个人都密切关注外部环境，就像我们在第1章中解释的那样。

风险管理职能

如果公司具有风险管理职能，管理人员将更好地理解对风险的考量如何影响战略选择，以及如何评估替代战略及其对风险状况的潜在影响。如果公司没有风险管理职能，重大战略决策将在不充分知情的情况下作出。关于新产品、方案和业务线的讨论都应包含对风险的考量。

风险管理职能应融入管理和决策当中，并提供支持和建议。风险管理部门不是一个成本中心，而是一个提高效率和发现机遇的引擎——换句话说，风险管理使公司变得更好。

风险管理的其他益处

良好的风险管理可以使公司获得的益处还包括：

■ 减少业绩波动，提高业绩并实现增长；

■ 确保良好的信息沟通，以充分利用有限的资源并改善资源状况；

■ 增加积极成果，减少负面意外；

■ 增强适应性，以便在出现意外，特别是和竞争对手面临同样的问题时，更快地恢复市场地位；

■ 有效地简化流程，有效地利用风险资本。

风险管理的益处

正确确定风险偏好的益处

任何公司都存在一定程度的固有风险，真实情况确实如此。风险偏好观点认为，公司应该对希望承受的风险水平与回报和成本进行权衡。这需要理解金融风险和非金融风险之间存在本质不同。经常听到董事们说他们完全不想忍受风险（尽管是被误导的）。不仅董事们对公司的正常风险和意外损失有不同程度的偏好，其他利益相关者对风险的偏好有时也相去甚远。

通过风险偏好声明使人们接受董事会确定的对非金融风险的偏好不会轻易地改变（与市场风险和信用风险等金融风险截然不同）。董事会对风险的更清晰的理解源于对风险偏好的考量。这种理解延伸到高级管理层和一线业务人员，有助于一线业务人员承担风险责任。根据公司的风险偏好定期评估公司的风险状况，公司可以实现良好的风险管理，并能制定适当的缓解措施。

正确进行风险与控制自我评估的益处

意识到自己面临的风险以及缓解风险的控制措施是至关重要的。在一个清晰明确的风险与控制自我评估结构中，可靠的识别、测量、管理和缓解公司所面临的风险的能力，将引领整个公司对风险进行持续的处理和报告。对董事会和高级管理层而言，做出明智的商业决策，掌握有关公司内部风险水平的详尽一致的信息显然至关重要。

整个公司采用协商一致的风险与控制自我评估方法，有助于推动将风险管理嵌入公司的文化变革，同时也可以帮助高级管理层和那些负责日常业务风险管理的人员。清晰的评估标准有助于确保对风险进行一致和稳定的测量（见第 6 章）。

风险与控制自我评估有助于快速识别潜在的风险热点和控制瓶颈。它们还允许公司对非金融风险进行建模，而不必等待数年时间以收集准确和完整的运营损失数据（见第 10 章和第 11 章）。风险与控制自我评估是公司在早期获得风险管理益处的简单方法。

正确设定指标的益处

关注公司现在的位置、由风险与控制自我评估所代表的未来以及由事件所代表的过去是很重要的。指标能够提供这些信息，特别是公司风险状况的变化。指标使公司能够监测其风险和控制，从而能够迅速判断趋势并迅速采取行动。

指标还可以帮助公司根据风险偏好来衡量其风险敞口，风险偏好可以通过指标来设定。这使得财务资源能够用于那些能为企业提供最大利益的领域。指标有助于制定切合实际和可实现的改善目标，以加强对风险的控制并减少风险。

通过监测关键风险指标，公司可能发现一些被疏忽的和重复性的工作。公司可以通过评估风险和控制环境，监督未完成的改进行动和审核风险负责人的业绩来监测关键风险指标。

正确发现和分析事件及损失的益处

从过去的风险事件中学习是风险分析的一个基础部分。识别失败的控制以及之后发生的事件可以积累经验并从中获益。具体是指是否实际发生了损失，或者是否确实获得了收益。同一控制措施在公司的多个部门被发现失败是很常见的。如果这些信息没有被捕捉到，就不会有人将这些事件联系在一起，也不会有人关注小的损失，尽管这些小的损失可能会在不同的地方多次重复发生，以至于累积变成了大的损失。

可靠的损失数据可用于风险敞口的事后检验，例如识别风险与控制自我评估中的数据差距。在事件分析中发现的风险及其相关的控制失败，应

该在相关的风险与控制自我评估中以较高的剩余风险和较差的控制的形式
出现——当然，除非公司在相当长一段时间运气都不好！

对风险事件及其损失进行全面的跟踪，可以为公司提供一系列可靠数
据并得出初步结论，同时也有助于开展风险事件的溯源分析（见第 8 章）。
这将突出其他风险管理数据存在的问题，并显示潜在的高损失领域。全面
记录有关风险事件的数据来源，就有可能揭示风险与控制自我评估中的不
完善之处。

损失和事件是公司实际发生的事情，可以运用基于客观（以及主观）
数据建模的方法从这些实际发生的事情中获得有益的启发。真实事件的发
生有助于验证这些模型的有效性。

正确进行情景分析的益处

就像风险与控制自我评估着眼于未来一样，情景分析有助于公司探
索另一种极端的但仍然可信的可能结果。特别是，情景分析允许探索公司
的风险和对风险控制的敏感性。它通过在压力条件下检测风险以明确风险
之间的相互作用。它还有助于阐明风险之间以及控制与风险之间的因果
关系。

通过创建公司寻常经验之外的风险和控制数据点，情景弥补了风险与
控制自我评估的主观性质的不足，以及内部损失数据的缺乏，这是公司在
评估风险时经常遇到的问题。情景分析是在假设的极端条件下对风险发生
的可能性和造成的影响进行测试。此外，情景分析对控制设计及其可能产
生的效果也进行测试。

情景分析是获得高级管理层关注的极好方法，因此，它常常会使风险
与控制自我评估流程重新启动。这是因为情景分析是由高级管理团队作为
一个整体来执行，以便能够对情景效果进行全面和恰当的评估。情景分析
还有助于高级管理层摆脱传统的风险管理方法，转而认真考虑公司未来的
发展前景。

正确报告的益处

良好的风险报告能使公司形成一种共同的风险语言，从而使相关风险活动在对等的基础上依次开展。具体的风险管理活动可以根据整个公司的一致评分结果进行优先排序。良好的风险报告还能促使管理层参与风险管理并达成共识，从而推动对风险的持续识别、评估和控制。

高级管理人员对风险绩效的监测为评估风险管理活动提供了参考，并进一步融入公司的风险管理当中。通过良好的报告，公司可以明确风险的来源和风险的控制权，有助于确定风险的优先次序，以明确公司的风险状态并加强对风险的控制。

正确建模的益处

在风险调整的基础上配置风险资本，是对高级管理人员管理好风险的有力激励。在非金融风险管理中采取这一领先的做法，使公司能够根据董事会表达的风险偏好更准确地监测风险敞口，因为风险敞口和风险偏好都可以用货币表示。

建模使得在适用的情况下降低监管风险资本费用成为可能。许多建模方法将在第 10 章和第 11 章中讨论。采用综合方法建立模型（将亏损与定性数据结合起来）可以帮助公司客观地预测未来的亏损。定性方法允许公司在成本收益分析的基础上来确定其资源和控制的目标。

一旦建立了风险模型，风险成本就可以纳入定价模型。这一点经常被忽视或遗忘，从而导致公司对交易的真实成本和定价缺乏了解，这最终可能给公司带来毁灭性的打击。在 2007—2008 年的次贷危机中，许多金融服务公司都从中吸取了教训。尽管次贷危机被视为一个信用风险事件，但从根本上说，它是由未能理解所使用的相对复杂的证券化产品的风险所导致的。

是什么让管理层时刻保持警醒？

良好的风险管理的好处不仅体现在框架流程上，还体现在风险管理的具体管理上，我们将在后面的章节中介绍。

人员风险管理

员工不仅是一家公司最宝贵的资产，而且可能是潜在的最大的风险责任来源。优秀的人员风险管理是良好的风险管理的基本组成部分。如果人员风险管理做得好，对公司的好处是很大的，这些好处包括：

■ 使员工明确其角色及工作的重要性；
■ 培训和学习的机会；
■ 通过评估和定期反馈，强化优秀的员工行为；
■ 明确的绩效标准和行为标准使薪酬更透明。

有了好的人员风险管理和良好的公司文化，公司就能识别出合适的人，包括新员工和新领导。

优秀的人员风险管理鼓励一种报告风险的环境——一种持续改进的环境，以便从中吸取教训。良好的人际环境将是这样一个环境：人们对变化持开放态度，能够灵活迅速地应对商业机会，以及对商业威胁作出反应。有了良好的公司文化和良好的风险管理，员工才能真正成为公司最宝贵的资产。

声誉损失

声誉事件会严重损害健康和财富。如果能够阻止与声誉有关的风险发生，便无须应对声誉损失。由此可见，良好的声誉管理是良好的风险管理的重要组成部分。良好的声誉管理意味着公司的每个人都参与其中（包括所有的利益相关者），并且清楚自己的角色和责任。在第 15 章中，我们介绍了可能导致声誉受损的方式，也介绍了风险管理如何减少声誉损失发生的可能性，以及如果发生声誉危机该如何处理。如果公司的声誉良好，获得企业、股东、客户和其他利益相关者的信任和赞誉，公司就会吸引最好的人才、供应商和合作伙伴，获得更多的产品和服务溢价，并减少潜在的声誉损失。

信息安全和网络风险管理

确保信息安全有利于公司和包括客户在内的所有利益相关者。毕竟，客户名单、产品和流程的复杂细节为公司提供了竞争优势。此外，客户的机密信息，例如协商的价格或信用卡信息，是绝对不能让其他人获得的。

在 21 世纪，信息的焦点往往围绕着数字信息。这在一定程度上是由许多网络事件和立法导致的，最引人注目的是《通用数据保护条例》（GDPR）。该条例规定的最高罚款金额为年度全球营业额的 4%（或 2 000 万欧元，以两者中较大者为准），这往往会引起高管和董事会的注意。尽管尚未达到上限，但《通用数据保护条例》的罚款金额已经非常高。对数字信息的关注也与社交媒体让所有的利益相关者迅速意识到公司的数字信息管理问题有关。当对智力信息和物质信息的风险管理不善时，社交媒体效应也会发生作用，此时需要一种全面的信息安全风险管理方法。

企业生存与复苏

一个健全的、经过考验的、最新的企业生存计划的好处应该是不言而喻的。企业生存与复苏计划或任何应急安排，都是降低风险的重要手段。企业生存计划基于风险流程——风险水平扫描、风险评估和情景分析——进行创建和激活。就像风险管理的其他部分一样，企业生存计划有助于识别漏洞和主要目标。正如我们在第 17 章中将看到的，计划是一种投资。企业需要确保自己是一个幸存者。没有一个充分的计划可能意味着永久的市场份额的损失或人员的流失，以及招聘替代人员的困难和高昂的成本。风险可能就那么高。企业需要计划、测试和沟通。当然，如果企业能迅速恢复业务，尤其是在发生了一件对企业和竞争对手都有影响的事情时，企业会立即获得竞争优势。

一个好的业务连续性计划甚至可能意味着企业可以协商降低业务中断保费，这是我们接下来要讨论的内容。

第三方：外包和供应链风险管理

无论是外包还是供应链，都是好的风险管理也是好的业务管理的例子。如果外包管理得当，如我们将在第 18 章中所说，它的巨大优势是将外包活动及相关风险交到比你表现更好的人手中：这也是一个很好的关于风险管理是机会而不仅仅是威胁的例子。

外包能提高业务水平，提高客户服务的速度和质量，并改善财务控制——这是改进风险管理的另一个方面。当然，它还可以降低成本，提高盈利能力。

关于外包的主要观点是，当外包运作良好时，它就是一种伙伴关系。在这种关系中，买家提供技能，供应商提出创新的想法。如果这种合作关系贯穿整个供应链，它可以重新配置供应网络，找到缩短交付周期和提供共同培训的方法。重要的是，伙伴关系可以成为改变风险环境的主要力量。

作为营销工具的风险管理

风险管理的另一个好处是可作为一种营销工具。沃尔沃（Volvo）就是一个很好的例子，它把安全性变成了一个营销和销售的机会。安全性是驾驶者期望汽车拥有的一个特性，因为它代表着驾驶风险的降低。沃尔沃非常成功地将汽车的安全性作为其营销和销售的差异化因素。

同样，在金融服务业，许多公司在报告和账目中增加了风险信息的披露。银行业国际规则《新巴塞尔协议》(Basel Ⅱ)[①]的三大支柱之一是银行风险管理信息的披露。然而，与信用风险相比，非金融风险的监管披露要求最低。很明显，企业认为，让所有人清楚地知道企业对自己面临的风险进行了彻底的识别、测量、监控和管理，并且详细地解释企业的做法，这会是一种竞争优势。你会把钱存哪儿？是一家风险管理到位的公司，还是一家无法或不愿阐明自己如何进行风险管理的公司？

国际和国内会计准则以及英国的商业审查准则，也呈现出这一趋势，要求在年度报告和账目中增加风险披露。所有这些都是为了让风险管理公开化。但是，许多公司超越了最低标准和"样板"的做法，从增加的风险披露中获得了营销收益。

业务优化

风险管理不仅能避免或减少损失，它还涉及寻找商业利益和持续改进的机会。风险管理可以作为六西格玛和精益管理方法的基础，如图2-1所示。准时制管理方法依赖于正确识别、测量、监控和管理供应链风险，这是风险的一部分。此外，质量环依赖于全面和知情的风险管理，就像全面质量管理一样。

流程改进和业务优化是风险管理的基本部分，六西格玛给出了一个结构化的方法。六西格玛主题包括关注客户、事实驱动的主动管理和流程中不受欢迎的变化，这与良好的风险管理完全兼容，许多人甚至认为，六西格玛主题与全面风险管理主题相同。此外，流程图的六西格玛起点对于风险管理非常有用，能给企业带来利益。

---

① www.bis.org/publ/bcbsca118.htm.

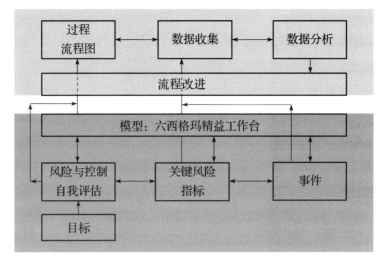

图 2 - 1 风险管理与六西格玛和精益管理方法的相互作用

资料来源：Courtesy of RiskLogix Solutions Limited.

六西格玛与风险管理的比较

从图 2-2 可以看出，六西格玛流程在总体和每一阶段内部都是迭代的。此外，如果某一个阶段无法运作，流程就会返回到前一个阶段。这是六西格玛方法严谨性的一个体现。要密切评估每个阶段，如果评估不能产生合乎要求的结果，执行者/团队必须使用新的想法和解决方案重复这个阶段。这种迭代方法旨在确保对业务流程所做的更改最有可能产生预期的积极影响，并且就所实现的改进而言，该更改能够带来最好的回报。

1. 评估当前状态

与六西格玛流程中的所有阶段一样，这个阶段有一个业务焦点。第 1 阶段和第 2 阶段要确定待改进流程的优先级。第 1 阶段的业务焦点是确定问题和差距，以及公司中最紧迫的需求。通常情况下，公司会举办研讨会，并通过头脑风暴创建关联图和相互关系图。通过对这些图的分析，可以深入了解哪些战略领域从改进中受益最大。最初，通常会确定 6～8 个战略领域，公司希望立即改善这些领域的状况。

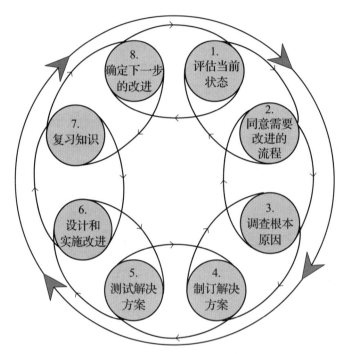

图 2 - 2 六西格玛全流程示意图

风险管理中与此阶段等价的风险管理阶段是识别和评估风险与控制（通过风险与控制自我评估），并确定指标及其阈值。

2. 同意需要改进的流程

从确定的领域中，选择需要改进的流程。这通常是由业务需求驱动的。或者，流程之间经常存在联系，对一个流程的改进可以对许多流程产生有益的影响。例如，改善客户承接流程，使客户文件更加清晰，也可以改善客户联络、客户报告和客户投诉处理流程。如果能够识别出这样的"上游"流程，那么显然它们应该是一个高优先级的领域。这样的操作也有助于意识到任何流程改进对"下游"的影响。在一段时间内，还应该使用过程输出控制图记录待改进流程的当前性能，以便识别改进。这也有助于提高对问题规模的认识，还有助于确定目标性能水平。

风险管理中与此阶段等价的风险管理阶段是利用阶段 1 的风险与控制自我评估以及指标阈值，将风险偏好与当前状态进行比较。

3. 调查根本原因

关于问题的根本原因的理论最初是通过协商一致的工作和研讨会确定的，分析根本原因的工具有因果图、直方图和散点图。也可以使用假设检验和标准统计检验，如方差分析。

要收集数据以支持对根本原因的分析，并通过使用工具，寻找强相关性，以确定应优先解决的原因。当测试表明过程中的变化（归因于提出的根本原因）在统计上是显著的，而不是随机变化的结果时，就可以认为这个根本原因与过程的变化是相关的。请注意，每次只针对一个原因进行改进；否则，无法将改进结果与相关的根本原因对应，从而无法识别某个根本原因导致的改进结果。

风险管理中与此阶段等价的风险管理阶段是事件因果分析，尽管与特定过程相关的事件可能很少。然而，这样的因果分析对六西格玛根本原因的分析大有帮助。

4. 制订解决方案

为了制订解决方案，六西格玛流程的这一阶段将利用研讨会来确定控制和识别根本原因的流程之间的链接。也可以利用原因和解决方案图。这个阶段还趋向于提出原因、控制和过程之间的进一步的关系，这些关系本身可能指向解决方案。然后对生成的解决方案进行优先级测试。

风险管理中由事件因果分析及使用风险与控制自我评估和指标的偏好分析得出行动计划是与本阶段等价的风险管理阶段。

5. 测试解决方案

使用第 4 阶段生成的最有希望的解决方案，通过对照实验来评估解决方案的影响。这个阶段还将确定解决方案的适当措施，前提是这些措施能够带来所需的改进 / 影响。

风险管理的行动计划的建模，包括定性数据的建模，相当于本阶段的风险管理阶段。

6. 设计和实施改进

六西格玛流程中的这一阶段涉及如何应用已证实有效的改进，包括开展培训、试点实施和试点评估等项目，以及如何界定改进是成功的，还包括让企业设置一个成功的目标（如果一个都没有设置）。一旦试点成功，一个永久的解决方案就会到位，包括数据收集方案，以显示改进仍在继续并且一切如常。

在风险管理中与此阶段等价的风险管理阶段是完成行动计划，设计新的控制和指标，并检查是否降低了风险或实现了期望的控制改进。

7. 复习知识

这是一个典型的项目汇报，包括以下内容：

- 哪些做法有效；
- 哪些做法无效；
- 特别有效的工具；
- 我们希望做得更好的事情；
- 克服困难的经验教训；
- 如何以不同的方式管理员工。

与第7阶段等价的风险管理阶段是嵌入方法（当然，它与治理相关联）。此外，在这一阶段，风险管理人员将对所使用的方法和工具提出质疑，以实现任何可能的改进。

8. 确定下一步的改进

这是一个非常简单的阶段，通常是从所需改进的原始列表中选择第二个选项。如果公司的业务状况在此期间没有发生显著变化，那么本阶段是非常自然的一步。但是，如果业务状况有变化，则应重复六西格玛流程的第1阶段。

从风险的角度来看，新的风险与控制自我评估以及对事件和指标的持续监测将导致进一步的偏好比较和周期的更新。

小结

在业务层面，一个健全的和有效的风险管理系统将使管理人员能够更迅速和更有效地对事件作出反应。在董事会层面，良好的风险管理可以降低业绩的波动性，促进资源和资本有效配置。

从投资者的角度来看，风险管理鼓励并允许他们了解股东价值是在哪里被创造或被破坏的。一个良好的风险管理系统完全嵌入业务中，可以防止风险管理的盲目性，这些风险可能影响业务线或交易的盈利能力。通过提炼风险文化，对风险和控制的感知可以得到改善，从而实现业务优化。这些将反映在公司的信用评级中。此外，在与监管机构改善关系的过程中（只要适用），风险管理也将带来显著的监管效益。一个更大的好处是，如果企业做对了，就不用付钱请律师了！

风险管理是成功的企业管理的基础，本身就能产生真正的商业价值。在确立了这一原则之后，我们可以继续探索对风险的实际掌控。

第 3 章 | CHAPTER 3 |

风险管理与文化

引言：挑战

风险管理中面临的挑战包括：

- 30% 的人每天都在工作中撒谎；
- 41% 的人认为职业生涯比道德更重要；
- 42% 的人在不道德地行事时感受到压力；
- 60% 的人曾目睹他人的不道德行为；
- 80% 的人认为管理者没有树立道德榜样。[①]

拉巴顿·苏查罗（Labaton Sucharow）开展的一项调查显示，25% 的受访者愿意为取得成功做一些违法或不道德的事；16% 的受访者表示如果能逃脱惩罚就会实施犯罪。[②] 马丁·惠特利（Martin Wheatley）在担任英国金融行为监管局（FCA）CEO 时曾说："超过 50% 的金融服务业高管仍然坚持认为'道德灵活性'对职业发展十分重要。"[③]

当在工作或职业生涯中面临一些微妙的威胁，譬如完成目标的压力时，

---

① CMI Survey, September 2013.

② 拉巴顿·苏查罗于 2012 年开展的调查还显示：94% 的人会在匿名、就业保障和金钱奖励有保证的情况下举报不当行为。

③ Martin Wheatley, December 2014, quoting CASS/New City Agenda report, 'Cultural change in the FCA, PRA & Bank of England'.

好人也可能做坏事。这个问题不只关乎个体，更关乎管理。

　　本章提供了一些致力于让所有人在一个普遍健康的环境中共事的方法，以达到"我们在文化中畅游犹如鱼在海中，文化如此自然，以至于我们几乎没有注意到它"的状态。

组织文化对我们意味着什么？

　　关于组织文化的定义有无数种。最初的定义也许是 20 世纪 60 年代麦肯锡 CEO 马文·鲍尔（Marvin Bower）提出的"我们在此做事的方式"[①]。而广泛使用的定义则来自埃德加·沙因（Edgar Schein）：

　　　　（组织文化）是群体在解决其问题时获得的一套共享的基本假定……它因运作良好而被认为……是觉察、思考和感受（与群体相关的）问题的正确方式。[②]

在一份报告中，IRM 提出：

　　　　一个群体的文化源于其成员的重复行为。而群体及其成员的行为是由他们潜在的态度所决定的。

但这份报告接着指出："这些行为与态度都受群体中主流文化的影响。"[③]
即存在着这样一个反馈循环：

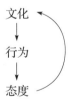

文化 → 行为 → 态度

　　① Marvin Bower, *The Will to Manage: Corporate success through programmed management* (McGraw-Hill Book Com, 1966).

　　② Edgar Schein, *Organization Culture and Leadership*, 5th ed (The Jossey-Bass Business and Management Series, 2016).

　　③ The Institute of Risk Management (IRM), https://www.theirm.org/knowledge-and-resources/thought-leadership/risk-culture.aspx.

文化决定了员工的行为与态度，同样地，员工态度本身也会影响组织文化。

纵览关于文化的不同定义，它们其实有着某些基本的共同之处：

- 它们都关乎群体而非独立的个体，都是为了共同的目的或目标而存在或打造。
- 它们都有着一致的行为、态度、思维模式、规范、假定、期望和价值观。
- 它们都随着时间的推移而建立。在最优秀的群体中，文化是无意识、润物细无声的。

凯万·斯科尔斯（Kevan Scholes）与格里·约翰逊（Gerry Johnson）于1992 年首次提出的文化网络（Culture Web）[1]揭示了工作场所中的这些环境因素是相互关联的：

- 故事——与事件、公司内外部人员以及公司的价值观有关；
- 仪式和惯例——可接受的惯常行为；
- 符号——标志、工作环境、着装要求；
- 组织架构——正式与非正式的架构；
- 控制系统——财务系统、质量体系、奖励体系；
- 权力结构——公司中的实权所在。

正如我们所说，文化会随着群体的演进而发展。有人离开自然就有人来。人们的境况会因生老病死、结婚离婚这些人生大事或其所处的外部环境而变化。几年前，根本没人谈论 metoo[2]。每一代人都有不同的态度。

如果群体的文化来自其成员的行为，那么：

- 是谁或者是什么影响着我们下班以后的个人行为？
- 是谁或者是什么影响着我们工作时的个人行为？
- 又是谁或者是什么从外部影响着整个公司的行为？

答案不胜枚举。

在公司之外，这些因素可能是：

---

① G Johnson, R Whittington and K Scholes, *Fundamentals of Strategy* (Pearson Education, 2012).
② metoo 是美国的一个反性骚扰运动。——译者

年龄

受教育程度

家庭

朋友

健康状况

法律

人生经历（包括童年经历）

媒体——纸媒、广电媒体

国籍

职业道德

社会群体

社交媒体网络

天气、季节

在面对足球队员、在酒吧玩乐或者与家人相处时，你是否表现得不一样？所处的群体决定了人的行为。

而在公司内部，还有如下可能的影响因素：

董事会、高级管理层、分级管理制度

同事 / 同辈压力

岗位角色与作用、员工多样性、弹性工时制、工作 / 生活平衡

工作环境、工作氛围、亲和力

政策、行为准则、员工手册、规章制度

公司架构、公司规模、公司治理

业务类型

经营业绩、团队表现

绩效目标、时间表、预算

个人责任、问责制

奖励（包括工资、福利、成功、荣誉）

来自管理层、同事、客户的反馈

第 1 章介绍了 PRESTEL 分析工具和水平扫描技术，分析了风险管理所处的外部环境。外部环境也会对公司的文化造成影响。这些外部影响每天都在变化，甚至每个小时都在变；文化一直在演进，从来都不是一成不变的。归根结底，那些从未谋面的人亦会对我们自身和公司的文化产生影响。

一家公司不仅应当考虑周围的情况，更要参与其中。公司需要主动进入不同的世界，与那些以全然不同的视角看待事物的人接触，认真且开诚布公地与大众、知情的评论人士接触，积极寻求来自有思想的记者、投资者、工会和非政府组织的挑战，这些都对公司有着极大的好处。

无论是公司、政府还是团队，当危机出现时，它们都倾向于向内收缩，切断与外界的连接。一个优秀的公司会继续与外界保持接触并从中学习。

文化不是八周速效节食食谱。它是不断演进的，所以需要持续不断地培养，是一个无止境的长期项目。

文化与风险文化

本书的主题是关于风险管理的。因此要考虑的一个问题是，公司文化与其风险文化是否有所不同。从根本上而言，公司在做出风险决策时，或在识别、评估、探讨公司风险并采取行动时，风险文化就展示了公司的价值观和行为体系。

风险文化体现了整个公司的风险意识，它是公司的价值观之一，而不只是出现在风险函数中的变量。如果一种风险管理文化只关注公司和其中个体的风险承担意愿，终究还是太过狭隘。而对风险文化进行监管，意味着风险承担行为和风险承担系统是最重要的影响因素，否则就会发生混乱。例如，高层基调不仅为公司文化奠定了基础，也为风险问题定了调。在风险管理方面，我们需要的是区别于文化和价值观的资源与技术技能。

　　当人们试图去定义风险文化时，他们常常如此表述："一套共同的价值观和信念，支配着人们的风险承担意愿……它决定了风险与损失能在多大程度上公开地报告和讨论。"[①] 但实际上，这是对文化的定义。

　　此外，ISO 标准认为要将认知偏差和风险评估过程中涉及的假设纳入考量。因为诸如证实偏差（倾向于以确认自己的先入之见的方式搜集或解释信息）以及锚定（倾向于根据最初获得的信息进行决策）之类无意识的偏差都会影响判断，造成错误评估，进而导致糟糕的风险决策。但真正能解决问题的答案应该要考虑认知的多样性，并让不同的人参与重大的风险决策，而非认为风险管理与风险文化二者相互独立。

　　风险管理只有在公司文化和风险文化保持一致的情况下才能发挥作用。正如迈克·鲍尔（Mike Power）和西蒙·阿什比（Simon Ashby）在一份报告中所说的那样："风险文化是文化问题的一种特殊框架。"[②] 风险管理的主要目的和益处在于辅助做出明智的决策（见第 2 章）。同理，公司的价值观也应当被嵌入风险管理之中。

多元化、包容性和文化

　　即使公司的价值观是建立在决策制定或风险承担之上的，但如果做出决策的人具有高同质性，那么这些价值观就不是最优的。公司在做决策时，一定要利用认知的多元化，避免群体思维。这点在招聘人员时就要注意。我们需要考虑社会经济或是种族的多元化，而不要只招聘与我们相似的同类人。只"吸收与现有董事会同种类型的成员"是无法实现多元化的。[③]

---

① Risk Management Association Journal, 2006.

② Risk Culture in Financial Organisations, 2013, available: www.lse.ac.uk/researchAndExpertise/units/CARR/pdf/Final-Risk-Culture-Report.pdf.

③ Christopher Woolard, Interim CEO, FCA, October 2017.

出于同样的原因，为了使员工能向更高的职位角色进阶，我们必须确保不存在任何结构性偏见。英国的银行标准委员会（Banking Standards Board）对 7 万名金融从业人员进行的一项调查显示[1]，男性能在以下方面获得更好的机会：投资银行业务；商业银行业务；小额银行业务。

我们应该考虑系统中普遍存在的结构性激励机制，它有力地推动了我们对社会规则的遵从。正如威廉·德雷谢维奇（William Deresiewicz）所说的那样，我们总是习惯性地成为"优秀的绵羊"。[2]

性别或社会经济学中的多元化也没有实现。就说残疾，无论是身体上的还是精神上的，在英国，残疾人的失业率为 50%；而与之相对的，健全人的失业率是 20%。这又是一个对结构性偏见的控诉。

企业需要塑造一种使员工在心理上感到安全的文化，并允许差异存在。位于伦敦的劳合社（Lloyd's）对 6 000 名受访者进行的一项调查显示，有 500 名受访者在过去 12 个月里经历或目睹过性骚扰。[3] 另一个例子是，2018 年 11 月 1 日，谷歌（Google）在全球的数千名员工集体离职，原因是该公司存在性骚扰、性别不平等以及系统性的种族主义。身处 21 世纪，这是多么严重的指控。

当然，多元化还有一个要素是国籍。以上这些例子都来自英国。民族文化与企业文化会有多大的冲突？ 2011 年的福岛核反应堆灾难则是一个耐人寻味的例子。

案例研究

福岛第一核电站事故

2011 年 3 月 11 日，继日本东北地区的地震和海啸之后，福岛核灾难发生并导致了福岛一号核电站的一系列设备故障、核反应堆熔毁以及放射性物质泄漏。

地震发生后，三个正在运行的反应堆自动关闭，应急发电机随之上

---

[1] Banking Standards Board, Assessment Survey 2018, published April2019.

[2] William Deresiewicz, *Excellent Sheep* (Free Press, 2015).

[3] Lloyd's September 2019.

线，对电子设备和冷却系统进行了控制。然而，地震后的海啸淹没了放置
应急发电机的低洼房间，导致它们发生故障，切断了装载循环冷却水的本
可以防止反应堆熔毁的水泵电源。大量涌入的海水原本也能防止核反应堆
熔毁，可是这个决定没有立刻得到执行：一部分原因是缺乏关于灾难规模
的信息，另一部分原因是海水淹没会永久破坏昂贵的核反应堆。最终日本
政府才下令用海水漫灌，但为时甚晚，堆芯熔毁已无法避免。此外，日本
政府也并未根据外部机构提供的信息来采取行动——大多数疏散人员甚至
被送往了放射性水平更高的地区。

　　2012 年 7 月，日本国会独立调查委员会在其发布的报告中总结道：
"这是一场彻头彻尾的人祸，它本可以而且理应被预见和阻止。"在这份报
告导言的第一页写着——"日本制造"。它强调的隐含之意就是：

　　"我们的本能服从"；

　　"我们不愿质疑权威"；

　　"我们对'坚持计划'的忠诚"；

　　"我们的集体主义"；

　　"我们的狭隘"。

　　如果你在一个国际性的集体中，在这种情况下，你是否还能营造出一
种文化？如果公司有一个让所有人都认同的共同目标，并且其价值观是没
有商量余地的，那么国籍上的差异就会让位于这种目标和价值观。但是，
民族文化和表达方式一样重要。对此，一个办法是让国家文化的拥护者向
其他人解释，为什么可能会以错误的方式做出决定。

　　这一点同样适用于公司中不同的职能部门。公司里会存在亚文化——
无论是清洁工、技术人员、销售人员还是交易员，但总要有一种可以将每
个人都联系在一起的集体文化。如果公司能做到这一点，那么所有人都会
成为公司的一部分。

为什么风险管理文化很重要?

积极面

一种包含共同的价值观与行为的良好文化,是使公司获得竞争优势的推动因素和差异化因素。植根于这样文化的公司将会展现出:

- 更高的员工参与度;
- 更高的信任度,包括允许更多的授权;
- 偏见更少的沟通;
- 更佳的决策制定与风险承担意愿;
- 更好的新领导选拔;
- 效果更优的招聘;
- 更优异的绩效和成长;
- 对外部利益相关者更多的关注。

正如罗杰·斯蒂尔(Roger Steare)教授所说:"价值观能推动价值的创造。"[1] 克里斯蒂娜·拉加德(Christine Lagarde)在担任国际货币基金组织(IMF)主席时谈到领导者应该"像重视估值一样重视价值观,像重视资本一样重视文化"。[2]

如果公司没有正确理解文化,灾难就会袭来,例如 2007—2008 年的金融危机。2011 年,美国国会对此调查得出的结论是"这次危机是可以避免的""许多重要的金融机构存在公司治理和风险管理的巨大失败""关于问责和职业道德的系统性崩溃"。而令人担忧的是,尽管在此次金融危机后,在金融业的价值观和职业道德方面做了大量的工作,但这些问题仍在继续。

---

[1] Roger Steare, Corporate Philosopher in Residence at Cass Business School and psychologist.

[2] IMF conference on Inclusive Capitalism, May 2014.

案例研究

富国银行

2020 年 2 月，富国银行（Wells Fargo）支付了 30 亿美元以了结对自己的数项刑事指控和一项民事诉讼；这些诉讼均源于富国银行在 14 年间对其社区银行客户的广泛的不公正对待。抵押贷款和汽车贷款并未包括在和解协议内。

2002—2016 年，富国银行的员工存在欺诈舞弊行为。为完成不可能实现的销售目标，他们在客户不知情的情况下，以客户的名义开立了数百万个账户，然后为这些不知情的账户持有人签署信用卡和账单支付计划，伪造虚假的个人身份证号和签名，甚至秘密转移客户资金。

加利福尼亚中区的联邦检察官表示："这个案子说明了银行里各级领导的彻底失败。富国银行用来之不易的声誉换取短期的利润，还使不计其数的客户遭了殃。"

最终，继数千名员工因伪造记录被解雇，首席执行官约翰·斯坦普夫（John Stumpf）于 2016 年 10 月引咎辞职，并支付了 1 750 万美元的罚款。

正如马克·卡尼（Mark Carney）在担任英格兰银行（Bank of England）行长时所说："……现在认为这个问题是因少数几个烂苹果而起的说法是站不住脚的；真正的问题出在装这些苹果的桶上。"[1]"烂苹果"理论只是不努力进行文化改革的借口。[2]

消极面——合并

合并是令投资者、董事会和员工都感到头疼的事，尤其是对员工而言。因此，经常会出现缺少沟通、员工不满、员工流失、员工智力成果被窃、难以理解新规程和"我们如何在这里做事"等等状况。传闻，当戴姆

---

[1] 'The future of financial reform', 2014 Monetary Authority of Singapore Lecture, Singapore, 17 November 2014.

[2] Speech by New York Federal Reserve Bank Chairman John C Williams, 'Banking culture – the path ahead', 4 June 2019.

勒公司（Daimler）和克莱斯勒公司（Chrysler）合并时，"克莱斯勒公司哑然无声"。

很少有合并能达到目的。毕马威（KPMG）2015年的一份报告显示，83%的合并未能提高股东回报，因为每个人都操心节约成本，而不是一开始就考虑创建什么样的文化以及引领这些文化的管理层的领导力。公司文化是什么其实并不重要，因为并没有一种完美的文化。文化既可以是重视企业家精神的，也可以是保守的。重要的是得知道公司究竟想要怎样的文化。当毕马威被要求协助公司合并时，它会使用以下这张表来描述两家公司，并察看其中的各项要素：

个体	团队
集中化	分散化
规则驱动	目标驱动
任务	人员情况
正式的	非正式的
传统	变动
小集体决策	共识决策
结果导向	长期展望
需要知道	公开沟通
竞争	合作
效率	质量

如果处理不当，公司就会声名扫地。这是第15章要介绍的内容。

风险管理文化的嵌入和维持

除非嵌入整个公司中，否则文化是无法维持的。若文化不可维持，那么无论是风险还是其余的行动和决定，都将与公司拥护的价值观相左。换言之："当管理层不在场时，我们该如何处事？"这时你是否还记得那些价值观，或者，当我们作为管理者，是否会忽视或宽恕那些不可接受的行为？又或者当我们是那些随大流的管理者，而无论这个大流是美国的次级抵押贷款、英国的人身保险还是允许交易员操纵 LIBOR 利率？

坚定的领导力

说到文化，它不能只是"高层基调"，而应该被"从上到下地贯彻"。[①]这意味着公司的文化、价值观和行为都需要坚定的领导力来推动。文化涉及所有的领导者，不管是董事会、执行董事和非执行董事、高管还是公司的其他管理人员。为了确保公司正在实践它所宣扬的文化，公司需要一位高级主管——可能是人力资源总监——来向董事会汇报现状。但遗憾的是，德勤（Deloitte）2018 年的一项调查显示，有"70% 的人承认他们所在的组织没有定期向管理层报告文化和行为上的风险"。

坚定领导力的关键在于，要让所有的领导者都传达一致的信息和一致的行为准则。我们讨论的是嵌入和维持文化。而文化链条会在最薄弱的环节断裂。

如果有了坚定的领导力，就会出现：
- 信任；
- 价值观和行为的一致与坚守；
- 开诚布公的辩论；
- 欢迎具有挑战性和多样化的观点，不仅在公司内部如此，也倾听公司外部环境中的"遥远的声音"，不做一个自说自话的回音室；
- 看得见的领导——接地气的领导者。

与之相反，如果领导团队没有参与其中，自以为他们无所不能、无坚不摧，或者他们的动机是贪欲，那么，哪怕培训和工作场所里的招贴海报尚存，员工也可能已经忘记公司文化了。

最困难的环节是通过仅次于合伙人的中层管理者来嵌入文化。许多中

---

① 我们对阿里安利·夏佩尔（Ariane Chapelle）这样说表示感谢。

层管理者都理解公司的价值观和行为准则，但随后会发现自己被迫去实现那些无法实现的目标。那么公司文化就会使业绩造假和基于集体欺瞒做出的战略决策等丑闻一发不可收拾。

花旗集团（Citigroup）清楚地列明了它想从自己的领导者那里获得什么。

花旗集团的领导力标准

培养我们的员工

通过打造一种精英且透明的文化为花旗集团培养人才和团队，并颂扬卓越、积极和勇敢。

为客户创造价值

为客户、公司、政府和社区提供经济价值并带来积极的社会影响。

像合伙人一样工作

在公司内部通力合作，并鼓励员工为花旗和客户争取实现最好的结果。

提倡进步与变革

倡导一种高标准文化，推动进步，拥抱变革，挑战现状，以支持花旗的愿景和全球战略。

践行我们的价值观

在驱动绩效并平衡短期和长期风险的同时，确保各部门各司其职。

结果导向

通过铺设一条通向道德和可持续结果的清晰道路，设定高标准并实现绩效目标。

其实还有更多的细节，但有趣的是，领导力的标准都和文化相关。

良好的文化中也会存在拖延。每个领导和每个团队都要有在每次会议上做出基于原则的良好决策的自觉。关于心理安全的文化是有利于客户和投资者的，当然在理想情况下更要有益于社会。很多文化工作都是在当地进行的，或者说是基于当地团队开展的。这就是文化嵌入的体现。

理想情况下，公司应当为员工提供时间与空间，以便他们能停下来思考和自省。还应当帮助管理者养成反思的习惯，无论是个人反思还是团队反思。另外，要促进高级管理人员与一线人员接触，因为这些一线人员直接面对外部环境，并且可能和高管生活在一个不同的社交环境中。就像Prêt A Manger[①] 会要求总部经理每年花四天的时间在一线工作——准备三明治并站柜台——一样。

战略、目的和支持

除非所有人都清楚公司的目的，并清楚他们自己的目的，否则公司无法形成文化。在这一点上，默文·金（Mervyn King）教授说得很好：

> 你们都对高层基调有所耳闻。而我既谈论高层基调，也谈论中层声调和基层节奏。如果你正确地制定策略并得到了支持，那你就能让普通人完成最非凡的事情；若你得不到支持，你甚至无法实现那些普通的目标。[②]

如果战略和目的明确，就会形成共同目标，也会得到利益相关者的支持，前提是公司的战略和目标是：

- 明确的，关键是经过沟通的；
- 融入了公司的价值取向；
- 与投资者和客户的利益是一致，更重要的是，与员工的利益是一致的。

如果公司无法打造并实施与公司相匹配的文化，那么所有后续的战略都将面临风险。文化、战略和风险是紧密结合在一起的。

从根本上讲，这是经过深思熟虑的决策——而不是完全不考虑价值观和文化，或者让短期目标压倒长期战略的机会主义决策。话虽如此，我们必须灵活变通，并有能力对内部或外部力量的变化做出反应。文化和环境从来都不是一成不变的。

---

① 英国三明治连锁品牌。——译者

② 'Good Governance and Sustainability Fundamental for Improved Business Reporting', International Federation of Accountants, June 2010.

价值观和行为

价值观和行为是文化的核心。正如我们说过的那样，价值观能推动价值的创造。罗杰·斯蒂尔对此有十分经典的表述：

长期表现良好的组织都很清楚自己的目的：每个人都知道他们为什么在那里，应该如何行事，必须去哪里，以及将如何到达目的地。

每个公司的价值观或行为都会有所不同。但最重要的是，这些价值观和行为需要：

- 如实地反映公司的文化——它们是有活力和可信的；
- 将社会和客户纳入考量；
- 由董事会成员和高级管理人员颁布（由上至下地贯彻）；
- 所有人参与制定——没有例外；
- 反映董事会与主要利益相关者之间，以及董事会与各级工作人员之间定期的双向对话；
- 在所有关键的业务决策和流程中都扮演着关键角色；
- 经过清晰的沟通。

公司在确定价值观时，究竟采用的是自上而下的方式——换言之，价值观是从"上面"传下来的——还是确实有员工参与其中，采用的是反映周围共事者行为的自下而上的方式？

不论利益相关者是投资者、供应商还是客户，他们是否都参与其中？公司至少应该将这些价值观传达给那些关键的利益相关者。

由价值观驱动的公司会比其他公司更成功，其发展也更具可持续性，因为它们利用了员工可自由支配的精力和热情来实现公司的道德目标。

不道德的行为会对公司和员工造成相当大的损害。

关于嵌入价值观的另一个要点是，该如何嵌入。是体现为一串词语，还是以价值观的定义为基础的决策、评估方案和薪酬制度？

打个比方，网飞（Netflix）就有一系列具体的价值观：

- 判断；

- 沟通；

- 好奇心；

- 创新；

- 勇气；

- 热情；

- 无私；

- 包容；

- 正直；

- 影响力。

这些价值观中的每一项都附有四页纸的具体释义。若价值观模糊不明，它们将被忽视。网飞指出："我们真实的价值观，是我们最关心的具体行为和技能。要是这些价值观听起来和你的特征很像，而且能描述你想与之共事的人的特征，你就有可能在网飞茁壮成长。"

最理想的是，试着根据每个人来定义每个价值观。比如说"团队合作"，我们要考虑团队合作中的子价值观，如跨职能协作、创业动力、集体责任、群体决策、商业敏捷性等等。假设我们有这样一个评分系统，如"高绩效""可接受的业绩""不可接受的业绩"，那么：

关于"集体责任"，我们会解释对"高绩效"的定义："促成和支持团队的决定，即便这些决定可能不符合他或她自身的职能或部门的优先事项，并且接受和鼓励其他人履行集体责任。"或者说明"业绩不佳"的意思："无法看到业务其他部分适应不断变化的需求的必要性。"

这意味着对所有人的行为都会有客观的评价标准，而不仅仅是用一个表示价值观的词来评价。制定并执行这些标准可能需要投入资源，但如果公司认真地对待文化和价值观，这应该是公司必须要完成的事。

最后要注意的是是否存在零容忍。如果这些价值观是公司及其行为的真实反映，那么会出现零容忍。这并不意味着即时的惩罚，但是对于失败应当予以指出，并进行一次理性对话。否则，这种不好的文化就会蔓延，对价值观和行为的判断标准也会越来越低。

开放的沟通渠道

沟通是文化中的一个关键要素。如果公司的战略、目标甚至宗旨并未得到沟通，那么文化和价值观就会成为无本之木。没有沟通，它们就会脱离实际。

沟通必须从上到下都是开放的。这需要有清晰且畅通的沟通渠道，使信息能尽快传到它该到达的地方。为确保风险决策尽可能地最优，风险信息必须被有效地传递。良好的风险文化能让人随时了解风险状况。而糟糕的风险文化总会限制信息流动。此外，风险信息在糟糕的文化中还有可能被奉为圭臬，即一些不好的东西在公司里逐渐被神圣化。更糟的是，风险信息还很可能被限制在某个范围内——就像触到了玻璃天花板，等决策者意识到时，为时已晚。

作为一名高级经理，你对于自己究竟有没有被告知真相是否清楚？经理们都需要考量事项是如何在公司中上传和下达的。不过部分问题在于与薪酬相关的绩效目标。目标是好的，但糟糕的文化会影响人们处理问题的方式。

无论如何，公平问责的文化允许人们承认错误并改过自新，而不是进行惩罚。公司文化应该是一种持续改进的文化。航空公司对此十分重视，部分原因是它们运送的是人。航空公司的文化是记录问题并提交给上级，以确保问题不再发生。在一次横跨大西洋的飞行中可能有一百件事项被记录在飞行日志上。这些事项小到咖啡壶没有正确地置于加热板上，大到另一架飞机的"未遂事故"。其中的关键在于确保那些发现问题的人——还有那些本应该发现问题的人——不被追究责任。发现了问题却没有向上报告是弥天大罪。航空公司将飞行日志用于培训和持续的改进。事实上，机长会被要求和工程师、空乘人员一起参加关于沟通、团队合作以及工作量管理的小组会议。尽管客流量在 30 年间增加了 9 倍，但总死亡人数减少了一半。

另一个例子是曾经在每 10 万名病人中就有 7 例索赔与 24 例诉讼的密歇根大学医院（University of Michigan Hospital）。医院以前的态度是，就算自己确实有过错，也照旧应诉。但后来医院采用另一种方式：承认医院的过失，特别是当问题已经发生的时候。索赔数因而减少了三分之一，诉讼则几乎消失了。

当一家公司拥有开放透明的沟通文化，问题就能被递交给上级从而下达应对的决策。就拿莎士比亚笔下的李尔王（King Lear）做例子。李尔王并没有意识到自己之前已经把权力完全交给了女儿们，他发觉自己成了一个在荒郊野外，只有弄臣为伴的被遗弃的人。但正如大多数弄臣对待他们的主人那样，弄臣向他进谏忠言，李尔王最终意识到了自己的处境。

我们需要进行清晰的沟通。要避免过于复杂的或者太多不必要的信息。同样，信息不足就意味着资源和时间的浪费。另一个问题则是混淆。怡和集团（Jardine Matheson）前董事长奇普斯·凯瑟克（Chips Keswick）曾经说过："永远不要处理任何你没有完全理解的事情，也不要和那些无法清晰表达自己意思的人打交道，因为他们可能根本不知道他们在说什么。"

在多元化和包容性之下，我们还会谈到国籍问题。除了不同国家的文化，还存在着语言问题，尤其是在跨国公司中，这不仅仅是翻译另一种语言。"简明英语运动"（和它的水晶标识）成功地在改善公文信息的清晰和简洁方面取得了优异表现。让一个 10 岁的孩子都能理解一家公司与客户的沟通，这难道不奇妙吗？这就是目标所在。

21 世纪，通信领域迎来了一场海啸。电子邮件或社交媒体的其他形式得到广泛应用。在一家公司中，尤其是在同一栋楼里，人们担心很少有人真正面对面地交流。在面对面交往之外有太多的问题因误解而生，坦白地说，用文字和用语言交流是截然不同的。有些公司开始在某些日子以禁止使用内部邮件的方式来促使员工之间进行语言交流。

如果我们想在一个公司中嵌入文化，就必须尽我们所能地去传播这种文化。一些直接的例子可能是：

■ 通用的语言（例如英语）；

■ 重复的信息和声音片段，最好覆盖所有的内部通信工具；

■ 视觉提示，例如招贴海报；

■ 定期的培训；

- 反馈和咨询;

- 从投诉中学习;

- 证明行为准则或价值观的合理性;

- 在整个供应链中宣扬文化。

间接的例子则是，讨论和交流政策、沟通方式、战略和目标时传播文化。传播文化的最佳方式是身体力行，尤其是（高级）管理者要这么做。

现在到了沟通的最后一个要素。无论把它叫作"直言不讳""大胆说""大声说""请听好"还是类似的其他词，含义都是相同的。在一个开放的文化中，我们想让人们谈论他们所看到的问题，不论这些问题是关于流程、客户关系还是不良行为的。如果不允许开放性的存在，文化就会变质。上报的问题应该受到重视。这是一个学习型环境的组成部分。

可悲的是，也许是因为这与服从性相悖，甚少有人敢仗义执言。我们在前面提过的英国银行标准委员会年度报告就描述了银行业的表现，以及可以在哪方面做得更好。关于直言不讳，该报告认为行业内存在鼓励措施，但缺乏在各个业务层面上倾听和行动的意愿。员工仍然担心直言不讳的后果（28%），或者即使他们个人并不是被针对的目标，他们也相信直言不讳是徒劳的。四分之一的受访者（在7万人中）存在工作方面的担忧。在这些人中，三分之一的人保持沉默，不过有63%的人向经理报告了担忧的问题。然而，其中40%的上报并没有被认真对待，19%的上报没有得到任何反馈，所以报告者也不确定发生了什么。更可悲的是，那些决定直言不讳的人更倾向于提出一些业务层面的东西，而非诸如欺凌或歧视等具体行为。

类似地，在21世纪末，人们对英国斯塔福德郡的斯塔福德医院（Stafford Hospital）糟糕的病人护理和高死亡率表示担忧。2013年发布的弗朗西斯调查显示，部分问题在于："公开表态的员工感到被忽视；同时也存在强有力的证据表明，许多人因恐惧和担心被霸凌而不敢公开表态。"

如果在一个开放的文化中很难公开表态，那么内部举报也就困难得多。现在许多国家都有了关于举报的法律，公司也有了相关政策——但效

果如何呢？多数公司都有这样一个系统，使得内部举报人可以去找独立的
经理、独立的非执行董事或者外部机构。但不论是怕被报复还是受到迫
害，诸多内部举报人都离开了原公司。

作为应对，一些开明的公司已经着手建立一种让人心理上感到安全的
文化，让员工觉得问"愚蠢的问题"、提供试探性的想法、提出不同意见
以及揭发不道德的活动都是可以的——让他们能够安全地冒险，并从错误
中学习和寻求帮助。最踊跃的尝试大多来自科技公司，它们将这种文化视
为建立高绩效团队的先决条件。

选拔与培训

在第 14 章中，会有更多关于选拔和培训的内容。但在本章，我们有
必要思考选拔和培训时的文化、价值观和行为。

人们有自己的原则，所以要确保他们的原则与公司的原则保持一致。
在这种情况下，该由谁负责选拔？显然，直属经理和其他人感兴趣的是候
选人是否适合团队和公司。但是有多少选拔面试会谈论价值观呢？对于相
对较高的职位，又是否有人了解公司及其价值观和文化，对此侃侃而谈并
提出相关的问题？当然，首先要考虑的是面试官是否知道该如何进行面
试。但很少有人知道。公司又是否对他们提供了培训？

大多数公司都有一些针对新员工的入职培训。至于这些培训是否实
施，则另当别论。入职培训是否包括了公司的价值观？无论你是兼职销售
人员还是非执行董事，哈罗德百货的入职培训中的一个核心部分就是关于
公司品牌和价值观的介绍。其他公司是否都这样做了呢？

培训方面的情况也与选拔类似。和技术培训相比，开发培训通常会因
为业务的迫切而被放弃。有多少公司会将文化培训作为公司发展的核心组
成部分？的确有一些公司，比如汇丰银行（HSBC），会将员工聚集在一起
参加会议，研究文化困境，看看文化价值观是否有效。对于这种困境可能
并没有明确的答案，通常也没有答案。重要的是去谈论这些事情，并且，
最好在不同的群体中谈论。

奖励

奖励的目的应该是鼓励良好的行为并保持其可持续性，而不是鼓励不道德的投机取巧。员工被委托长期管理公司的资产和品牌。第 14 章也会讨论奖励，但有部分奖励应该是行为上的，基于界定分明的价值观和行为。认可是非常重要的——无论是来自老板的赞扬，来自领导层的关注，还是被授权和赋予责任。如果我们想留住人才，就应该给他们提升技能的机会、良好的事业机遇并帮助他们实现工作生活平衡。表扬、惩罚和奖励对行为具有很大的影响——不管是好是坏。我们需要的是对良好行为的赞扬，而不是对不道德表现的奖励。

瑞士制药商诺华（Novartis）就是一个例子，人们发现它在意大利参与价格操纵，在日本篡改数据，还在美国伪造医疗事故，以向医生提供现金、餐费和私人恩惠等方式来诱导他们开更多诺华的药物。2016 年，诺华改革了销售人员的薪酬结构，将价值观和行为作为薪酬激励的基础。

在上述所有方面，老板都非常重要。这不是因为老板能决定薪酬，而是因为有 70% 的员工是被动的求职者，调查显示老板是导致员工离职的主要原因。

奖金的分配也是需要认真考虑的。奖金的分配是否与个人行为相关？不良的行为是否因结果而得到原谅，还是说更糟——那些藐视行为规范和价值观的人得到了晋升？如果我们认真对待文化和长期的可持续性，那么在奖金方面，行为的性质必须永远优先于短期结果。正如我们在花旗集团的领导力标准和网飞的价值观中所提及的那样，这些都是奖金分配和公司成功的基础。

那么关于扣罚——奖金的对立面呢？人是群居的动物。人们以团队的形式工作。如果个人认为自己是唯一被发现失败的人，他可能会做坏事。但如果整个团队都失败了，比如他们都失去了奖金，也就是扣罚，许多人就不愿做坏事。扣罚是一种有效的威慑工具。另外，扣罚会导致焦虑，扰乱人们做出正确决定的能力。[1]

---

[1] *LBS survey* 2015.

评估和监测文化与变革

在 2017 年 9 月的一次演讲中，英国金融市场监管部门主管乔纳森·戴维森（Jonathan Davidson）指出，"文化或许无法衡量，但它可以被管理"。文化有一些"硬"数据，它们是可定义的、可测量的、可供检查的甚至是可控的；但文化其实更像一座冰山——许多数据都藏在水面之下，是"软"的，或者说是定性的。这也许就是测量和评估之间的区别。

如果我们正在着手一个文化项目，那么我们就需要定期的数据来了解公司的文化及其前进的方向。这不是一劳永逸的。这种做法理应成为公司 DNA 的一部分。所以，当公司合并、业务变化或首席执行官更换时，请查看数据，重新调查或启动其他程序，并观察有什么发生了变化。毕竟，绩效是一个滞后的指标，而行为是最主要的因素。

评估文化和风险文化有许多方法，比如使用调查、计分卡和各种指标。调查和计分卡相对主观。计分卡有很多种，但基于卡梅伦（Cameron）和奎因（Quinn）竞争价值 TM 框架（Competing Values^{TM} Framework）的问卷调查法比大多数方法更具客观性。该问卷的目的是观察一个群体，并将其中的个体放到下列某个象限中：

- 家族（例如，友好、共享的家庭，忠诚和重传统的家庭，强调参与和共识的家庭）；
- 管理（例如，充满活力和创业精神，强调领先优势，强调个人主动性和自由）；
- 层级（例如，正式的、结构化的、程序性的，正式的规则和政策，领导者是有效的组织者）；
- 市场（例如，结果导向，强调胜利，具有竞争力并积极进取）。

顺便说一下，所有不同象限的价值观都有它的对立面。这样做之后，你就可以将人们划归到不同的象限中，并决定你是需要所有象限的组合，还是选择其中你最想要的一个象限，比如遵从性（层级）、交易人（市场）或者创造性（管理）。

另一种方法是简单地使用一个清单，就像金融稳定委员会的《金融机构风险文化监管互动指引》一样。这个指引包括了以下内容：

- 高层基调
  - 以身作则；
  - 评估所拥护的价值观；
  - 确保对风险的共同理解和认识；
  - 从过去的经验中学习。
- 问责
  - 风险的归属；
  - 事项提交上级的程序；
  - 清晰的后果。
- 有效的沟通和挑战
  - 对其他观点持开放态度；
  - 控制各种功能的地位。
- 激励
  - 薪酬与绩效；
  - 人才发展。

以上每项都有不同的要点。

正如乔纳森·戴维森所说，文化很难衡量，但可以使用各种指标来了解公司的文化。此处列示了文化的一些内部指标，有些会在第14章再次介绍。

- 评估：行为分级；
- 董事会：不对董事会工作的有效性进行调查，而是对董事行为进行调查；
- 沟通：使用人工智能分析内部电子邮件，无论是看起来咄咄逼人的言论还是感谢；
- 向人事部投诉；
- 纪律：违纪，人事纪律处分——可能针对行为或文化方面；
- 离职面谈；

- 求助热线（"直言不讳"）分析；

- 对文化和行为的内部证明；

- 内部审计：及时结束内部审计行动；

- 薪酬：性别薪酬差距；

- 人力资源：员工流失，疾病——压力的呈现；

- 调查：员工参与度/满意度；

- 培训：文化培训反馈。

只关注自己很容易，同时关注别人眼中的你会更好。一些外部指标包括：

- 投诉（客户和第三方）分析——关于行为；

- 招聘网站——关于文化和行为的分析；

- 社交媒体分析；

- 行为调查——来自客户和供应商的结果和反馈。

此外，企业正在使用大数据。例如星巴克就有 5 000 条社交媒体条目，提供了员工对其文化优势和劣势的看法。

一旦有了数据，我们就只能在对数据准确性和及时性有信心的情况下进行数据分析。在一个良好的文化中，这些数字或评估应该是真实的，而不是高级管理人员想听到的。也就是说，我们需要获得良好的数据，然后分析并使用。

问题是，这些数据来自公司的各个部门。由谁把它们整合在一起来描绘文化的全貌，包括其优点和缺点呢？谁来分析数据并寻找根本原因？文化有它自身的目标吗？是否出具了董事会年度文化报告？解决这些问题的重点还是要学习。

独立鉴证和内部审计

审计或鉴证部门从全局观察公司，包括公司的行为。开尔文史密斯勋爵（Lord Smith of Kelvin）曾在《审计与风险》(*Audit and Risk*) 杂志上发表了一篇题为《矿井里的金丝雀》（The canary in the mineshaft）的文章。① 鉴证人员的工作是去"嗅"文化的风向，就像在危机发生之前，矿井里的金丝雀被用来警示致命的气体一样。

我们将在第 13 章中更详细地讨论独立鉴证，但花些时间来思考鉴证以及它对公司文化的参与也是值得的。越来越多的公司将文化作为审计的一部分。行为结果是否符合预期？工作表现评估和所得薪酬是否一致？价值观是否在员工雇佣期的各个阶段都被传播和采纳？高层基调是正确的吗？比如说，内部审计负责人是否作为高级董事会和委员会的观察员，不仅能够看到和听到所讨论的内容，而且能够知道讨论的方式。

与传统的审计相比，关于文化的审计可能没有十分确凿的证据，就像评估和监控领域，存在灰色地带。董事会和审计委员会应该能够接受这一点。

风险管理协会（Institute of Risk Management）已经为审计师制作了一张风险文化计分卡，计分卡包括以下这些元素：

- 高层基调
  - 风险领导力；
  - 应对坏消息。
- 管理方式
  - 风险治理；
  - 风险透明度。
- 胜任能力
  - 风险资源；
  - 风险应对能力。
- 决策制定
  - 风险决策；
  - 奖励适当的冒险行为。

计分卡详尽说明了期望和评估，并有详细的评分系统。

---

① September 2011.

最后，独立鉴证需要意识到公司的文化和行为，同时也需要关注公司中的其他人是如何看待这种文化和行为的。

小结

文化贯穿风险管理。本章解释了如何嵌入和维持风险管理文化。它涉及公司的领导力、战略、价值观和行为。它有赖于良好的治理，但也并非仅仅有赖于此。如果公司成功地嵌入和维持了风险管理文化，商业战略就更有可能成功。每家公司都会以不同的方式行事，每家公司都会随着业务与外部环境的变化而变化和发展。令人烦恼的是，我们并没有固定的、正确的答案。公司必须始终在这方面努力。也许艾略特（T. S. Eliot）说得不错：

> 他们不断试图逃离
> 心中和身边的无边黑暗
> 梦想着有如此完美的体系
> 可以让所有人都无须再求善[1]

---

[1]　T. S. Eliot, Choruses from '*The Rock*' (Faber & Faber, 1934).

风险偏好

引言

许多企业对什么是风险偏好以及如何分析感到困惑。人们也经常分不清风险偏好框架、风险偏好报告和风险偏好范围。框架和报告通常被合并到一个文档中,从而导致两个概念混在一起,也混淆了主题。此外,定量偏好和定性偏好的关系也存在不确定性。

风险状况、风险承受能力和风险偏好

风险状况

企业的风险状况是指企业当前面临的业务目标[①]风险。企业能够通过改变业务目标和进一步降低风险来调整其风险状况。

[①] 为区别于内部控制目标中的经营目标,此处的 business objectives 翻译为业务目标,包括合规目标、报告目标、经营目标等所有目标。——译者

风险承受能力

企业的业务目标直接受其风险承受能力的影响，而承受风险是业务目标的一部分。如果一家企业有宏大的业务目标，但承受风险的资金有限，这种能力显然受限。在这种情况下，必须通过修改业务目标来降低企业面临的风险状况，这将引发关于企业的风险偏好和支持这些风险的能力的讨论。

风险偏好

企业风险偏好与其业务目标和风险承受能力密不可分。

定义：风险偏好是一个组织为了实现其战略目标而愿意承担的风险水平和类型。

企业的风险偏好

确定风险偏好是风险管理方法的重要组成部分。使用得当，风险偏好会影响风险文化（反之亦然）、风险管理风格和风险资源配置。风险偏好代表了企业在遵守经营约束的前提下，为实现业务目标愿意承担多大的风险。

尽管各级管理层在确定企业的风险偏好上发挥着重要作用，但风险偏好应该得到董事会的批准。这向所有员工发出了一个明确的信号，董事会确定的风险偏好应明确规范所有员工的活动。风险偏好还规定了企业应追求的业务目标的特定范围，从风险的角度来看，这是基本的要求，因为风险识别和评估是根据企业的业务目标进行的（见第 6 章）。

企业的风险偏好在管理股东对可接受的风险水平和类型的期望方面也很重要。虽然企业对某些风险水平的偏好相对容易解释，但还有其他更难定量衡量的因素，包括一些可能没有任何偏好的风险，例如员工因生病而死亡或因工受伤。

早期预警水平或容忍度

企业通常有两个逐步上升的偏好水平：一个是低于企业愿意承担的风险水平，另一个是实际的风险水平。早期预警水平是指在认为适当的情况下可以采取行动的风险水平，使之不超过实际的风险偏好范围。在一些群体中，关于这一早期预警水平到底是实际的偏好水平还是"容忍"水平存在相当大的争议。它提供了一个可能超出风险偏好范围的早期预警，而这一事实与其名称无关。许多企业干脆把这个水平称为早期预警指标（Early Warning Indicator，EWI）。当然，我们鼓励各业务部门（对早期预警指标和风险偏好范围）自己实施监测，即使它们的偏好没有受到更高级别的监测。

到底是谁的偏好？

风险偏好涉及的一个复杂因素是："到底是谁的偏好？"许多群体和个人对特定的企业和行业有不同的偏好。典型的外部群体包括客户群体、供应商群体、投资者群体、监管机构群体和商业伙伴群体。所有这些群体都有不同的偏好，即使偏好相同，偏好程度也可能不同。偏好也与声誉密切相关（进一步讨论见第 15 章）。高级管理层、董事会和股东之间天然存在着紧张的关系，这导致任何企业都至少有三种层次的偏好。

- 高级管理层的风险偏好可能是相对短期的，侧重于关注产生偏好的商业机会，且这种偏好在本质上必然是积极乐观的，即临界值 / 目标的规模可能很大。例如，合并通常会导致运营风险大幅提高，以反映将面临的重大变化。明智的高级管理层还会提高相关的风险临界值。

- 董事会的风险偏好可能是长期性的，并且低于高级管理层的风险偏好水平。继续以合并为例，董事会将陈述风险临界值，这个临界值也许是根据其用于承担风险的资本来定。高级管理层的风险偏好水平很可能会超越这一临界值，这个问题的解决取决于企业文化和高级管理层与董事会之间的沟通和报告流程。
- 股东的风险偏好水平可能是三者中最低的，并且聚焦于使合理回报的波动幅度尽可能小。然而，在投资者这一群体中，债券持有人的风险偏好水平可能与股东有很大不同。

运营韧性

许多国家的监管机构和政府都在关注运营韧性。这是关于在第一时间为每一项重要的业务服务设定一个中断容忍度的问题。运营中断会给各方带来无法承受的风险：

- 对消费者或市场参与者造成的损害；
- 对市场诚信的损害；
- 对投保人的保护程度的降低（对保险业而言）；
- 对企业的安全性和稳健性的损害；
- 对金融稳定性的损害（对银行业而言）。

当然，运营韧性是一个企业风险偏好的组合，涉及该企业认为的重要的业务服务对该偏好的应用情景。任何管理良好的企业都会讨论这些问题。运营韧性的本质在于，它解决了在企业遇到异常事件时谁应该受到保护的问题。保护对象从企业转移到企业的客户。换句话说，运营韧性将对客户的保护置于对企业的保护之上。这在涉及弱势客户时是有意义的。

如今，企业董事会（和管理层）对社会和股东负有责任，同时他们也应该考虑其弱势客户。公用事业行业有很多好的例子（也有坏的例子），在公用事业中断之前，弱势客户往往会被认真对待。当然，关于哪些产品和服务是必不可少的，哪些客户应该被视为弱势群体，仍有很多争论。本书对此不做讨论。

风险偏好的定量分析和定性分析

　　企业有两种类型的偏好：定量偏好和定性偏好。企业的定量偏好是大多数人自然而然能考虑到的。例如，一家企业可能已经改变了一个业务目标，即下一年度的销售额提高 30%，因此这家企业很可能存在较高的不当销售风险。对不当销售的定量偏好可以表示为每 1 000 次销售中出现不当销售的次数。

　　鉴于销售人员要承受巨大的压力来提高销售额，企业应该认识到，由于不当销售风险会不断地出现，企业可能需要提高不当销售的定量偏好。即使该企业之前可能已经表示其定性偏好在销售技巧上是保守的，不当销售风险仍会发生。显然，定性偏好和定量偏好必须保持一致。因此，要么定性偏好需要因目标的改变而改变，要么需要对其进行额外的控制，以使企业保持在以前的定量偏好水平之内。也许进一步的培训对此会有所帮助。

偏好的汇总

　　在定性偏好和定量偏好的讨论中经常出现一个问题，即偏好是否可以汇总。这个问题表明人们对企业内部不同水平的偏好缺乏了解。人们往往认为，部门层次上的许多偏好可以（以某种方式）汇总在一起，从而得到一家企业的总体偏好。这是将伪数学应用于偏好分析，尤其不适用于非财务风险的偏好分析。

　　例如，考虑一家企业对关键员工流失的偏好。尽管从定义上讲，所有关键员工都是至关重要的，但企业对他们的偏好水平各不相同。企业对应收账款负责人的偏好很可能与对销售主管的偏好不同。偏好水平的不同通常反映在支付给每个负责人的工资、奖金和福利不同以及该负责人在企业内的地位不同。将多个项目负责人的流失等同于一个部门负责人的流失，就像将业务线偏好的三个黄色级别等同于整个企业范围的一个红色级别一样毫无意义。一家企业在不同的层面上会有不同的偏好。

即使是像"销售不佳"这样的直接财务风险，也很难（如果可能的话）汇总。企业层面的偏好可能是销售额或董事会在其预算中批准的增长百分比。然后将其划分为不同的业务线组成部分。为更有活力或更具创新性的业务设定的偏好水平可能比更普通的公用事业类业务更高。这些业务层面的偏好既不能相加也不能平均得出整个企业的风险偏好水平。企业整体的风险偏好水平将由董事会设定，而不是汇总业务部门的风险偏好水平。当然，董事会可以采取加权的方法来区分企业对各个业务线的偏好，而董事会对每个业务线业绩的前瞻性观点可以强化这种加权方法的作用。无论偏好是以销售额还是百分比增长来设定，董事会都可以这样区分。然而，这两组数值都不能被汇总以得到对业务整体的偏好。

风险偏好的构成

风险偏好主要由三个部分构成：风险偏好框架、风险偏好报告和风险偏好范围。风险偏好框架围绕风险偏好的公司治理展开。风险偏好报告涉及风险偏好的实际实施情况。风险偏好范围是指以具体和公开的方式将风险偏好水平（以具体工作内容来衡量）分配给各业务部门。风险偏好的构成如图 4-1 所示。

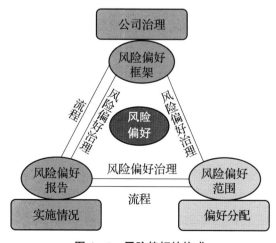

图 4-1　风险偏好的构成

可以看出，这三个组成部分通过风险偏好治理联系在一起。然而，尽管风险偏好框架和风险偏好报告是通过流程联系起来的，风险偏好报告和风险偏好范围同样如此，但风险偏好范围和风险偏好框架之间并没有通过流程联系起来。这是因为风险偏好范围必须从风险偏好报告（实施风险偏好）而不是从风险偏好框架（风险偏好的治理方式）中推导出它的流程，并且风险偏好范围与企业的风险偏好如何分配给业务部门有关。

风险偏好框架

风险偏好框架清楚地阐明了风险偏好的治理方式。风险偏好的构成说明了企业的风险承受能力、风险偏好、风险范围和风险状况之间如何关联。通过制定总体方法来确定、传达和监测风险偏好，包括政策、流程、控制和系统。风险偏好框架则说明应该在整个公司层面上考虑的重大风险，其中包括声誉方面。

当然，风险偏好框架应该与企业的战略以及业务计划、资本规划和薪酬计划相一致。这些要素与风险偏好框架（见图 4－2）一起，为高级管理

风险偏好框架
公司治理

文化
沟通与培训
（内部和外部）
一致性
（包括业务流程和重大风险）
职权范围
升级和变更
定期审查
角色和职责

参与方
董事会、高级管理层、业务部门

图 4－2　风险偏好框架

层和董事会提供了一个共同背景，以便在整个公司内交流风险控制措施，并了解和评估他们愿意接受的风险类型和水平。该框架明确界定了管理层的运作范围，这将推动整个企业从高层开始沟通和宣传其风险偏好。

重要的是要检查"自上而下"的风险偏好与"自下而上"的观点是否一致，可以通过员工调查、独立审查和内部报告等方式来检查。这个检查必须是一个持续和反复的过程，使风险偏好、风险范围和风险状况能够在业务部门和整个公司范围内得到考虑。各级管理层都应参与进来，这样，风险偏好不仅由董事会自上而下地推动，也由基层员工自下而上地推动。风险偏好报告因而能够作为一种工具，促进关于风险的热烈讨论，同时适应不断变化的业务和市场。

包括董事会在内的所有参与方都应涉及企业风险偏好的相关部分。风险偏好的上升和变化也应成为风险偏好框架的一部分。风险偏好框架通常进行定期审查，一般每年一次。风险偏好框架也是向外部股东传递非机密信息以及在企业内部进行沟通的工具。企业内部不受其直接控制的各方（包括子公司以及第三方外包供应商）的活动、业务和系统也应成为风险偏好框架的一部分。

风险偏好报告

风险偏好报告涉及风险偏好的实际实施情况。它以书面形式表明企业为了实现集团层面和业务部门层面的业务目标，愿意接受或避免的风险类型。风险偏好报告包括定性说明和定量的衡量标准，这些标准包括相对收益、资本、流动性或其他风险衡量标准。风险偏好报告（见图 4 - 3）既涉及容易量化的风险，也涉及较难量化的风险，如声誉和行为风险以及洗钱和不道德的行为。

风险偏好报告的目的是使偏好易于传达，让所有利益相关者理解。它能够处理企业在正常条件和有压力条件下面临的重大风险。它通过确定定量范围和定性说明，设定明确的界限和期望值。所确定的定量标准应能够在

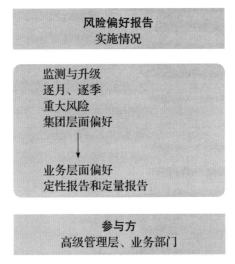

图 4-3 风险偏好报告

合理范围内加以汇总和分解。正如关于偏好的定量分析和定性分析部分介绍的，偏好汇总往往无意义。定性报告应补充定量标准，为公司寻找应对风险的方法打好基础，明确说明承担或避免某些类型风险的动机。

在风险偏好报告中，自下而上以及自上而下的判断和建议对于将风险偏好分配给企业各个业务部门具有重要意义。通常情况下，在批准企业的战略和业务计划时，关键背景信息和设想应包含在风险偏好报告中，以使定量标准以及定性说明更易于理解。重要的是要将风险偏好与薪酬计划以及短期和长期战略、资本和财务计划联系起来。这当然由董事会薪酬委员会执行，人力资源总监提出建议。在确定企业为实现其战略目标和业务计划而准备接受的风险水平时，该报告应考虑客户的利益和企业对股东的信托责任。

企业对每项重大风险的偏好应以其整体风险偏好、风险承受能力和风险状况为基础，在进行定量和定性分析后确定。所包含的定量指标应可转化为适用于业务部门的风险范围，进而可进行汇总和分解（如有可能），以便根据风险偏好和风险承受能力来衡量整个风险状况。非定量指标，即对定性报告的衡量，应包括某种形式的界限或标准，以监测这些定性风险报告。所有偏好都应具有预见性，并且经过情景分析和压力测试，以确保企业了解哪些事件可能会超出其风险承受能力。

对企业范围内风险偏好的监测通常按月或按季度进行。企业的风险偏好报告通常由风险委员会审查，董事会审查摘要。每当监测结果显示风险水平超出范围时，就应启动上报程序（根据风险偏好框架）。

风险偏好范围

风险偏好范围涵盖了企业为实现其业务目标而愿意承担的具体的风险水平。具体而言，它涉及将企业的风险偏好总体水平分配给业务部门、法律实体（如适用），分配过程中要考虑特定风险的类别、风险集中度及适当的风险水平，如图 4-4 所示。

风险偏好范围
业务部门分配

前瞻性、可报告、SMART
明确的、可衡量的、可分配的、现实可行的、
　基于时间的
重大风险和业务部门风险
在业务部门层面定期监测
以企业为重点的最佳做法
数据质量/完整性

参与方
业务部门

图 4-4　风险偏好范围

风险偏好范围应该是明确的，并且应该考虑它们所衡量的风险的敏感性。简而言之，这些范围应该遵循 SMART 原则：明确的（Specific）、可衡量的（Measurable）、可分配的（Assignable）、现实可行的（Realistic）、基于时间的（Time-based）。它们还应基于前瞻性假设，因为风险偏好本身就是一种前瞻性的管理控制。

目标和容忍度

选择大量的指标是很容易的。然而，在指标的全面性、监测成本和必要时管理层所采取行动的有效性之间，应该有一个平衡。选择足够大、不太可能被突破的风险偏好范围也很容易。但是正确的风险偏好水平应设定在一个处于风险偏好范围内且能约束风险的水平上，同时能让公司实现其业务目标。

举一个例子，讨论图4-5中"咨询台查询次数"的风险偏好。

图4-5 "咨询台查询次数"的风险偏好

注：本书是单色印刷，无法显示不同颜色的效果。——译者

企业对"咨询台查询次数"这一指标的偏好范围非常明确（这意味着，对IT系统损毁风险的管理比其他情况下要明确得多）。每天的查询次数通常为8～15次。如果"咨询台查询次数"每天超过25次，那就清楚地表明系统未能使业务正常运行，而且整个系统损毁的可能性非常大。在这种情况下，显然存在一个需要高层立即关注的管理问题。如果"咨询台查询次数"达到了这样的水平，这个问题就有可能被提交给董事会，因为IT系统的损毁是一种典型的战略风险。如果"咨询台查询次数"小于或等于2次，企业应质疑是否可能存在企业疏忽了对咨询台的管理的问题（例如，咨询台有大量未回复的查询），这也可能表明IT系统会出现故障。琥珀色是"早期预警指标"，表明风险水平正在接近红色。

用财务数字设定的风险偏好范围和用非财务数字设定的风险偏好范围之间通常存在差异。企业可能将前者视为硬性范围，将后者视为软性范围。这种方法存在混淆高级管理部门和业务部门的风险。风险偏好范围的设定是为了向管理层和董事会发出警告信号（无论是早期还是当前），以便采取行动，使企业目标得以实现。将一组风险偏好范围被为软性范围，意味着产生风险偏好范围的目标本身是软性的，或者说，如果目标没有实现，企业不会真正感到困扰。显然，区分出软硬风险偏好范围的管理层是在误导自己，也让其他员工感到困惑。

人们往往倾向于使用与同行使用的相似的风险偏好范围，或者在存在风险偏好范围的情况下，违反监管规定。不应忘记，每家企业都是独一无二的，尽管其风险偏好可能与所选行业中的其他企业相似，但风险偏好应反映企业的文化和业务目标。此外，过于复杂或模棱两可的范围可能被误解，从而掩盖了坏消息。同样，存在主观因素或需要选择的风险偏好范围更容易被采集人或部门误解。

对风险偏好范围的监测是一个重要的话题。监测应定期进行，不应仅在需要为委员会或董事会准备报告时才进行。检验风险偏好是否真正嵌入组织的一个标准是对业务部门风险偏好范围的监测频率。业务部门管理人员应使用此类范围来管理业务，同时向委员会和董事会报告。

虽然分配给业务部门的一些风险偏好水平直接来自整个企业的风险偏好范围，但仍有许多风险偏好水平仅与该特定业务部门相关。当然，有关企业风险偏好范围内的重大风险都应包括在内。然而，各业务部门都有自己的业务目标，这些目标源于整个企业的业务目标。业务部门目标应用于设定其风险偏好，以及分配相关的全公司风险偏好范围。

数据质量对成功控制风险偏好水平至关重要。尤其是数据应准确和完整。缺少任何一个条件，都有可能做出不正确的决定。业务部门的数据通过委员会传递至董事会，因此准确性和完整性是企业管理的基础。必须保证数据的完整性，即不能修改数据从而故意或无意产生某种有偏见的观点。这也是许多企业都存在的一种风险，尤其是财务数据会误导人们对企业的盈利能力和成功与否的看法。

对风险偏好范围进行定性分析的方法

设置和管理定性风险偏好的一种实用方法是使用风险与控制自我评估分数，该分数与缓解风险的控制措施的质量相关，并以图来表示（见图 4-6）。

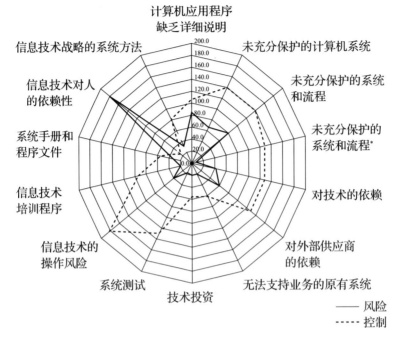

图4-6 使用风险与控制自我评估分数对风险偏好进行定性分析

风险与控制自我评估分数是通过将风险的总可能性和总影响分数相乘，再乘以相关的控制设计和控制性能分数得到的。这样可以比较不同风险的相对水平及其缓解风险的控制措施，并推导出一个隐含的当前的风险偏好。

例如，从图4-6中可以看出，信息技术的操作风险在总体水平上是相对较小的，并且得到了很好的控制。这意味着企业关于这种风险的偏好很低，因为其控制得很好。如果企业想提高对这种风险的偏好，企业可以减少控制，腾出资源用于其他方面。

信息技术对人的依赖性风险被评估为相当高，然而控制措施被评估为相对较差。这意味着企业对这种风险有很高的偏好水平。如果企业想降低偏好，企业应该制订行动计划以加强控制。这些资源可以从上段提到的释放的资源中获取。

---

* 原书如此，疑误。——译者

以这种方式处理风险偏好意味着企业可以调整其资源配置，使之更符合其实际偏好，同时将资源消耗保持在最低水平。

风险与控制自我评估的最终和根本用途是为建模提供数据（见第 10 章）。这个模型的输出结果是损失的货币数额，该数额提供了必要的价值表达，以资本或总损失数额的形式与董事会的偏好相联系。

控制偏好的定义

有人可能认为风险偏好包括控制因素。然而，控制偏好从根本上来说是不同的。例如，考虑关键员工流失的风险，以及它的两个控制因素绩效考核和薪酬调查。关键员工流失的定量风险偏好可以表示为每三年流失一个关键员工。这是通过对绩效考核和薪酬调查的控制偏好来实现的，即每 12 个月完成一次考核，以及所有工资都在第二个四分位数之内。因此，风险偏好显然与控制偏好相关，但控制偏好是完全独立的。这类似于关键风险指标（KRIs）和关键控制指标（KCIs）之间的联系（见第 7 章）。

定义：控制偏好是指企业愿意花费时间、金钱 / 资源将风险降到可接受的净水平的程度。

应该注意的是，该定义侧重于企业内部的控制偏好。这与风险偏好的定义形成鲜明对比，后者既可受外部因素影响，也可受内部因素影响。该定义明确指出管理层降低风险的意愿有限，并含蓄说明某些风险无法进一步降低。从实践角度来看，这非常有帮助，因为它使管理层能够专注于可以改进的控制。

当然，上面的定义只涵盖了正常情况下的控制偏好。在意外损失水平和极端（情景）损失水平下，也有控制偏好。在本章中，我们考虑实际的正常业务水平。

描述控制偏好

控制偏好可以用简单的术语描述，也可以建模。就像风险偏好一样，控制偏好可以通过风险管理中的工具来描述。例如，控制偏好可以表示为：

- 可接受的控制评估水平（在风险与控制自我评估范围内）；
- 评估的风险水平从总风险（固有风险）降至净风险（剩余风险）的减少额；
- 关键控制指标的目标和临界值；
- 项目和亏损的数量 / 价值的减少；
- 为降低风险而采取的控制措施所带来的货币效益（可以使用风险与控制的数学模型来确定）；
- 用于降低风险的资金。

如上所述，控制偏好可以用不同方法来分析。因此，对控制偏好的解释在企业的不同层面可能会不同，这一点在图 4-7 中得到了说明。

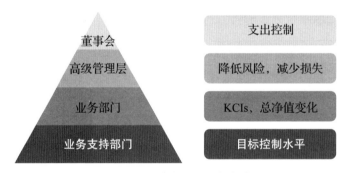

图 4-7　企业内部的控制偏好水平

控制偏好还与内部审计工作和精益 / 六西格玛（Lean/Six Sigma）有关。内部审计往往侧重于企业内部控制的有效性，因此对于确定企业实际的控制偏好（与企业所说的控制偏好相反）很有价值。通常情况下，在内部审计之后，某一领域的控制措施会得到完善，因为高级管理层可能没有意识到某些控制措施不够合理。然而，也确实如此（除非行动计划已经到位并正在实施），企业控制的当前状态是其实际控制偏好的准确反映（尽管它可能会唱反调）。

精益/六西格玛都关注控制措施的有效性和高效率。可以说，一些精益实践者更关心减少不必要的控制措施，而一些六西格玛实践者更关心现有控制措施的改进。然而，这两种方法都依赖于控制分析，这便是它们与控制偏好的联系。从运营风险的角度来看，控制措施的设计尤其容易受到六西格玛分析的影响，因为它通常与控制措施的流程或系统有关。如果没有一个好的设计，很难有一个合理的低控制偏好。

控制偏好的分解

控制偏好本身分为两类（从不同角度）：原因偏好；效果偏好，即纠正性控制偏好（借鉴指导性、预防性、检查性和纠正性四种内部控制类型，见第 6 章）。

原因偏好与管理层对风险发生可能性的看法有关，可分为两部分。预防性控制通常是自动控制，往往耗费较高的成本（主要是 IT 成本），并占据管理层大量的精力和时间。它们是控制环境中直接、明显和可见的一面。因此，管理层的风险偏好实际上往往集中在对风险产生原因的偏好上。

原因偏好的另一部分是指导性控制偏好，它与管理层实施治理的意愿有关，因为指导性控制由政策、程序、委员会和董事会的权利组成。

纠正性控制偏好与管理层是否愿意纠正风险对业务的影响有关。纠正性控制通常成本较低且未经使用（直到事件发生）。因此，它们也常常被低估，在管理层的优先事件中不占主要地位，而且没有经过充分测试。当需要它们时，实施和测试几乎总是为时已晚。由于这个原因，谨慎的管理层应该仔细考虑其效果偏好和原因偏好。

总结四种控制类型的偏好分析，检查性控制偏好与管理层在事件发生后识别事件的意愿有关。然而，行动的重点是纠正，这往往被认为比分析事件更有必要。因此，在现实中，人们通常只默认需要检查性控制，尽管在纠正影响之前显然需要分析事件。这导致人们对花钱进行标准的检查性控制（如对账）的偏好很低。

风险偏好定性分析的总结

效果偏好包括指导性控制偏好、预防性控制偏好、纠正性控制偏好和（最后也是最不重要的）检查性控制偏好。因此，风险偏好可细分为：

$$风险偏好 = f(在给定风险回报率下愿意接受的损失金额)$$
$$= f(似然值，影响值，控制偏好)$$
$$= f(似然值，影响值，指导性控制偏好，$$
$$预防性控制偏好，纠正性控制偏好，$$
$$检查性控制偏好)$$
$$= f(风险评估，控制评估和分析)$$

小结

乍一看，风险偏好似乎要么令人困惑，要么令人望而生畏。由于需要同时考虑定性和定量两方面的偏好，企业可能会认为风险偏好分析难以完成。然而，偏好是风险管理的基础。如果偏好被分解成不同的组成部分，然后一次分析一个部分，那么偏好就变得易于管理，并且对企业大有益处。

第二篇

风险管理工具

实施风险管理框架

引言

在第 1 章中，我们介绍了风险的定义、风险的类型及其相互关系。重要的是，公司要洞悉风险存在的原因以及自身的使命和战略。风险管理是制定战略和实现目标所不可或缺的。在公司的各个层级中，人们结合风险管理做出相应的决策。事实上，风险管理不仅是公司战略和目标不可或缺的一部分，也是所有活动不可或缺的一部分。

这并不是说风险管理只和公司面临的威胁和危害相关，还应该考虑业务上的机会，如果风险管理运作良好，将带来许多益处（见第 2 章）。

全面进行风险管理有利于做出明智的决策，但无论战略决策还是业务决策，必须有一个风险管理的运作环境。除非公司了解外部环境，并持续关注外部环境的变化，否则战略和目标将很快过时，业务将面临失败。变革管理是风险管理的基础。

另外，要了解公司的文化（见第 3 章），以及确保公司各个层级的风险决策都体现了相同的价值观。价值观的形成不仅与公司自身有关，还与公司面临的社会环境有关。例如，公司自身决定了其可承受或者不可承受的风险水平和类型（见第 4 章）。

风险管理框架的治理背景要求战略、目标、决策和文化之间具备一致性。

治理与领导

治理影响着公司的发展进程和内外部关系，以及实现公司目标所需的规则、流程和实践。管理结构将治理方向转化为实现可持续性发展和长期生存所需的战略以及相关目标。

明确角色和职责是风险管理以及良好的风险文化的关键部分。至关重要的是，个人、公司委员会或其他团体必须清楚地了解他们的角色和职责，与他们打交道的每个人，包括投资者和其他利益相关者，也应清楚。

大多数公司都有一张治理地图。地图上的虚线可能意味着没有真正的问责制。联席主管也是这样，每个负责人的职责可能并不明确。

如果角色和职责不明确，公司会变得混乱。之所以有联席主管，通常是因为要明确在一次合并之后，公司不确定谁将成为负责人以及谁会离开。

在风险管理中，不仅要明确谁承担风险，而且要明确谁负责控制风险和报告风险。具体涉及哪些人，取决于公司如何管理风险。

正如我们在第 3 章中介绍的，治理既关乎公司高层的基调，也关乎中层的基调，因此治理是公司每个人的责任，而不只是董事会的责任。良好的治理将激励公司上下就风险进行讨论并提出质疑。

此外，在风险管理中，领导层需要的不仅仅是意识到重大风险，还需要采用风险思维模式，对可能带来风险的行为进行建模，并将适当的风险管理实践（包括风险承担）整合到他们的应对方法中。领导者要言出必行，以实现风险管理的价值，并培养风险意识文化。

因此，治理就是让董事会和高级管理层能够指导战略并审查其有效性。从实践的角度来看，治理包括：

- 一个显示如何识别、测量、监控和管理风险的框架；
- 由公司最高层批准的政策文件；
- 确定有关机构、部门和个人的职权范围。

三道防线

风险管理没有固定的框架，取决于每家公司的文化和组织体系。但是，风险管理的基本原则在图 5-1 中得到了说明。风险管理的三道防线最初是为金融服务行业所构建的，但这些原则适用于任何类型的公司。业务部门应与监督职能部门密切合作，而监督职能部门需要了解业务。这是一种交流，不是划定界限。当涉及非金融风险，如人员风险、系统风险和外部风险时，这一点尤其重要。

董事会		
风险委员会		审计委员会
第一道防线	第二道防线	第三道防线
主要风险和控制责任	监督	独立鉴证
业务线管理	风险管理、人力资源、财务、互联网技术、合规	审计
• 弘扬强大的风险文化 • 设定风险偏好；创建风险的定义 • 风险管理流程负责人 • 实施控制 • 风险承担者日常的风险管理	• 制定集中的政策和标准 • 开发风险管理流程和控制 • 监控和报告风险	• 对业务运营和监督的保证水平提出独立和客观的质疑 • 验证风险管理流程

图 5-1 风险管理的三道防线

董事会

本书将董事会称为管理机构。所有三道防线最终都汇集到董事会。董事会对公司承担和管理的风险的各个方面都负有责任，要确保对风险进行适当的监督，以及对财务报表和内部风险流程进行适当的审计。

在 2007—2008 年金融危机后，独立的三十国集团（Group of Thirty）

发布了一份关于金融机构治理的报告，该报告指出，从根本上说，董事会对"最终决定公司成功的三个因素负责：战略的选择；风险的评估；保证从 CEO 开始，必要的人才都能到位以实施确定的战略"。[①] 没有明确的战略，就没有风险管理的环境。只有具备合适的人才，才能实施战略。这些都是人员风险管理和风险文化的组成部分，我们在第 3 章中阐述过这一点，并将在第 14 章进一步说明。

董事会设定了公司的基调和文化，包括核心价值观。它还定义了公司战略和目标。此外，它还具有至关重要的风险监督作用。鉴于此，必须明确阐明和理解董事会与风险有关的角色和职责。董事会应：

- 了解公司业务中的主要风险；
- 批准风险政策和风险管理框架；
- 确保相关高管和风险处置人员对风险的责任是明确的；
- 定期评估公司风险管理实践和监督的有效性；
- 阐明公司的风险和风险状况，并设定和审查风险偏好；
- 董事会决策制定过程中遵守风险偏好声明；
- 确定高级风险管理人员是否有资格、适合风险管理工作并对风险进行了正确处置；
- 对风险进行监督、质疑并坚持要求高级管理层直接做出解释；
- 确保公司对其承担的风险做出适当的反应；
- 确保收到的信息是正确的且信息质量足以支持而不是阻碍风险监督作用的发挥；
- 及时获得足够的信息来判断高级管理层在应对风险方面的表现，特别是在那些利用内部审计、外部审计和各种内部控制职能所开展的工作中的表现；
- 为董事会成员提供风险持续教育计划。

最后一点经常被忽略。风险管理其实是董事会的一项基本职能。然而很少有董事会成员能够完全了解公司的风险及其管理，无论是执行董事还

[①]　Group of Thirty, *Toward effective corporate governance of financial institutions*, 2012. *See* *www.group30.org.*

是非执行董事。提供风险培训是董事会职责的一部分。董事会应具备执行上述要点的能力。

审计委员会

审计委员会在内部审计和外部审计方面的角色和职责在第 13 章中有更全面的介绍。董事会大多组建了独立的风险委员会，以保证董事会能对风险管理和报告进行监督，在金融危机之后，这对金融机构来说是理所当然之举。

如果没有组建独立的风险委员会，审计委员会应：

- 对公司的内部控制和风险管理系统进行持续审查；
- 接收管理层关于风险管理系统的有效性的报告以及对风险管理系统测试的报告；
- 审查并批准公司公开的财务报告中包含的有关风险管理的任何声明。

事实上，最大的损失往往来自对战略风险的管理不善，而不是经济损失。因此，公司的董事会和各类委员会对战略风险的管理至关重要。

在某些公司，越来越多的风险管理职能被委托给特定的委员会，而不仅仅是审计委员会或风险委员会。在这种情况下，必须明确各个委员会和风险承担者的责任，以确保风险不被遗漏。这就是明确职责范围的原因。公司通常设有网络委员会，负责大数据、社交媒体、云计算、IT 实施、网络风险和其他技术方面的所有问题，还包括处理网络事件造成的声誉风险。本书将在第 16 章中讨论这一点，但重要的是要知道委员会或董事会的目标。

风险委员会和高级管理层

有些公司可能没有专门的风险委员会，但应确保董事会对风险进行持续的监督。在很多公司中，对风险进行监督是由审计委员会负责的。无论是风险委员会还是审计委员会，其成员必须多元化，并且具备履行其风险监督职责所必需的技能和相关经验。与此同时，委员会成员还应继续推进个人发展。

委员会的风险职责范围应包括：

- 董事会职责
    - 明确董事会的责任，风险委员会主要是董事会的咨询委员会，目的是促进董事会就风险相关事宜进行讨论。

- 风险策略和风险偏好
    - 就风险偏好的适当性提出建议，包括公司愿意承担的风险类型和风险水平；
    - 对风险框架、风险治理和风险政策进行审查并提出建议；
    - 通报重大有悖风险偏好的行为，并就管理层对董事会的回应是否充分发表意见。

- 主要风险和持续生存能力
    - 确保董事会、委员会和管理层了解公司的主要风险和新出现的风险，并定期审视外部环境；
    - 向执行管理层提出质疑，以确保他们在公司开展重大活动时能有效评估风险，例如大型收购和处置、重大变革计划或管理安排上的重大变更；
    - 向执行管理层提出质疑并向董事会报告情景的分析结果和关键假设的合理性，定期评估和测试运营韧性和业务连续性。

- 风险管理和控制系统
    - 监督并定期就公司风险管理和内部控制系统的整体有效性向董事会提出建议，包括风险和控制责任方面的建议；
    - 保证第一道防线（包括对事实上或者可能违反风险偏好的重大事件和未遂事件）响应机制的完整性、准确性和公正性。

- 风险信息和报告
    - 评估董事会层面信息和来自三道防线的报告的质量和恰当性，并就此向董事会提出建议，保证不断恶化的风险事件能够及时上报。

■ 风险文化和薪酬

　— 定期监测和审查支持型风险文化是否持续融入整个公司并得以保持；

　— 与薪酬委员会合作，确保激励和薪酬计划与既定的风险文化相符；

　— 参与首席风险官（CRO）的薪酬制定；

　— 与审计委员会一起，就风险文化和举报提出建议，能够畅所欲言并"做正确的事情"。

■ 确保首席风险官和风险职能的独立性

董事会对风险负有最终责任。但是，应该有一个风险执行委员会来执行董事会制定的政策和程序。公司的日常风险业务应由风险执行委员会负责，该委员会应确保：

■ 风险管理框架和控制系统有效运作；

■ 及时上报风险信息；

■ 及时报告并分析突发事件和有悖风险偏好的事件；

■ 定期审查情景和进行压力测试；

■ 经常进行全面监测以发现新出现的威胁和机会，并分析其对公司的影响。

重要的是，对履行职责的风险委员会成员和高层管理者而言，无论他们是否在委员会中，都应该表现出对公司文化以及风险文化的引导作用。这意味着在恰当的具有风险意识的文化中，可以就整个公司（向上、向下和横向）的风险进行清晰和定期的沟通。

第一道防线——业务线管理

第一道防线，即业务线管理，负责建立适当的风险控制环境。这意味着公司要：

■ 培育和推广稳固的风险意识文化；

■ 了解风险并在日常工作中运用风险管理框架，及时更新反映公司价值观的政策和程序；

- 在实际工作中正确运用风险偏好和风险定义；
- 把风险作为管理层会议中常规的议题。

风险治理也是第一道防线风险管理责任的一部分。这意味着公司要：

- 确保风险承担者的角色和责任明确且可问责，包括承包商和外包服务提供者；
- 确保为具有技能和工具的员工提供相关的风险培训以便他们完成工作；
- 通过定期监督、绩效管理、适当的奖励政策和员工福利来管理人员。

风险管理不仅是高级管理层的责任，也是公司从上到下所有管理者的责任。

良好的风险管理是业务成功的基础，应与业务目标保持一致。风险管理部门并不对风险承担主要责任，业务部门承担主要责任，第一道防线的所有业务人员都要承担相应的责任。

第二道防线——监督和风险职能

第二道防线涉及许多风险监督职能，例如：

- 财务——管理财务控制；
- 法律——确保无论是内部合同还是外部合同都是无风险的；
- 人力资源——见第 14 章；
- 场地——正确管理所有涉及公司安全、员工人身健康和安全的风险；
- IT——管理包括网络、云计算在内的技术风险，前提是网络安全是第二道防线的一部分，而不是第一道防线的一部分；
- 合规——确保规章得到遵守；
- 其他方面。

在我们谈论风险职能之前，先谈谈合规职能。严格的合规要求可能阻碍员工承担责任或承认错误。我们需要的是一种开放和学习型的文化，而不是服从型文化。在英国，在 Baby P① 去世后，开展了一项关于儿童保护

---

① 一个已故小男孩的化名。在离开人世前，他受到了亲生母亲及母亲男朋友的虐待。人们不忍以真名纪念他，而是以 P 代称。——译者

的审查。审查表明：

　　各方应齐心协力创建一个非常重视程序和记录的防御系统。[①]

　　这项审查的主要结论之一是需要"从服从型文化向学习型文化转变"。

　　风险职能是第二道防线的一部分，是公司监督的一部分。风险职能涉及对业务流程和风险进行监督，并监督风险管理政策和风险管理框架的正确实施。风险管理部门为业务部门提供风险管理方面的建议和支持；对业务线在风险测量和报告中提供的输入输出提出质疑；确保风险管理政策在整个公司得到持续落实。

　　风险管理部门是在董事会确定的战略、目标和风险偏好的背景下运作的，是管理层保证机制的一部分，向业务部门管理层和董事会提供报告。

　　风险管理部门对业务线产生的风险管理信息提出质疑，例如关键风险控制指标和风险与控制自我评估。但它们也提供独立于业务决策的支持和建议。在某种程度上，它们承担着翻译的角色。它们可以产生影响，而不应被认为只有预警的功能。

　　风险管理部门应独立于业务部门，以防止发生任何利益冲突或对其决策产生不当影响。但是，它们绝不能只待在它们的"象牙塔"中，而应"走在路上"，与业内人士交谈。好的风险职能和一般的风险职能之间的差异取决于定性因素。风险管理部门的职能包括以下方面：

职责
- 对整个公司风险管理的监督；
- 在董事会事先设定的参数范围内，制定战略和运营层面的风险管理政策以及相关的偏好政策。

独立
- 完全独立于公司的各个业务部门；
- 保持独立客观的视角以及确保风险职能的有效性；
- 不受限制，恰当地管理公司面临的风险；

[①]　Prof Eileen Munro, Review of child protection (after Baby P et al.), 2011.

■ 为确保风险管理质量而做出相应的安排。

政策

■ 履行董事会规定的风险职能，协助首席风险官承担相应的角色和职责。

监督和质疑

■ 对风险管理系统和控制进行独立的监督和质疑；

■ 确保对整个组织的风险承担活动进行强有力的独立监督和质疑；

■ 为第一道防线提供建议、质疑和意见；

■ 确保第二道防线的其他职能部门有明确的职责。

资源

■ 适当的资源：资金（包括对数据和技术的投资）、人员（了解风险管理的多样性，具备一定的资质和专业知识，了解新出现的风险）、流程和技术（基于网络的流程，专业人员拥有专业技能）；

■ 根据需要能够获取外部资源（包括技术），有风险管理数据挖掘、聚合和分析的能力；

■ 对组织及其背景的充分理解。

风险系统和控制

■ 设计风险职能、促进风险管理框架的实施以及监督风险管理框架有效运行；

■ 为业务部门建立内部风险政策及框架；

■ 协调各种职能活动，这些职能活动为公司内部的风险管理问题提供建议，包括应急计划、业务连续性计划；

■ 确保、记录和证明审查风险管理框架的有效性。

报告

■ 为董事会/风险委员会及利益相关者准备风险报告；

■ 质疑风险评估数据、风险信息的充分性是否符合目的；

■ 向管理执行层、风险委员会负责人报告主要风险和新出现的风险及其对公司战略、业务目标的影响；

- 向风险委员会或董事会报告与风险偏好和容忍度相关的风险敞口（包括未遂风险敞口），以及计划与公司风险偏好一致的程度，并在情况不一致时提出质疑。

风险文化

- 在组织内培育风险意识文化，开展适当的教育，其中包括对董事会进行培训；
- 监控、评估并定期向管理执行层和风险委员会报告组织的风险文化建设状况。

假设有一位首席风险官负责风险管理部门的工作，那么他应该清楚：

独立

- 提供独立的建议、质疑和意见；
- 确保在讨论公司战略、战略目标设定和业务规划时适当考虑风险；
- 风险委员会对首席风险官和风险职能的持续独立性、客观性提出质疑和评估，特别是在首席风险官任职时间较长的情况下。

汇报线及在委员会中的身份

- 向风险委员会主席、首席执行官报告；
- 定期受到风险委员会和审计委员会的邀请；
- 直接接触董事会、董事会主席、风险委员会、外部审计师和监管机构；
- 执行委员会成员；
- 如果有一个风险执行委员会，应该是成员而不是主席，首席风险官既要激励管理层负起责任，又要保留第一道防线和第二道防线间责任的划分；
- 首席风险官不同意或提出质疑的事项，应被详细记录。

地位

- 思维敏捷，职业素养高，受人尊敬，能够在董事会和执行层提出有效的质疑。

第三道防线——独立鉴证的作用

第三道防线，即审计或鉴证程序，有两个相辅相成的组成部分——内部审计和外部审计。这两个组成部分及其与风险管理的关系将在第 13 章详细介绍。

内部审计为董事会和高级管理层提供了关于战略和风险偏好制定流程以及风险管理框架嵌入的独立保证，它还为内部控制、风险管理、治理体系及程序的质量和有效性提供保证。

外部审计的作用是对财务报表发表意见，而不是行使顾问职能。但是，如果在对风险管理质量进行鉴证期间，外部审计发现了应该提请董事会注意的事项，那么就应该提醒。

内部鉴证职能会触及公司所有职能，可以"窥探内部"，而不必担心受到来自高级管理层的干涉。该职能还包括公司文化和价值观的整体嵌入，以及第一道防线和第二道防线的有效结合。

从整个公司获得支持

理解并说明好的风险管理能够带来的益处可能是让整个公司接受风险管理的最好方法。因为风险涉及公司从战略到营运每一项活动的细节，因此需要被每个人接受，而有效的风险管理需要每个人都做出回应。

认同来自沟通，尤其是沟通我们做了什么以及为什么要这么做。公司内部各种支持部门和控制部门之间的良好沟通应：

- 有效传递风险信息，帮助进行风险决策；
- 帮助识别和上报风险问题；
- 使好消息和坏消息有更高的透明度；
- 帮助改变员工的态度。

话虽如此，还要确保只传递恰当的信息。过多不必要或过于复杂的信息会影响决策。在一家全球性的公司中，与国外供应商和第三方合作时，需要确保没有语言障碍影响沟通。

明白了为什么要在风险管理中做这些事情，管理层的思维才会更加清晰，其他员工也会理解风险管理的目的和益处。例如，哪些风险才是真正的关键？（见第 6 章）针对这些关键风险归纳出员工可以监测和使用的、可行的关键指标（见第 7 章）。报告阈值也是如此（见第 12 章）。我们需要收集低层次的信息吗？我们必须在全面和大量报告的成本与收益之间取得平衡，并集中精力收集最能告诉我们需要知道什么的信息。那样的话，我们就能真正得到认同。

为了确保得到认同，领导者需要认识到综合风险管理的价值，并培育一种风险意识文化。这种领导力不仅关乎高级管理层，还关乎任何负责管理员工的人。

强大的风险文化需要开放和信息的自由流动，以促进学习和理解（见第 3 章）。应注意分享成功案例和经验教训，将风险的影响与日常决策的制定联系起来。以医院或航空公司为例，当负面事件和结果发生时，它们会进行事后回顾，以发现潜在的根本原因。它们营造了一种责任氛围，鼓励及时识别风险并迅速上报，否则小错误就可能变成大错误。

当然，认同可以延伸至公司之外。如果存在关键的对第三方的依赖关系，可能是代理商、分包商或外包供应商，它们需要成为沟通网络的一部分，并愿意接受公司的风险标准（见第 18 章）。

风险管理框架

风险管理框架使风险治理的实施成为可能。在查看一些框架示例前，需要掌握一些原则。首先，要规划整体风险管理框架的范围并获得董事会的支持。

每家公司在规模和类型上都是不同的，因此任何框架都要根据公司面临的风险水平进行定制并与之相对应。这应是一个结构合理的整合框架，囊括公司的所有活动和所有利益相关者。任何框架都将反映公司的文化，而这就是嵌入风险管理的方式。

其次，正如我们在本章中已经提到的，任何框架都是动态的。风险管理能够预测、发现、确认并对变化作出响应，因此框架不是一成不变的。除了外部环境，公司内部也会发生变化，当事件发生时，要确保文化持续演进，而风险管理其实是一种学习经验。

管理风险的方法有很多种。以下给出风险管理框架的一些示例，例如风险管理框架 A（见图 5-2）。

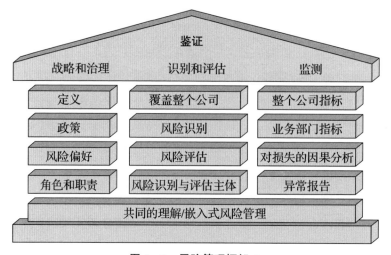

图 5-2　风险管理框架 A

框架 A 的三个支柱是战略和治理、识别和评估以及监测。框架 A 表明，共同的理解和嵌入式风险管理是风险管理框架的基础。在这个框架中，鉴证被视作首要的过程，而不是治理的一部分，或者稍微超出了主要框架。虽然鉴证涵盖了包括风险和控制、指标和报告在内的重要因素，但似乎缺少应对措施或行动计划。更重要的是，鉴证不适合其所处的环境和文化。风险管理也不适合商业目标。

风险管理框架 B（见图 5-3）展示了风险管理的核心过程，从识别与评估风险、控制及其实施主体开始，然后确定风险和控制、内部和外部损失，接着提出行动计划，很奇怪的是，随后提出了克服弱点的措施。框架中心是监督和报告。

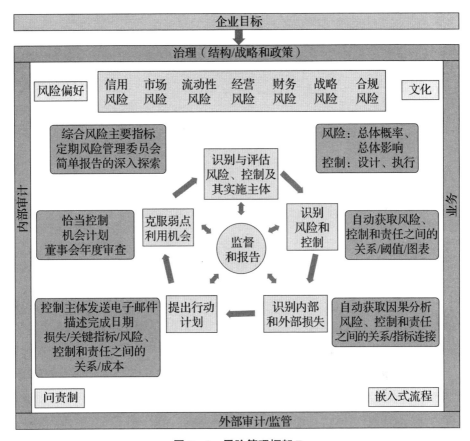

图 5-3　风险管理框架 B

　　框架 B 还概述了风险管理的各种属性，但与风险评估核心或治理要素无关。内框的四个部分分别为文化、嵌入式流程、问责制和风险偏好。此示例恰好展示了运营风险，但也存在财务风险、战略风险和合规风险。围绕它的是治理（结构 / 战略和政策）、业务、外部审计 / 监管、内部审计。所有这些术语都概括得很好，但框架 B 不是一个连贯的框架。

　　风险管理框架 C（见图 5-4）提到了独立鉴证，还展示了从报告到战略 / 目标以及报告和独立鉴证之间的信息流。一旦一个可靠的战略得以确定，公司就可以建立其治理和风险管理环境。

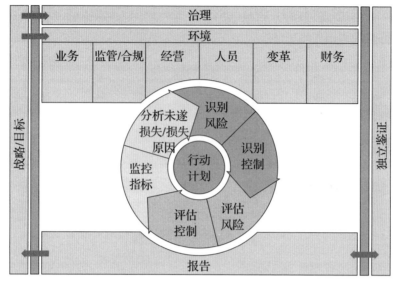

图 5 - 4　风险管理框架 C

此外，框架 C 明确承认行动计划是风险管理的核心部分，很好地涵盖了风险管理的基础。但是，很难理解行动计划过程的工作原理以及各种标签的位置。

本书使用的框架 D（见图 5 - 5）涵盖了风险管理的重要方面。

我们认为，整个风险管理受公司的内外部环境及公司文化的影响。治理为风险管理（包括监督）提供了一个全面的组织架构。虽然在图 5 - 5 的底部我们使用前面讨论过的三道防线，但我们特别提到了这三个部分：业务在新的（和当前的）活动、流程、产品和系统的框中；监督是治理的一部分；框架中明确包含了独立鉴证，这些共同确保了风险管理角色和职责明确。治理的有效性取决于尽可能全面的监控和报告过程——图 5 - 5 的顶部和底部之间的关键联系。报告所依据的信息（见第 12 章）由框架中心的各种过程提供。

第 6 章介绍风险识别和风险评估以及评估风险管理控制和缓解风险（包括风险转移）。控制是至关重要的，但缓解意味着管理投入的增加。框架 A、B 和 C 中还缺少情景分析。第 9 章介绍了情景分析与压力测试之间的区别，介绍了利用水平扫描开发实际情景。情景分析在风险管理中尤为重要。

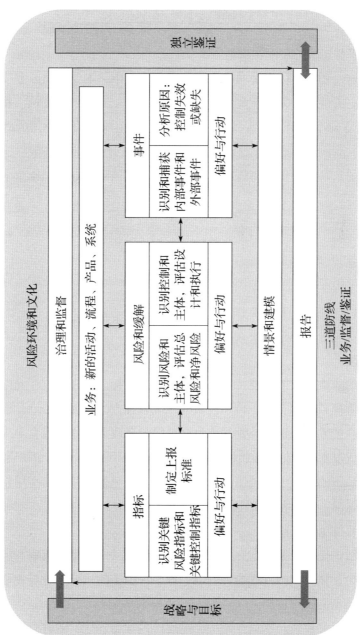

图 5－5　风险管理框架 D

第 7 章给出了确定指标、阈值和风险偏好的方法以及风险和控制之间的联系。第 8 章介绍了如何质疑风险与控制自我评估，还考虑了"直接"损失（即利润表上有借方）或"间接"的损失（如内部员工成本、机会成本或风险事件造成的利润损失）。

所有这一切都发生在公司的内部和外部环境中，不仅涉及业务线和财务风险，更关键的是，还涉及人员（见第 3 章及第 14 章）和变革。我们介绍过什么是风险管理（见第 1 章），实施风险管理需要明确公司的战略和目标（本章前面）以及独立鉴证（这将在第 13 章详细介绍）。最后，公司愿意承担的风险敞口当然体现在其风险偏好上，风险偏好在第 4 章中已有介绍。

风险政策

就确定风险管理关键要素的框架达成一致后，治理的第二个要素是制定风险政策。

明确的风险政策能够支持组织实现其业务目标。此外，它还允许董事会和高级管理层向所有员工传达公司的风险管理方法。因此，该政策应该得到董事会的批准。执行或管理委员会可以起草政策文件，或者至少对政策文件进行审查和评价，但批准和实施政策文件的最终责任在董事会。

风险政策的内容因公司而异，取决于公司文化及政策的典型结构，还与公司的规模、性质和复杂性保持一致。

风险政策至少应包含：

- 风险的定义。第 1 章介绍了风险的定义，其中考虑了战略和风险等问题，以及如何处理边界问题，即一种类型的风险不可避免地与其他类型的风险重叠。
- 风险偏好概述。这通常是一个高层次的初始陈述，随着公司对风险管理流程以及这些流程在公司中的应用方式的了解，风险偏好将随着时间的推移而扩大和深化（见第 4 章）。

- 风险管理流程概述。本部分是风险政策中的重要内容，它对明确公司将如何实施风险管理有很大帮助。概述应该包括对每个流程的简短描述，重要的是，还要介绍各个流程之间的联系，以呈现一种经过深思熟虑的、全面的风险管理方法。各个流程将在第二篇（风险管理工具）中详细介绍。

- 各部门及各类人员的角色及职责说明。董事会认识到并积极管理风险、内部审计和合规之间存在的潜在利益冲突尤为重要。这一点特别适用于最初由内部审计或合规部门进行风险管理的公司。必须记录这三个职能的明确角色。在较小的组织中，这三个职能经常重叠。然而，即使是在小公司，也应该格外小心，以确保内部审计的独立性（见第 13 章）。此外，这一部分将包括谁报告主要风险管理数据（第一道防线），以及谁使用这些数据整理和发布报告（风险管理部分），具体内容见第 12 章。

- 术语表。至关重要的是，所有工作人员都必须对风险政策中使用的各种术语有清晰的理解和认识。即使是风险事件、控制和损失等无关紧要的术语，如果没有得到明确的界定和解释，也会引起混淆。

  术语和定义的示例如下：

行动	为增强或减少控制或改变风险的可能性或影响而执行某些操作的过程。
控制	一种指导性、预防性、检查性或纠正性的功能，旨在减少或消除风险事件发生的可能性或影响。控制失效与风险事件的原因或影响直接相关。
控制失效	旨在管理风险事件发生的可能性或风险事件造成影响的功能的失灵。控制因此被证明在其设计方面是不合适的或在其执行方面无效。

纠正性控制	风险事件发生后采取行动并通过补救措施减小事件的影响的控制。
设计	控制在理论上的运行方式。
检查性控制	在风险事件发生后采取行动并识别已发生的风险的控制。
影响	风险事件发生的后果。其后果可能包括法律责任、监管行动、有形资产的损失、归还、追索权损失和减记等要素。
事件	在业务连续性计划中用于描述将触发业务连续性响应的事件或情况。
指标	观察或计算显示风险或控制当前状态的因素。
间接损失	不直接影响公司利润表或资产负债表的确切风险事件的发生。这可能是由于 IT 系统损耗或实际的增长低于预算而导致的销售损失。
可能性	风险事件发生的概率。
损失	实际影响公司利润表或资产负债表的确切风险事件的发生。
未遂事件	如果最终的预防性控制没有奏效,将会发生的风险事件。
执行	在现实中切实运行控制而非理论上运行控制的方式。
预防性控制	防止风险事件发生的控制。
风险	一种潜在的或未来的事件,它可能会通过阻止或妨碍公司业务目标的实现而给公司造成损害或损失。
风险原因	导致风险事件发生的因素通常是指导性或预防性控制的失败。
风险事件	可能对公司的利润表或资产负债表产生负面或正面影响的确切事件。风险事件不一定对财务造成影响,其影响可能完全是非财务方面的(见间接损失的定义)。
情景	一种可能连续发生的风险事件,虽然是极端性的,但都有合理性。

此外，政策通常还会涉及：

- 风险的类型和子类型；
- 核心风险管理在公司中所扮演的角色（与业务中的风险管理部门相比）；
- 如何处理偏离政策的情况；
- 问题如何上报和解决；
- 风险报告的信息流向。

需要再次强调所有工作人员清楚了解风险术语的重要性。确保每个人都说同一种语言的方法就是在风险政策文件中提供术语表。

小结

正如引言中所说，全面进行风险管理有利于做出明智的决策，无论是战略决策还是运营决策。为了实现这一目标，公司需要考虑风险管理发生的环境——无论是内部环境还是外部环境。内部环境包括一致的风险文化和价值观，以及一致的治理和领导，这样风险管理才能有效地开展。一旦具备了这些条件，公司就可以就风险管理框架的要素达成一致，而这是本书许多内容的基础，也是一个成功的公司的基础。

第 6 章 | CHAPTER 6 |

风险管理和风险与控制自我评估

引言

风险与控制自我评估是风险管理的基本步骤，通常也是第一步。除非已经识别出实现业务目标过程中可能面临的风险及其缓解控制，否则不可能开始管理风险。当然，一旦识别出风险，那么接下来通过评估来确定风险水平就是至关重要的。这些步骤里会遇到各种问题，但只要结合商业知识进行思考就能解决。一旦创建了风险与控制自我评估方案，它就可以作为一个重要的工具来管理业务风险。

风险记录

风险记录是执行风险与控制自我评估流程的结果。它可以称为风险（与控制）清单、风险（与控制）说明或直接称为风险与控制自我评估。其目标是识别、测量、监控和管理公司面临的风险和控制措施。一个基本的风险记录的片段见图 6-1。

ID	风险	风险主体	I	L	S	控制	控制主体	D	P	E
1	未能吸引、招聘和留住关键员工	SR	4	4	16	薪资调查	TJ	2	2	4
						培训和指导计划	TB	3	2	6
						关键员工的保留方案	TJ	4	4	16
2	财务顾问误解/未能理解"股票发行"产品的复杂性	PL&AB	4	4	16	员工培训	TB	4	4	16
						从以前的交易中获得经验	KW&EL	4	4	16
						绩效评估流程中的个人需求审查	TB	3	2	6
						流程的程序手册	EL	4	4	16
3	员工沟通不畅	SR&JK	4	4	16	明确的沟通渠道	ZK	4	3	12
						有记录的程序和流程	EL	3	2	6
4	不了解法律/法规	PL	4	3	12	内部培训课程	EL	4	4	16
						各种来源的信息的定期更新	EL	4	1	4
						外部培训课程	TB&EL	4	3	12
5	对洗钱的侦查不力	PL	4	3	12	反洗钱年度培训	TB&EL	3	2	6
						英国银行家协会分发的宣传手册	EL&ZK	3	1	3
						充分了解客户	ALL	4	3	12
6	资金/存款不足以满足借贷活动的需求	CK	4	3	12	流动性风险政策	ZK	4	4	16
						广告	KW	4	3	12
						经济预测	CK	3	3	9
7	超额销售信用卡	CK	4	3	12	员工培训	TB	3	3	9
						信用评分	EL	4	4	16
						前瞻性业务规划	ZK	3	3	9
8	在监管问题上过度部署管理资源	RU&CK	3	4	12	每月预算与实际审查	TJ	3	4	12
						公司治理	CK	4	4	16
						月度合规总监和首席执行官会议	CK	2	2	4
9	未能抓住市场机遇	AB	3	3	9	竞争对手监控	TB	3	4	12
						产品开发	TB	2	2	4
10	过度依赖外包	CK	3	3	9	服务等级协议	CK&EL	4	4	16
						外包监控	CK&EL	4	4	16
						尽职调查	CK	4	3	12
						政策	CK	3	4	12

图 6-1　一个基本的风险记录的片段

注：I，固有影响；L，固有可能性；S，风险水平；D，设计；P，执行；E，有效性。

　　一个更全面的风险记录见图 6-2，该记录包括对剩余风险（即当控制发挥作用时）的可能性及影响的评估，以及为加强（或减少）控制以达到更接近公司偏好的风险水平应采取的措施。

ID	风险	风险主体	II	IL	IS	RI	RL	RS	TI	TL	TS	控制	控制主体	D	P	E	行动计划/意见
1	未能吸引、招聘和留住关键员工	SR	4	4	16	4	3	12	2	2	4	薪资调查	TJ	2	2	4	
												培训和指导计划	TB	3	2	6	
												关键员工的保留方案	TJ	4	4	16	
2	财务顾问误解/未能理解"股票发行"产品的复杂性	PL&AB	4	4	16	3	2	6	2	1	2	员工培训	TB	4	4	16	
												从以前的交易中获得经验	KW&EL	4	4	16	
												绩效评估流程中的个人需求审查	TB	3	2	6	
												流程的程序手册	EL	4	4	16	
3	员工沟通不畅	SR&JK	4	4	16	4	3	12	2	3	6	明确的沟通渠道	ZK	4	3	12	
												有记录的程序和流程	EL	3	2	6	
4	不了解法律/法规	PL	4	3	12	4	2	6	4	1	4	内部培训课程	EL	4	4	16	
												各种来源的信息的定期更新	EL	4	1	4	
												外部培训课程	TB&EL	4	3	12	
5	对洗钱的侦查不力	PL	4	3	12	4	2	8	3	1	3	反洗钱年度培训	TB&EL	3	2	6	
												英国银行家协会分发的宣传手册	EL&ZK	3	1	3	
												充分了解客户	ALL	4	3	12	
6	资金/存款不足以满足借贷活动的需求	CK	4	3	12	4	1	4	3	1	3	流动性风险政策	ZK	4	4	16	
												广告	KW	4	3	12	
												经济预测	CK	3	3	9	
7	超额销售信用卡	CK	4	3	12	4	1	4	2	1	2	员工培训	TB	3	3	9	
												信用评分	EL	4	4	16	
												前瞻性业务规划	ZK	3	3	9	
8	在监管问题上过度部署管理资源	RU&CK	3	4	12	2	3	6	2	2	4	月度预算与实际审查	TJ	3	4	12	
												公司治理	CK	4	4	16	
												月度合规总监和首席执行官会议	CK	2	2	4	
9	未能抓住市场机遇	AB	3	3	9	2	3	6	2	2	4	竞争对手监控	TB	3	4	12	
												产品开发	TB	2	2	4	
10	过度依赖外包	CK	3	3	9	1	1	1	2	1	2	服务等级协议	CK&EL	4	4	16	
												外包监控	CK&EL	4	4	16	
												尽职调查	CK	4	3	12	
												政策	CK	3	4	12	

图 6-2 包含剩余风险评估与行动的风险记录

注: II, 固有影响; IL, 固有可能性; IS, 固有风险水平。RI, 剩余影响; RL, 剩余可能性; RS, 剩余风险水平。TI, 目标影响; TL, 目标可能性; TS, 目标风险水平。D, 设计; P, 执行; E, 有效性。

获得正确的风险评估级别

　　风险与控制自我评估的目的是在要求的级别上捕捉公司的风险和控制。如图 6 - 3 所示，这个级别可以是公司（战略）级别的、部门级别的或者是活动级别的。战略级别的风险与控制自我评估将从公司的业务目标以及阻止公司实现其业务目标的因素中得出其风险与控制。同样，较高部门级别的风险与控制自我评估将考虑公司的部门或分部以及这些部门或分部的目标。这些评估可能是针对高级领域的，如主要业务单位级别，也可能是针对较低级别的领域的，如单个部门。部门或分部的工作最终会分解成许多活动。因此，活动级别的风险与控制自我评估将产生大量的风险与控制。

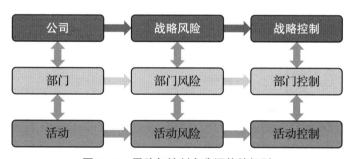

图 6 - 3　风险与控制自我评估的级别

战略风险评估

　　战略风险评估（风险评估的另一个名字）识别出公司实现其业务目标面临的风险。当然，公司识别出这些风险是至关重要的，否则生存的机会会小得多。令人惊讶的是，许多公司忽视战略风险评估，只关注部门或流程的风险评估。这些评估虽然也非常有用，但并不专注于公司的战略目标。

　　鉴于战略风险评估的目的，识别出的风险可能是业务类型的风险，如外包商的失败或管理团队成员的流失。这些风险对公司的影响自然比在部门层面识别出的风险（部门使用的软件故障或部门主管的流失）的影响更大。

除了希望实现其战略目标之外，公司还应确定必须采取哪些措施来降低已识别出的风险的影响。这就是对风险的控制。控制措施也需要进行评估，这将在本章的后面讨论。

风险识别

风险识别（及其伴随的缓解控制）应该是公司日常业务活动和流程的一部分。风险识别是业务的一部分，不应视为每六个月或每当进行全面风险评估时才进行一次的活动。

利用公司的目标识别风险

利用公司的目标识别风险是最自然的起点。"什么会阻止我实现我的目标?"这个简单的问题是管理层在一年中多次问自己的问题之一。列出那些会偏离目标的事情，并评估公司的风险管理能力，这是高级管理层最重要的职责之一。除了使用公司的目标，还有许多方法可以识别风险。

利用风险库验证已识别的风险

风险库按风险种类列出了公司识别出的所有风险。虽然拥有公司识别的完整的风险清单是有用的，但对风险与控制自我评估可能有限制作用，因为参与者更倾向于关注风险库，而不是那些可能阻止公司实现其战略目标的因素。由于风险与控制自我评估的目的之一是识别风险，风险库的存在回避了如何识别库中的风险以及风险与什么相关的问题。如果有风险库，可以先将其放在一边，使用被评估领域的目的或目标从头开始进行风险与控制自我评估。风险库可在之后用于验证已识别的风险，并检查是否有重大的风险被遗漏。

利用指标识别风险

指标可以显示出风险发生的可能性或影响的变动、控制措施的设计或执行的变动、与公司目标或流程相关的公司绩效的变动。因此，现有指标有助于识别公司所关注的风险和控制。由于指标经常用于监控特定风险的状态，因此通常可以确定指标与哪种风险相关。然而，关键风险指标和关键控制指标经常与关键绩效指标混在一起，因此第一步是对指标进行分类（见第 7 章）。尽管将指标分类会带来业务利益，但这一活动不在风险与控制自我评估的范围内，因此通常会单独进行。

利用审计结果识别风险

内部和外部审计报告也是很好地识别风险的来源。审计人员通常认为控制失败是一种风险。从风险管理的角度来看，这是不正确的。控制失败会导致风险，即控制失败通常是风险事件发生的原因，但控制本身并不是风险。例如，无效的薪酬审核可能会导致关键员工的流失。风险是关键员工的流失，而不是无效的薪酬审核。

利用损失识别风险

损失是风险发生导致的财务结果。损失情况通常由公司收集整理，体现在提交给风险委员会或审计委员会的报告中。对损失的原因分析有助于识别已经发生的风险和失败的控制。然而，这样识别出的风险可能没有考虑业务目标或流程，并且通常表现为控制失败，而不是控制失败导致的风险。同样，在风险与控制自我评估中进行损失原因分析时，必须小心谨慎，并且可能需要做一些额外的工作。

一家公司的损失只能揭示出它以前遭受的风险，因此，重要的是要明白，潜在的风险比通过损失原因分析所确定的风险要多得多。

相关内容见第 8 章风险管理与事件。

风险评估

一旦识别出了风险，就要对其发生的可能性和影响（有时称为严重性）进行评估。根据一定时期内风险事件发生的频率（例如每月一次、一年三次、五年一次）来评估可能性。许多公司发现评估一年中风险发生的可能性百分比也是可行的。

影响通常是根据假设风险发生时公司付出的（可能的）成本来评估的。但是，有些风险事件，例如声誉受损，是很难根据成本进行评估的。这种较为主观的影响通常以高、中高、中、中低和低这样的等级进行评估。

虽然严重性一词也被某些公司用作影响的同义词，但该词也可以单独用于风险评估，是可能性和影响的结合。在单独的可能性和影响被广泛使用之前，严重性一词用得更为普遍。

评估级别

风险可以在三个缓解级别上进行评估。评估固有（或总）风险时不考虑公司内部存在的控制。在固有级别假定的唯一控制是固有控制，例如人们的诚实和遵守法律的意愿。在固有级别评估风险的好处在于没有关于控制的质量或控制存在与否的假设，还能确定当现有控制失效时公司所面临的损失水平。

在考虑公司现有的控制后，就可以评估剩余风险（或净风险）。这就意味着存在关于控制的充分性和持续有效性的假设。这些假设很少在剩余风险评估中陈述。如果陈述了这些假设，就变得更像是控制评估。剩余风险评估的目的是评估风险，而不是评估控制。剩余风险评估的损失水平是公司在现有控制水平下可能遭受的日常损失。

目标风险通常是指所有缓解效果都达到公司期望水平后，公司内部预期风险偏好的最终水平。它用于评估控制改进计划的影响（有时是有效性）。

如果在固有级别评估风险，控制评估可以很容易地与固有风险评估联系起来。如果在剩余级别评估风险，控制评估已经隐含在剩余风险评估中，此时需要对结果进行调整。

使用热图评估风险

热图是评估风险的一种常见的方法。热图通常使用四点或五点刻度，其中五点刻度是标准方法（见图 6 - 4），因为它比四点刻度提供了更多的区间间隔。

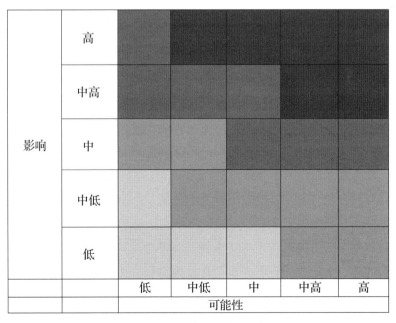

图 6 - 4　五点刻度热图示例

值得注意的是，图6-4中的热图是不对称的。右上角的深色方块（通常用红色表示）比左下角的浅色方块（通常用绿色表示）多，因为该公司认为影响比可能性更重要。同样值得注意的是，图6-4中的热图既可用于评估固有风险，也可用于评估剩余风险。从固有风险的角度来看，由于没有控制措施可以降低风险，许多风险很可能处于深色方块中。但是，从剩余风险的角度来看，深色方块的风险（即使有的话）应该很少，因为如果控制失败，这些风险有很大概率会发生，并且会产生很大的影响。任何一家日复一日承受这种风险的公司都不会持续很久。

当设置影响的刻度点时，许多公司更倾向于使用总收入。这很有用，因为业务（第一道防线）会直接影响总收入，使用总收入可以鼓励公司将风险评估嵌入业务流程。如果使用净利润，必须记住，业务负责人很难影响分配给他们的成本，因此他们可能不太愿意接受这一标准。然而，在一些利润率非常低的行业，总收入可能不合适，利润反而更合适。

最高区间的起点通常设定为三个月或四个月的总收入或利润水平，视情况而定。如果使用四个区间，则较低区间的顶端可以设置为一周或一个月的总收入或利润水平。全部四个区间设置为：低于一周的总收入或利润水平；一周到一个月的总收入或利润水平；一个月到三个月的总收入或利润水平；三个月以上的总收入或利润水平。如果使用五个区间，通常会额外增加两天的总收入或利润水平，相应设置两天到一周的总收入或利润水平以及两天以下的总收入或利润水平。你会注意到，每个区间的顶端所取的时间点都是区间底端所取的时间点的三到四倍。这是设置区间时一个有用的经验法则。

同样的方法也适用于设置可能性的区间。可能性最高区间的起点通常设置在一个对被评估实体所经历的风险来说非常不寻常的水平上。

较低的区间仍可以使用三或四的倍数进行设置。例如，如果在一个四区间的图中，十年以上可能发生一次是最高点，那么其他点可以设置为三年到十年可能发生一次，一年到三年可能发生一次，以及每年至少可能发生一次。然而，对于一个交易部门来说，其他点则可以设置为三个月到一年可能发生一次，一个月到三个月可能发生一次，以及每个月（至少）可能发生一次。在一个公司的五区间图中，较低的两个区间可以是三个月到一年可能发生一次，以及每三个月（至少）可能发生一次。对于交易部门来说，较低的两个区间可以是一周到一个月可能发生一次，以及每周（至少）可能发生一次。

缓解风险

控制是缓解风险最常见的方法。控制完全在管理层的影响范围之内，在实行良好的风险管理的公司中，控制可能增加或减少，以反映公司对特定风险的敏感性。实际上公司很少会这样做，部分原因是惯性。公司应该对变化保持敏感，并将其作为日常活动和持续改进的文化的一部分。

企业缓解风险（包括风险转移）的另一种方法是将风险完全转移给另一方，例如通过保险。保险公司收取的保险费成了降低风险的一项成本。这种方式还可以减小公司由于保单超额导致的风险敞口。然而，保险公司愿意承受的损失也可能有一个限度，在这个限度之上公司将再次面临风险。关于保险的进一步讨论见第 17 章。

缓解风险还可以采用在公司中完全消除风险的方法，例如停止开展存在风险的特定产品的业务。当然，这是一种极端的行为，但在某些情况下可能是合理的。例如，据报道，2007—2008 年金融危机期间，高盛集团（Goldman Sachs）先于同行退出了某些市场，因此大幅减少了损失。另一个例子是，在新冠疫情期间，许多餐饮业的专业供应商放弃常用的业务模式，转而提供送货上门服务，扩大了客户群，从而大大降低了客户风险。

正如确定一个适当的风险级别可能是一种挑战，确定适当的控制级别也是如此。但是，由于控制通常是在风险识别之后，因此将控制确定为适当的级别通常更容易。例如，如果已经在业务目标级别进行了风险识别，则控制应该在同一级别。

识别部门或活动层面的控制并将其与公司的业务目标联系起来是非常

简单的。但是，应该避免这种情况，因为风险水平和控制水平之间会出现不匹配。此外，重要的是要对已采取的战略控制进行识别和评估，这些战略控制可以降低业务目标面临的风险。如果没有做到这一点，公司可能会产生一种虚假的安全感，认为其业务风险得到了很好的控制。

在确定控制时，我们要尽量识别能够降低风险的独立控制。尽管识别关联控制也具有一定的意义，但对相互独立的控制进行识别和评估可以获得更多的业务利益。相互关联的控制可能在一个序列中，其效果只能和前置控制表现得一样。这意味着，如果序列中的第一项控制失败，则其他控制也不能为降低相关风险带来任何好处。因此，检查控制以确保其独立性至关重要，否则它们会成为虚假安全感的另一个来源。

例如，三项典型的为降低"未能留住关键员工"风险的独立控制是：薪资调查、培训和指导计划以及关键员工的保留方案。本例中的关联控制可能是加薪和职位变更，这两者都可以与关键员工的保留方案相关联。

人们常说，一项控制可以缓解多种风险。原则上，这很可能是正确的。实际上，控制的应用不太可能完全相同。通常控制是相同的，但是不同部门的应用方式不同。例如，员工评估是降低未能留住关键员工风险的一项非常常见的控制。然而，不同的部门可能会采用不同的应用方式，控制的有效性在公司内部也会有很大的不同。因此，每当有人建议一项控制可以缓解多种风险时，风险负责人都应该提出质疑，以避免两项类似的控制被误认为是同一项控制。例如，员工培训是提高员工职业能力的控制，培训和指导是减少关键员工流动的控制，这两项控制虽然相似但并不相同。因此，重要的是不仅要明确控制，还要明确它的用途。

评估风险管理控制

评估控制时，首先将不同类型的控制区分开来是必要的（有关不同类型控制的进一步介绍见第 7 章）。这使得公司能够评估其是否保证了不同类型的控制的平衡，或者是否具有检查性和纠正性的控制，但是缺乏指导性和预防性的控制。在不平衡的情况下，一家公司不太可能阻止某种风险的发生，但当该风险发生时，企业完全有能力将风险的影响降至最低。这种风险的一个例子是超出公司管理范围的外部事件，如洪水或恐怖袭击。

控制可以分为四种类型：指导性控制、预防性控制、检查性控制和纠正性控制。

- 指导性控制通常以政策、程序或手册的形式为公司提供一定程度的指导。
- 预防性控制旨在防止风险或事件发生。它们通常是自动控制的，如机器周围的防护装置或防止超出使用限制的系统检查。
- 检查性控制是在风险或事件发生后采取行动，并识别和减小已发生的风险。典型的检查性控制可能是传感器在机器周围存在安全隐患时发出警报，或者对会计分录进行对账和检查。
- 纠正性控制在风险事件发生后再次发挥作用，并通过补救措施减小对事件的影响。典型的纠正性控制是对未偿付的对账项目或其他风险报告进行跟进，并在风险监控后采取行动。

控制类型及其对风险的影响

在风险与控制自我评估中分析预防性控制和指导性控制尤为重要，因为它们往往会降低风险发生的可能性，而检查性控制和纠正性控制通常会降低公司受到的影响。大多数风险经理的目标是在可能的情况下，在事前降低风险发生可能性和事后减小风险影响的控制之间取得平衡。但这不是总能实现的。

当确定了各种类型的控制后，可以根据固有可能性和固有影响得分来评估它们的效果。如果公司进行了剩余风险评估，还可以对剩余可能性和剩余影响得分进行验证和确认。此外，这些影响可以通过热图采用图形方式反映（见图 6-5），热图是一种直观的表示，可以帮助管理层快速理解并采取行动。

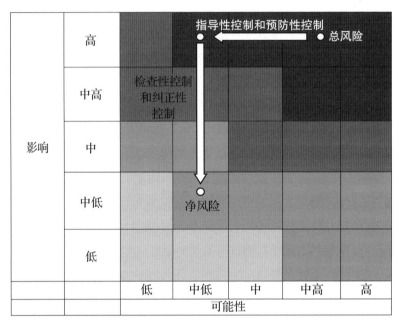

图 6-5　包含固有风险和剩余风险评估结果并反映控制效果的热图

设计和执行

控制应根据其降低风险的内在能力、设计和实际执行情况进行评估。与以前仅评估控制有效性的方法相比，这种评估方法有许多优势：

- 这种方法使控制评估能够区分控制的理论有效性和实际有效性。虽然某些控制在理论上可能是有效的，例如为减少账户余额错报而进行的对账，但实际效果也许并不好。可能该控制并不是像预期的那样每周进行一次，只是每月进行一次，或者根本没有认真跟进对账项目。
- 4W 方法（Who，Where，When，What）可用于评估控制的设计情况。如果很好地理解了 4W，就可能对控制设计进行更准确的评价。

评估将会反映 4W 方法的实际运用情况。

- 控制的设计通常反映了支撑该控制的系统或流程，而控制的执行通常与操作该控制的人员有关。评估设计和执行有助于制订行动计划，使行动更有针对性。设计不良的控制可能需要改进相关的系统或流程。执行不佳的控制更可能需要对操作人员开展集中培训、安排更多的人或其他技术人员来操作。

- 评估控制的两个维度反映了用于评估风险的两个维度（可能性和影响）。这有助于将控制的力度与控制正在缓解的风险的水平进行比较。

质疑评估分数

由于风险与控制自我评估分数在很大程度上是主观的，因此如果我们掌握了相关的实际数据，就应该对其提出质疑。这些数据可能包括控制测试分数、内部审计控制分数、公司的实际损失数据、未遂事件数据、趋势数据，如果外部损失数据可以得到的话，还包括外部损失数据。此外，未完成行动的存在是管理层对控制有看法的另一个指标，即如果管理层认为值得耗费资源来加强某项控制，那么说明此控制目前并不是非常有效。

上面的一些信息在使用中是显而易见的。例如，如果控制测试或内部审计显示控制并不是很好，但控制所有者声称控制有效，那么显然需要提出质疑。然而，实际损失数据可能与已经改变的控制环境有关，因此可能与当前的风险缓解措施不太相关。

固有风险减去控制等于剩余风险吗？

通常我们认为，固有风险分数减去控制分数将得到剩余风险分数。这是一个过于简单的分析。风险分数的概念具有误导性。任何风险分数都包括可能性值和影响值。但这些值是不同的，虽然将它们相乘得到一个分数，但这只是一个相对分数。得分为 100 万的风险可能是 10 年发生一次且影响值为 1 000 万的风险，或者是每年发生 1 000 次且影响值为 1 000 的风险。对这两种风险的处理和偏好是非常不同的，任何有能力的商人都想知道这两种风险中的哪一种正在被分析。

此外，尽管控制评估受到挑战，但每个控制评估仍然是主观的。固有风险评估也是主观的，难以挑战。将主观的控制分数与主观的固有风险分数分开，然后声称结果达到了可信的剩余风险水平，这是一种过分相信人类评估无偏差的说法。然而，在上述观点中有一个逻辑，就是需要做进一步的工作来确定风险的合理剩余价值。

显然，这三组数据之间存在联系——通过缓解控制降低了固有风险，从而给日常业务带来了剩余风险。使该分析对业务有用的关键是分别考虑可能性和影响。（这也与世界各地使用的建模方法一致，见第 10 章和第 11 章，这两章分别对频率和严重性进行了建模。）如上所述，预防性控制和指导性控制往往会降低风险发生的可能性，而检查性控制和纠正性控制往往会降低公司受到的影响。通过将控制分为风险发生前控制和风险发生后控制，并将每种控制的重点放在各自的固有可能性值和影响值上，可以进行有用的业务分析。在此基础上，对产生的剩余价值进行质疑和验证将得到可用于管理风险的结果。

为了获得剩余风险评估底线，在将控制分为风险发生前控制和风险发生后控制后开始分析，然后分别计算控制降低固有可能性和影响的百分比。该百分比可以是相关控制的平均值，对于更保守的组织来说，可以是控制降低可能性或影响的最小值。1 减去风险发生前控制的百分比值（无论是平均值还是最小值），与固有可能性相结合将得出剩余可能性。类似地，1 减去风险发生后控制的值将得到一个百分比，该百分比与固有影响相结合将得到剩余影响。参见下面的示例。

固有风险

可能性评估：中高，例如 4/5

影响评估：高，例如 5/5

控制

控制 1，一个风险发生前控制：

设计缓解：中高，例如 4/5；执行缓解：中，例如 3/5

控制 2，一个风险发生前控制：

设计缓解：高，例如 5/5；执行缓解：中，例如 3/5

控制 3，一个风险发生后控制：

设计缓解：中，例如 3/5；执行缓解：中低，例如 2/5

控制 1 缓解值为 4/5×3/5，即 12/25 或 48%

控制 2 缓解值为 5/5×3/5，即 15/25 或 60%

控制 3 缓解值为 3/5×2/5，即 6/25 或 24%

风险发生前控制平均值为（48% + 60%)/2 或 54%

风险发生后控制平均值为 24%（因为只有控制 3 是风险发生后控制）

剩余可能性底线为（1 - 0.54）× 固有可能性 = 0.46×4/5 = 0.368

剩余影响底线为（1 - 0.24）× 固有影响 = 0.76×5/5 = 0.76

相关热图可用于读取剩余可能性和影响得分。例如：

使用 1 到 5 刻度的热图，可能性和影响的值可能如下所示：

高为 5/5 或 80%～100%

中高为 4/5 或 60%～80%

中为 3/5 或 40%～60%

中低为 2/5 或 20%～40%

低为 1/5 或小于 20%

在上面的热图示例中，设定为中高的固有可能性最终得到了值为 0.368 的中低的剩余可能性。高的固有影响得到了值为 0.76 的中高的剩余影响。

质疑并验证剩余风险评估底线

公司可能存在与以上评估的风险相关的内部损失、控制测试和审计报告、外部损失以及未决行动。如果存在与风险相关的任何内部损失，这些损失可用于质疑评估。在质疑剩余风险评估之前，要使用超出偏好的各种损失来验证固有风险评估。这是因为偏好通常比正常值设置得更高一点。因此，超出正常值的损失必然指向（但并不一定是）风险的固有值。

这些较大的损失可用于检查该损失的可能性和影响是否达到了固有风险评估的水平。该损失的影响可能低于影响的固有水平，因为一些检查和更正控制可能仍在运行。然而，损失的可能性值应接近固有风险评估水平，因为当指导性控制和预防性控制失败后才可能发生损失。

在验证了固有风险评估后，可以计算剩余损失（即偏好范围内的损失）可能性和影响的平均值。然后将这些值与上述剩余风险评估底线值进行比较，必要时可对其中一个或两个底线进行调整。

为了进一步验证，可使用控制测试和审计报告，检查控制评估是否与测试结果和审计报告一致。如果设计和执行等级发生变化，剩余风险评估底线值也需要改变。

是否存在影响风险或影响减小风险的控制的未决行动？由于行动旨在降低剩余可能性或剩余影响值，说明可能性和影响目前可能处于不可接受的水平。如果剩余影响值已经在可承受范围内，则应对采取行动的必要性提出质疑。然而，如果这些行动旨在减少剩余风险评估水平，并且接近完成，那么应该可以进行一些调整。

外部损失可能由于数据的可获得性成为一大挑战。任何分析都必须限于相关风险类别，而不是实际风险。然而，通过使用相关因素（如总收入或员工人数）来缩放可能性和影响，可以获得一些有用的数据。缩放后，任何超出偏好的损失都可以再次用来验证固有风险评估。与内部损失一样，可将这些偏好内的外部损失与剩余风险评估值进行比较，并在必要时调整一个或两个可能性值和影响值。

经过上述工作，就得到测试和确认后的最终剩余风险可能性和影响数据。

将数据用于风险偏好管理

在完成并验证了控制评估以及剩余可能性值和影响值后，业务部门可以据此来调整其风险和控制支出，以符合其风险偏好。如第 4 章中解释的，风险偏好的定性陈述可以利用风险与控制自我评估中使用的可能性值和影响值来表示。因此，询问已确认的剩余风险可能性值和影响值是否处于企业满意的水平是完全合适的。如果已经达到这样的水平，显然不需要采取进一步的行动。但是，如果公司对已确认的水平不满意，则需要采取措施将当前水平降到公司的偏好范围内。

例如，关键员工流失风险在固有水平上通常被评估为具有高影响和高可能性。这意味着，如果缓解控制失败，公司很可能会失去关键员工，这将产生重大影响。同样常见的情况是，有许多控制可以防止这种风险的发生，但只有少数控制可以降低影响。这是可以理解的，因为高级管理层不希望发生这种风险，因此首先会采取控制措施。

通过更多的预防性控制而非纠正性控制，固有风险可能性将显著降低，但固有影响不会降低太多。公司必须扪心自问，对于关键员工流失风险的（可能的）中高影响是否满意。通常会得到一种反应，即应进一步降低剩余影响。显然，为了降低剩余影响，应实施进一步的检查性或纠正性控制。这一过程将使 RCSA 融入公司，从而使相关人员更好地理解 RCSA 及其对公司的好处。

小结

经过深思熟虑，风险与控制自我评估可以视为管理风险的宝贵工具。

虽然其名称中没有识别一词，但评估活动往往是从这里开始的。识别实现业务目标过程中的风险当然是管理这些风险的基础。同样，评估控制方案的设计和执行是否符合公司的偏好（见第 4 章）决定了是否采取进一步的降低风险的行动。风险与控制自我评估是风险管理活动的一个很好的起点，但同时也应该辅以其他工具和方法。

风险管理与指标

引言：什么是关键？

指标（有时称为业务指标）能说明某个特定项目在一段时间内的状态。指标很少用单个时间点的数据，而是用一个时间序列数据，通过参考以前的值来预测日、周、月或季度的变化趋势。特别是在风险管理方面，这些变化趋势可能表明该公司偏离了其风险偏好。

关键风险指标（KRI）是风险管理框架的基本组成部分，许多公司似乎对此感到困惑。如果将其称为 IRK（关键的风险指标）或 IKR（关键风险的指标），混淆可能会少一些。当存在许多指标的时候，它们绝对不能称为"关键"的指标。

许多公司选取几百个指标，然后试图通过使用大量所谓的关键风险指标来管理自己的业务。然而，非常值得怀疑的是，任何一家公司是否真的拥有或确实能够管理如此多的关键风险指标，或者拥有将产生数百个指标的关键风险数量。

其他公司则努力寻找极少的指标，这些指标将反映公司整体的运行状况。这种方法让人想到，医生只是通过测量血压、脉搏和听心跳来评估一个人的健康状况。这显然是一个很好的起点，但远远不够。

如图 7-1 所示，识别指标是风险管理的三个基本过程之一。关键风

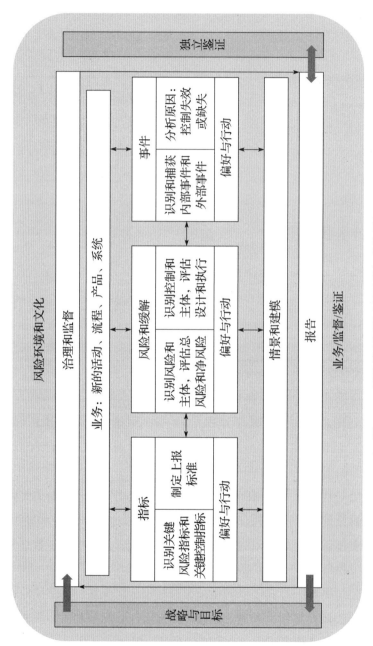

图 7－1 风险管理框架（显示指标的位置）

险指标可以提供重要的早期预警信号，以便在风险发生之前对业务及其目标进行管理。此类指标通常称为领先或预测指标。它们给出了当前（有时预测未来）的关键风险和关键控制水平，而不是历史（事件）或未来的（风险与控制自我评估）值。

指标不但给出了当前的风险水平，还可以用于调查和分析风险趋势及其相关控制。这种趋势分析有助于在事件发生之前进行预测，还能显示已被违反的升级标准，从而促使企业采取管理行动。这些标准通常与公司的风险偏好有关（见第 4 章）。

关键绩效指标和关键风险指标

区分关键绩效指标（KPI）和关键风险指标（KRI）很重要。KPI 通常用于企业评估当前的绩效水平。也许最常用的 KPI 是企业的盈利能力。从风险的角度来看，盈利能力告诉我们公司最近一段时间的全部风险敞口状态及其控制绩效。然而，这是一个糟糕的关键风险指标，因为它基本没有告诉我们任何特定的关键风险，也没有告诉我们如何调整风险敞口。利润数字本身没有按关键风险（或控制绩效）进行分类，因此几乎没有机会通过调整风险来管理公司。

KPI 是关于业务绩效的，应该与业务目标直接挂钩。KPI 包括销售、收入、盈利能力、总成本、员工成本、场地成本和 IT 成本等。不过，有些事件也可以充当 KRI。例如，市场渗透（风险：薄弱的分销网络）或董事会和高级管理层的更替（风险：核心员工的流失）。相比之下，KRI 告诉我们关键风险发生的可能性或影响的变化，并且可以和风险与控制自我评估（RCSA）相联系。

图 7 - 2 显示了 KPI、KRI 与第三组指标——关键控制指标（KCI）的关系。KCI 告诉我们控制的设计或执行的变化，并再次和风险与控制自我评估相联系。与风险一样，KCI 是关键的控制指标或关键控制的指标。KCI 分为两类：缓解单个关键风险的控制指标和缓解多个风险的控制指标。

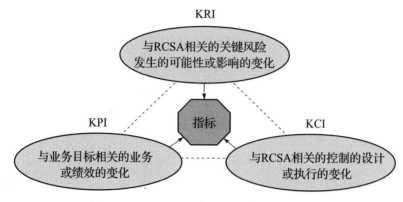

图7-2 KPI、KRI 和 KCI 三者之间的关系

KRI 识别方法

管理层的支持对于建立关键风险指标至关重要。识别关键风险指标和关键控制指标的方法很多。其中一些方法更有可能获得管理层的支持和推动。

这些方法包括：

- 白纸法；
- 利用现有的管理信息；
- 利用现有的风险与控制自我评估；
- 利用指标的周期性。

白纸法

许多公司从一张白纸开始识别 KRI，并列出它们能够明确表达的所有指标。这样做的好处是没有先入之见，但忽略了以前的风险管理工作，尤其是风险与控制自我评估工作。

高级管理层应参与相关风险与控制自我评估方案的编制。因此，白纸法传递了一个明确的信息，即风险与控制自我评估的价值是有限的、狭隘的，并没有成为三个相互关联的基本风险管理过程之一。

这也使得管理层很难确定哪些指标是管理关键业务风险的最佳指标。此外，这些指标是单独确定的，可能与风险没有直接关系，即它们可能是 KPI、KRI 和 KCI 的组合。

利用现有的管理信息

利用现有的管理信息有几个优点：

- 它使用的是众所周知且容易理解的业务指标。这意味着高级管理层会更愿意根据 KRI 做出决策。
- 因为是目前使用的，所以数据更准确。
- 因为大多数管理者直觉上知道他们的主要风险和减小风险的控制，所以已识别的风险和控制之间存在隐性联系。这种直觉导致用于控制业务的信息与业务的风险状况之间的天然匹配，如风险与控制自我评估所示。

然而，现有管理信息与特定的关键风险没有明确的联系。因此，很难从正常风险的指标中识别关键风险指标。尽管可以说高级管理层每月使用的所有指标都是重要的，但这种方法依然难以确定哪些指标是真正重要的。

利用现有的风险与控制自我评估

这种方法的优点是使用的风险与控制数据都是与经营目标（或过程）紧密联系的，假设这些数据已用于识别风险与控制，而这些风险与控制本该被识别。因此，这种方法建立在之前的风险管理工作的基础上，并提高了这项工作本身的价值和关键性。

用这种方法识别关键风险相对容易。通常，关键风险被确定为具有内在高影响程度和内在高可能性的风险。如果这种方法只识别了几个关键风险，那么它可以扩展到包括所有具有高影响的风险，而不需要注意对可能性的评价。

定义了关键风险后，就可以很容易地确定一类关键控制，即任何可以缓解某一个关键风险的控制。另一类关键控制是任何能够缓解数个风险的控制，因为这种控制的失败可能会对公司产生重大影响。

在图 7-3 中，一家公司可能会认为风险 1～风险 3 是关键风险，风险 4～风险 7 也是关键风险。风险 11、风险 17 和风险 18 被评估为具有高影响程度、低可能性，因此公司很有可能认为它们不是关键风险。针对风险 1、风险 2 和风险 3 的所有控制都将被视为关键控制。此外，评估和员工培训可以缓解不止一种风险，因此也可能被视为关键控制。

序号	风险	风险主体	I	L	控制	控制主体	D	P
1	未能吸引、招聘和留住关键员工	SR	4	4	薪资调查	TJ	2	2
					培训和指导计划	TB	3	2
					关键员工的保留方案	TJ	4	4
2	财务顾问误解 / 未能理解"股票发行"产品的复杂性	PL	4	4	员工培训	TB	4	4
					从以前的交易中获得经验	KW	4	4
					绩效评估流程中的个人需求审查	TB	3	2
					流程的程序手册	EL	4	4
3	员工沟通不畅	SR	4	4	明确的沟通渠道	ZK	4	3
					有记录的程序和流程	EL	3	2
4	不了解法律 / 法规	PL	4	3	内部培训课程	EL	4	4
					各种来源的信息的定期更新	EL	4	1
					外部培训课程	TB	4	3
5	对洗钱的侦查不力	PL	4	3	反洗钱年度培训	TB	3	2
					英国银行家协会分发的宣传手册	EL	3	1
					充分了解客户	AL	4	3
6	资金 / 存款不足以满足贷款活动的需求	CK	4	3	流动性风险政策	ZK	4	4
					广告	KW	4	3
					经济预测	CK	3	3
7	超额销售信用卡	CK	4	3	员工培训	TB	3	3
					信用评分	EL	4	4
					前瞻性业务规划	ZK	3	3
8	在监管问题上过度部署管理资源	RU	3	4	每月预算与实际审查	TJ	3	4
					公司治理	CK	4	4
					月度合规总监和首席执行官会议	CK	2	2

图 7-3 典型的风险与控制自我评估

序号	风险	风险主体	I	L	控制	控制主体	D	P
9	未能抓住市场机会	AB	3	3	竞争对手监控	TB	3	4
					产品开发	TB	2	2
10	过度依赖外包	CK	3	3	服务等级协议	CK	4	4
					外包监控	EL	4	4
					尽职调查	CK	4	3
					政策	CK	3	4
11	信息安全系统的弱点	RU	4	2	记录保留	ZK	2	2
					信息安全政策制定程序的规范和监控	ZK	3	2
					工作人员培训和认证	TB	3	3
					客户协议／营销	ZK	2	1
12	IT基础设施（质量）不好或（数量）不足，无法实现业务目标	JK	2	4	商业／战略规划	KW	3	4
					IT系统性能和容量的监控	ZK	4	3
13	外部欺诈活动	PL	3	2	反欺诈培训	ZK	4	4
					系统安全升级	ZK	4	4
14	未能增加员工薪酬	SR	3	2	员工培训	TB	4	3
					雇用临时工作人员	TB	2	2
					评估	TB	2	2
15	不一致的员工目标	SR	2	3	评估	TB	2	3
					公司治理	ZA	4	4
16	未能发现并消除内部欺诈	PL	3	2	犯罪背景调查	EL	3	2
					职责分离	ZA	2	3
					员工培训	TB	3	2
					欺诈监控	EL	4	2
					举报	ALL	3	3
17	推出不合适或不适宜的新产品	AB	4	1	员工培训	TB	3	2
					新产品审批流程	KW	3	2
18	糟糕的战略决策	CK	4	1	监测市场数据	KW	4	4
					研究与预测	KW	4	2
					月度管理论坛	ZA	4	3
					营销策略回顾	ZA	3	3
19	无法进入的场所	RU	3	1	业务持续性计划／业务持续性管理	EL	4	3
					楼层安全（以便更好地管理损失）	ZA	3	4
					建筑和严密的警卫	ZA	4	4

图 7 - 3　典型的风险与控制自我评估（续）

　　在识别出关键风险之后，利用业务知识来识别关键风险指标就相对容易了，这些指标可以告诉公司关键风险发生的可能性或影响以及关键控制的设计或执行的变化。一个好的指标是易于使用和理解的。占关键风险指标的 60% ～ 70% 的风险指标已经在许多公司得到了追踪。虽然一开始很难使用在 Excel 与数据库中记录的相关追踪数据，但坚持维护与更新数据库非常有价值，因为已经记录的数据的质量要远远好过新数据。

利用指标的周期性

指标可以按不同的时间频率（例如每天、每周、每月或每年）进行追踪。最典型的情况是，尽管交易级别的风险指标通常是每天记录的，但也可以每月记录。指标的周期性在很大程度上与利用它来管理风险无关，更重要的是风险变化的频率。

将风险与日常流程或活动联系起来的指标显然需要每天记录，例如记录银行账户日常对账是否完成的指标。同样，与年度风险相关的指标只需每年记录，例如与完成年度监管任务相关的指标。然而，大多数指标是按月记录的，因为这种频率在记录指标所需的努力和良好的风险管理之间获得了最佳平衡。例如员工流动和员工参加培训课程，每一项都可能反映员工的能力水平。

风险、KRI、控制和 KCI

为每个关键风险确定大量指标是很常见的。我们面临的挑战是找到一小部分能够传递对公司有用的信息的指标，最好是使用现有的管理信息。理想情况下，将使用一到两个指标衡量关键风险的影响程度和可能性；使用一个指标衡量每项用于缓解关键风险的控制的效果。通过这种方式，提取出数量在公司管理能力范围内的指标，这些指标将很好地反映公司当前面临的风险状况，如图 7 - 4 所示。

	风险	KRI　L= 可能性　I= 影响	控制	KCI
1	未能吸引、招聘和留住关键员工	L: 员工流动率（年化）		
		L: 报价/接受率（百分比）		
		L: 雇主调查排名		
		I: 客户投诉（每周）		
		I: 错误率（每周）		
			薪资调查	雇主薪酬调查排名
			培训和指导计划	培训费用
			关键员工的保留方案	员工流动率
2	财务顾问误解/未能理解"股票发行"产品的复杂性	L: 花在每个客户身上的时间		
		I: 投诉数量（每月）		
			员工培训	参加培训课程的员工人数
			从以前的交易中获得经验	
			绩效评估流程中的个人需求审查	员工查询数量
			流程的程序手册	从上次更新开始的时间（按月）
3	员工沟通不畅	L: 股东大会/内部通讯数量（每月）		
		I: 员工士气（调查）		
			明确的沟通渠道	出版的内部通讯的数量
			有记录的程序和流程	显示文件化程序和流程的内联网页面访问次数
4	不了解法律/法规	L: 管理部门向合规部门的查询数量（每月）		
		I: 违法数量（每月）		
			监管注册	监管访问次数
			各种来源的信息的定期更新	合规部门发布的内部通讯数量
			外部培训课程	员工参加培训课程后发布的内部通讯数量
5	对洗钱的侦查不力	L: 参考控制		
		I: 洗钱次数（每年）		
			反洗钱年度培训	未参加反洗钱课程的人数
			英国银行家协会分发的宣传手册	分发的宣传手册数与收到的宣传手册数的比较
			充分了解客户	因充分了解你的客户而被拒绝的潜在客户的数量

图 7-4　风险、KRI、控制和 KCI 示例

阈值和风险偏好

建立与指标相关的目标或阈值在设定管理行动的升级标准和评估指标趋势时非常有用。阈值应根据业务需求以及承担特定风险或接受控制失败的意愿设定。起点是业务面临的风险状况。一开始就参考可用数据来设置阈值是一种糟糕的做法。

在图 7-5 的示例中，平均目标设定为 5，绿色（G）区间为 4～6。指标两侧都有区间，下部为 3 或 2，上部为 7 的琥珀色（A）区间。这些区间代表风险偏好的突破：1 或以下为较浅的红色（R）区间，7 或以上为较深的红色区间。在这个水平上，风险偏好出现了重大突破。这是一个指标的示例，它的两侧都有边界，并且有不均匀的区间。

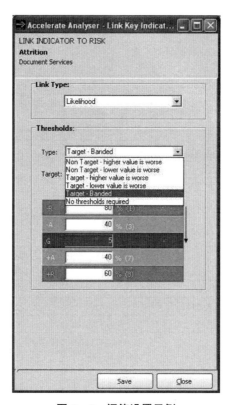

图 7-5 阈值设置示例

指标的单边区间也很常见，例如 0 和 1 的［绿色］区间，2 或 3 的［琥珀色］区间和 4 及以上的［红色］区间。指标也可以是二元的，也就是说，它们直接从绿色区间移动到红色区间。此类指标的一个例子是施工现场的死亡人数，其中承包商的绿色等级为 0，红色等级为 1 或以上。

显然，这些区间的设置应该与公司的偏好相关，可以是风险偏好的定性（红色、琥珀色、绿色）描述和定量（数字）描述（见第 4 章）。例如，对于关键风险"关键员工离职"，一个指标可能是"关键员工流动率"以及图 7 - 6 中协商确定的区间。

红色	琥珀色	绿色	琥珀色	红色
5%以下	5%～9%	10%～15%	16%～20%	20%以上

图 7 - 6 "关键员工离职"风险阈值和关键员工流动率的风险偏好

公司可能愿意接受 10% ～ 15% 的关键员工流动率。该级别的关键员工流动管理的任务可委托给相关业务主管。这一水平是正常的，并为公司所接受。

5% ～ 9% 和 16% ～ 20% 的关键员工流动率可能会给公司的运营带来困难，对于其上限来说，成本较高，但仍然可以接受。这些关键员工流动率水平可能会报告给相关的高级管理人员或团队，如风险委员会，以便他们在认为合适的情况下采取行动，将关键员工流动率恢复到绿色区间。

无论是从公司知识的损失还是招聘成本来看，超过 20% 的关键员工流动率对公司来说都可能过高。它还可能导致业务中断，这意味着在几个月后高级管理层才能恢复稳定和凝聚力。不过，5% 以下的关键员工流动率也被视为红色指标，因为对于过低的员工流动率水平而言，只能有很少的新的关键员工带来新的想法和方法。较低的员工流动率也可能反映出高级管理骨干的薪酬相对过高和人员满足于现状。这些关键员工流动率水平可能会被报告给董事会和风险委员会。

通过经验验证阈值

阈值可以通过审查往期的指标数据（如果可用）和审查与特定风险或控制相关的公司损失来验证。此外，阈值验证有时可以通过考察同行或竞争对手的损失来实现。

然而，在查看验证数据时，记住要考虑在不同时期会发生变化的数据。例如，非生产天数在传统上有休假的夏季将高于春季或秋季。

预测性风险管理指标

如本章引言所述，风险指标有时能够显示风险可能发生的时间；它们可以在风险发生之前发出预警信号。风险管理面临的挑战是确定哪些指标最有可能发出预警信号，换句话说，哪些指标是有效的领先指标。显然，风险更有可能发生的指标，即可能性指标，是一个很好的起点，因为它们在风险事件发生之前发出了警告。关于风险事件影响的指标是滞后指标，它会告诉你风险发生时的影响以及影响的可能大小。然而，指标的数值与影响的最终大小之间不一定存在相关性。指标表达的是世界可能变得更危险了，但不是通过指标的数值表示的。

对于控制指标，一种有用的方法是通过内部审计对控制进行分类。控制采用这种方式时，可以分为四类。

1. 指导性控制——通过指令（如政策、程序、职权范围）降低风险的控制。

2. 预防性控制——通过防止风险发生来降低风险的控制（例如，一台设备的安全保护措施）。

3. 检查性控制——降低风险影响的控制（例如火灾警报或会计对账）。

4. 纠正性控制——通过纠正事件（例如灾难恢复站点）来降低风险影

响的控制。

很明显，预防性控制指标是领先指标，而检查性控制指标将提供有关事件可能规模的信息，是滞后指标。因此，平衡指导性控制、预防性控制、检查性控制和纠正性控制以降低风险的良好风险管理实践对于确定领先指标和预防性控制指标非常有帮助。这项技术还对风险管理提出了挑战，因为风险责任人能够看到风险的缓解是否与事件发生前后运行的类似数量的控制相平衡（见第 6 章）。

报告风险管理 KRI 数据

与单个部门或公司有关的许多关键风险指标通常在仪表盘上报告，如图 7-7 所示。

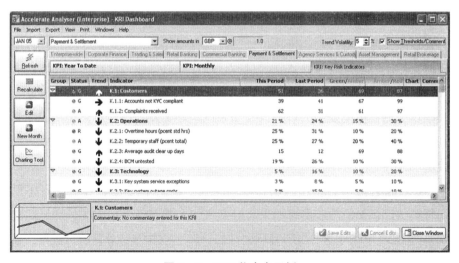

图 7-7　KRI 仪表盘示例

可以看出，红色（R）/琥珀色（A）/绿色（G）状态列（Status）与趋势列（Trend）挨在一起非常常见。这两列提供了一个快速视图，指导用户首先关注哪些指标。记录最近的三、六或十二个周期，并取最近三个周期的平均值，以平滑指标的波动性，这也是很常见的。

在图 7-7 中，"加班时间"的状态为红色，尽管它呈下降趋势，实际水平仍令人担忧。"收到的投诉"需要引起注意，虽然是琥珀色，但在这段时间内投诉量已经翻了一番。此外，"临时员工"比例呈下降趋势，与上一期比变化相对较小。

指标的组合也能说明问题。例如，尽管"账户不符合 KYC（充分了解你的客户）"的风险是稳定的，并且在绿色区间内，但在此期间，客户数量显著增加，而"加班时间"和"临时员工"的比例都呈下降趋势。最后两个指标可能是"KYC 审查运营"在降低"不符合 KYC 的账户"风险方面表现如何的指标。由此得出结论，"加班时间"和"临时员工"可能是"账户不符合 KYC"风险的主要指标。

行动计划

收集和监测指标是为了采取行动。如果领先指标显示风险可能发生，公司显然希望采取行动。依据指标制订的行动计划，与其他管理行动计划相似，包括行动计划所要达到的目标、预计完成日期、行动计划的责任人及其他典型项目。此外，还将参考以往控制失败的经验（如果经验适用）、被确定为更有可能发生的风险以及如果风险确实发生可能对公司造成的影响等。这些要点与指标明确相关，有助于为行动计划的成本收益分析做准备。

KRI 报告通常会参考行动计划。例如，在图 7-8 中，报告显示了逾期行动的红色 KRI。显然，如果 KRI 处于红色区域（见上文阈值和风险偏好），就需要采取行动。与所有行动计划一样，重要的是对其进行监控，以确保计划按预期完成。对于超出了公司风险偏好范围的 KRI，确认目标日期至关重要。这样的报告可能与图 7-8 相似，最右边的一栏显示了没有行动、按目标行动和逾期行动的红色 KRI。

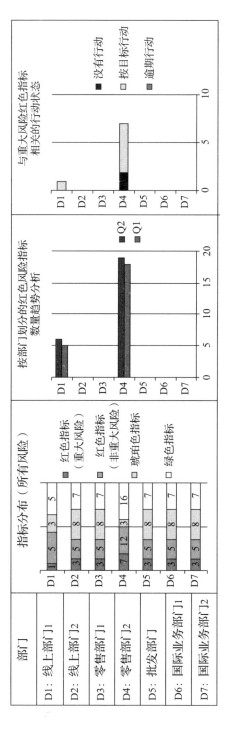

图 7 - 8　红色 KRI 逾期行动报告总结

小结

指标不仅在监控业务绩效方面很有价值，而且在判断公司风险环境的变化和风险控制的有效性方面也很有价值。识别指标是风险管理流程的基本部分，也是监控定量风险偏好的重要部分。

要记住，KRI 是关键风险指标，KCI 是与关键风险相关的控制指标。如果理解了这一点，指标的数量是可以控制在管理能力范围内的，业务部门会认为它们是有价值的，有助于整个风险管理过程获得认可。另一个建议是，尽可能使用公司已经在使用的指标。创建新的指标，或者在定义与建立指标时未能考虑业务本身，都会适得其反，浪费资源、有损声誉。

风险管理与事件

引言

事件和损失是风险管理的基本组成部分，它们是风险已经发生的明确信号。这些信号的发出可能源于缺乏控制、控制失败或一个未能预见的"黑天鹅"事件。

如图 8-1 所示，分析事件是风险管理的三个基本过程之一，对风险与控制自我评估的主观性质提出了有意义的客观挑战。正如第 7 章介绍的，事件也经常用作评估风险和控制的指标。

公司范围内的事件和战略事件

什么是事件？

通常，事件一词用于描述风险的发生——无论公司是否遭受实际损失，事件可分为硬事件和软事件、直接事件和间接事件以及它们的组合。针对 IT 系统损坏这一情况可以将发生的事件分类如下：

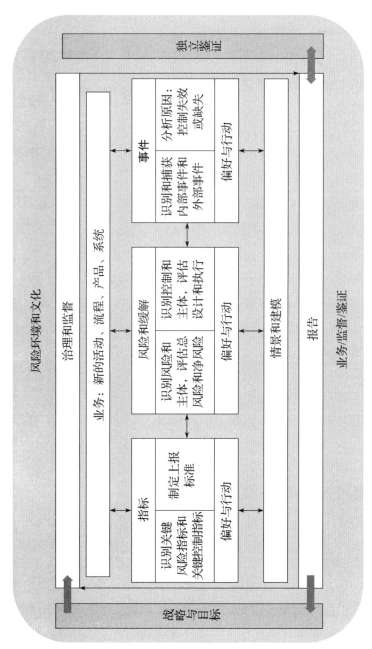

图 8 - 1 风险管理框架（显示事件的位置）

- 直接硬事件，例如支付给软件工程师和硬件工程师用于恢复系统的加班费——这是公司实际流出的资金；
- 间接硬事件，例如在软件工程师和硬件工程师恢复系统时，公司为他们支付额外的餐饮和住宿费用——这也是从公司流出的资金；
- 直接软事件，例如无法量化的销售损失，即使很难量化，仍是事件的直接后果；
- 间接软事件，例如公司实现的增长低于预期——这同样也是事件难以量化的后果之一。

未遂事件

事件还可分为实际损失事件和未遂事件。实际损失事件很容易理解，因为它是公司损益账户的借项或公司持有资产价值的减少。

对于未遂事件，至少有两个不同的定义。

定义——未遂事件

1. 在最终的预防性控制不起作用的情况下，可能会发生的事件。

2. 已经发生但由于检查性控制/纠正性控制的正确执行或随机性，并未导致实际的财务或非财务损失及危害的事件。

显然，在第一个定义中，因为风险尚未发生而未造成实际损失。然而通过识别和分析此类事件，我们仍可以捕捉到有价值的信息。这是因为一个或多个控制的失败，才导致了未遂事件的发生。

在第二个定义中，要么事件附带有正向价值（收益），要么根本没有产生财务影响。一些使用第一个定义来鉴别未遂事件的公司会将第二个定义下的事件定性为事故，用以区别于具有负面财务影响的事件。此外，未遂事件包含着重要的风险管理信息：在检查性控制和纠正性控制可能起作用的情况下，预防性控制失败（或不存在），我们需要对此进行分析；或者该公司可能非常幸运地逃过一劫，例如，一块砖头从建筑工地的楼顶掉下来，但没有人受伤。

因此，未遂事件对于具有挑战性的风险与控制自我评估分数非常重要，尤其在评估控制的有效性时很有用。如果特定的与预防性控制相关的未遂事件多次发生，则应对该控制的分数提出质疑，尤其是当其有效性被评估为良好甚至非常好时。

利用重大事件

重大事件无论是内部事件还是外部事件都对风险管理有价值，因为对这些事件的分析可以预防整个公司未来的损失。当然，在重大事件发生后，许多公司会对控制进行审计（因为控制失败了或被认为失败了将导致事件的发生），并采取补救措施。但由于经营良好，特殊审计可能会被推迟，且并非所有公司都会进行审计。这回避了"与重大事件相关的历史数据有多大价值？"这个问题。这个问题的答案是：在试图找出事件的真正原因并防止未来发生类似事件时，重大事件可用于概念分析，而不是数字分析。

数据缺失

风险管理存在的一个重大问题是公司依靠关于事件和损失、未遂事件和收益的全面报告来尽可能准确地了解其风险水平或控制是否有效。然而，事件和损失很少得到充分报告，实际损失的报告也常常是不完整的，只能说相对充分。未遂事件的报告频率较低，作用也很小。因此，存在大量信息缺失的现象。

一些公司成功解决数据缺失问题的一种方法是每月将报告给风险管理部门的损失与财务部门在月度账目中注销的损失进行对账。这是一个耗时的过程，但是至少意味着公司知道自己已经认定的所有损失的价值。然而，这种方法仍然不能认定事件是否造成财务损失。

获取缺失数据的另一种方法是让风险管理部门负责公司的保险。然后，风险总监（与首席财务官（CFO）一起）向业务部门负责人保证，在首次确认后 12 小时内报告给风险管理部门的任何潜在损失，即使最终导致了实际损失，也不会计入业务部门的损益。这种方法：

- 鼓励更加完整地报告事件和损失；
- 鼓励提前报告事件和损失；
- 鼓励报告未遂事件，因为未造成损失；
- 不会对公司不利，因为损失只是从一个部门转移到另一个部门（从业务部门到风险管理部门）；
- 使公司的保险购买者更充分地了解情况。

收集风险事件

图 8－2 给出了典型的事件采集形式。

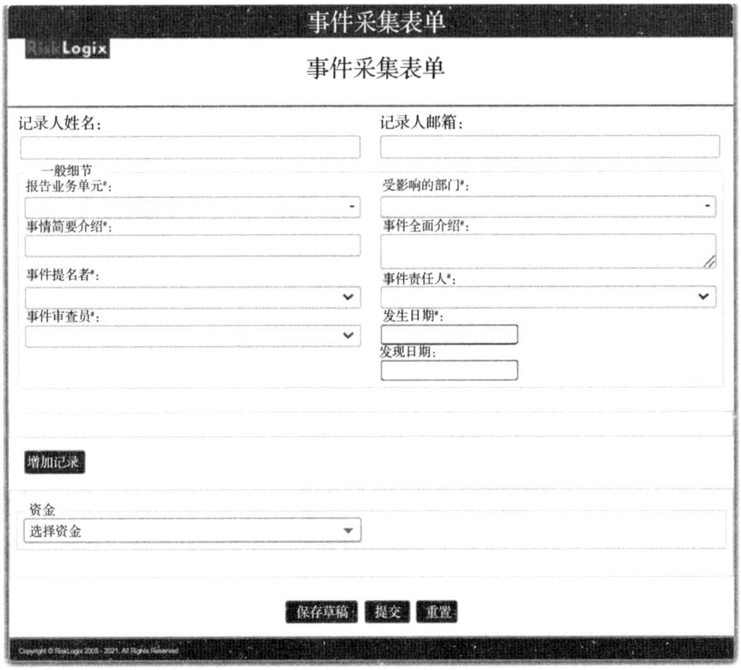

事件采集表单

RiskLogix

事件采集表单

记录人姓名：

记录人邮箱：

一般细节

报告业务单元*：

受影响的部门*：

事情简要介绍*：

事件全面介绍*：

事件提名者*：

事件责任人*：

事件审查员*：

发生日期*：

发现日期：

增加记录

资金

选择资金

保存草稿　提交　重置

Copyright © RiskLogix 2005 - 2021. All Rights Reserved

图 8－2　报告事件

谁报告数据?

一些公司允许匿名报告损失,而大多数公司要求提供事件发现者的姓名。但报告事件的人不一定就是发现事件的人;即使事件有相应的负责人,报告此事件的人可能也不是导致事件发生的责任人。一些公司要求提供责任人所在部门经理的姓名,并会自动向该经理发送电子邮件。这可能会阻止举报,而这恰好是识别潜在或实际发生的高影响/低可能性事件的有效来源。

在一家拥有良好风险文化的公司里,报告事件不是为了问责,而是为了学习。正如安德鲁·休斯(Andrew Hughes)在其关于英国石油公司得克萨斯市炼油厂灾难的一本书中所说的,"责备是理解的敌人"。[1] 许多公司的内部网上都有一份供所有员工使用的损失报告表。基于此,员工被鼓励在事件发生时就进行报告。

另一种选择是由检测部门或业务部门的风险负责人进行报告。这种方法的优点是风险负责人将接受一些风险培训,且可能成为损失数据的使用者。这意味着与未经培训的人员提交的数据相比,这些数据的质量会更好,但与发现事件的员工提交的数据相比,可能会有时间上的延迟。

将损失与总分类账(或审计账目)进行对账将为报告的准确性提供有价值的确认和验证。然而,这不能识别没有造成财务影响的事件,当然也不能识别尚未报告的事件——前面提到的有缺失数据的事件。

报告阈值

阈值是企业认定风险事件的下限,这是一个事关成本收益的决策。巴塞尔委员会(Basel Committee)为银行报告损失设定了1万欧元的阈值。有趣的是,在对全球100多家金融服务公司的调查中,大多数公司的阈值都在5 000欧元或以下。[2] 无论损失大小,包括银行在内的许多公司都有要

---

① Andrew Hughes, *Failure to learn* (Sydney: CCH Australia Limited), 2008.

② Basel Committee on Banking Supervision, *Loss Data Collection Exercise*, 2008. www.bis.org.

求报告所有损失的规定。虽然这种包罗万象的方法必然会导致大量事件被报告，但这至少意味着所有事件都被认定了。

许多设定了报告水平限制的公司的风险管理部门为了将工作量保持在合理范围内，通常只在更高级别上分析损失。值得注意的是，几个较小的损失累加起来可以构成一个大于分析阈值的较大损失。这种情况下，几个连续微小的控制失败在转化为重大价值损失之前就需要被认定。星星之火往往需要强有力的行动来阻止其更进一步的蔓延。

许多公司认为，确认小损失的成本高于确认小损失带来的收益。然而，如果报告阈值大于零，将阻碍发现大量的控制失败的事件，包括大多数事实上没有造成财务影响的损失事件。而这些事件以及小规模损失事件可以通过报告阈值而被发现。尽管重大损失将被发现并得到分析，但很容易引起争议的一点是公司可能丢失能够防止未来发生重大损失的现有数据。

设定报告阈值是一个重要的问题，董事会或风险委员会至少应该正确理解其后果。

数据属性

考虑到有关事件、损失以及收益的信息的业务用途（见后文"事件的使用"）后，下一步就要决定应收集哪些信息。收集的信息因公司而异，但收集的数据至少包括以下属性：

- 事件发生的公司的名称（尤其是在一个集团中）；
- 事件发生的地理位置；
- 涉及的业务活动；
- 损失事件的类型，具体到细节层面；
- 事件开始日期、发现日期（如果事件已结束，还包括结束日期）；
- 事件描述；
- 事件原因；

- 损失和赔偿金额；
- 采取的管理措施。

公司名称

这似乎显而易见，但在集团中可能涉及多家公司。从风险管理和控制改进的角度来看，记录事件发生所在公司的名称和检测到事件的公司名称十分重要。此外，由于遭受损失的公司可能和事件发生的公司和检测到事件的公司并不一致，还需要获取与其有关的数据。这种情况尤其可能发生在一个集团中，因为交易入账的公司与最初进行交易的公司不同，而且与处理交易的公司也不同。

地理位置

从风险管理的角度来看，记录事件发生的地点很重要。某区域可能存在固有的控制弱点。这可能暗示了一种更好或更差的控制文化。不管怎样，了解每个区域的控制能力至关重要，这种方法可以根据了解的情况做出改进控制的决定，而不是采取基于猜测的笼统方法。

业务活动

识别特定的业务活动或产品线非常有用，尤其是在集团中，不同公司的业务部门可能参与同一活动或销售同类产品。这有助于实现报告的一致，包括集团内部的报告，如果有必要也可以向政府机构或监管机构进行外部报告，尽管外部报告的分类与内部报告的分类不常一致。记录业务活动也可以识别出某一特定活动中控制失败的模块或者看起来特别成功的部分，并有利于找出整个集团的改进措施。

某行业识别业务活动的一个例子是巴塞尔委员会制定的业务线表（见表 8－1）。该表不仅被银行使用，同时也在其他金融服务公司中得到了运用。业务线表专注于利润中心（以"业务线"命名），但对成本中心也同样有效。例如，重大风险事件也可能发生在人力资源部门、法律部门、IT 部门甚至 CEO 办公室。事实上，最大的风险往往与 CEO 直接相关。比如从拉特纳（Ratner）不谨慎的声明到彻头彻尾的安然和麦克斯韦（Maxwell）舞弊事件。

表 8-1 金融服务业通用业务线

业务线		
一级	二级	活动组示例
公司金融	公司金融	兼并与收购、承销、证券化、投资研究、债务（政府、高收益）、股本、银团、首次公开募股、配股
	市政/政府金融	
	商人银行业务	
	咨询服务	
交易和销售	销售	固定收入、股权、外汇、商品、信贷、融资、自营证券头寸、贷款和回购、经纪、债务、经纪人业务
	做市	
	自营头寸	
	资金业务	
零售银行	零售银行业务	零售贷款和存款、银行服务、信托和不动产
	私人银行业务	私人贷款和存款、银行服务、信托和不动产、投资咨询
	银行卡服务	商户/商业/公司卡、私人品牌和零售
商业银行	商业银行业务	项目融资、不动产、出口融资、贸易融资、保理、租赁、贷款、担保、汇票
支付与结算	外部客户	支付和托收、资金转账、清算和结算
代理服务	托管	第三方账户托管、存托凭证、证券借贷（消费者）、公司行为
	公司代理	发行和支付代理
	公司信托	
资产管理	可支配基金管理	集合基金、保本基金、零售基金、机构基金、封闭式基金、开放式基金、私募基金
	非可支配基金管理	集合基金、保本基金、零售基金、机构基金、封闭式基金、开放式基金
保险	生命	寿险、年金、养老金、健康保险
	综合	财产、汽车、第三方责任、犯罪、信用和担保、海事、航空、运输
零售经纪	零售经纪业务	执行指令等全套服务

资料来源: Basel Committee on Banking Supervision, *International Convergence of Capital Measurements and Capital Standards*: *A Revised Framework*, June 2004, Annex 6.

当然，公司应该制定自己的业务线或活动安排。在银行业，所有银行都可以制定自己的清单，但出于监管原因，银行必须能够将其清单与"巴塞尔"业务线对应起来。虽然通用的分类法可能有助于监管机构比较不同的公司和司法管辖区，但存在公司只是采用了监管机构的分类法，而没有考虑什么对其业务真正有用。

事实上，对许多金融服务公司来说，巴塞尔业务线往往是无意义的，因为包含大量业务线的公司相对较少。例如资产管理公司，仅涉及一两个业务线，更有可能在与其相关的细节层面上分析损失数据，比如分析每月的利润中心报告。资产经理也可能更倾向于按基金类型或单个基金项目对损失数据进行分类。基金的受托人通常要求基金经理在基金遭受的损失超过一定的金额，或者是达到管理的基金资产的某个百分比时通知自己。

同样地，一家地区零售银行按照其向客户销售的产品或者部门对损失进行分类，也会产生巨大的商业价值。对于分类的选择通常取决于公司的风险分析水平。这种选择将和风险与控制自我评估的执行水平相互影响。

损失事件类型

按业务活动或产品线对损失进行分类很重要，但是损失分析的基础是能够将损失分配给不同的损失事件类型。鉴别损失事件类型的难点在于将风险损失分解为足够多的区间，以便用于有效且智能的风险管理而不会使风险损失迷失在无数复杂的细节中。处理大量手工报告的人员发现，在任何批次中，任何出现次数高达 30% 的词目都将至少包含一个错误记录的数据元素。无论如何处理，拥有的损失类别越多，事件被错误记录的可能性越大。

损失事件类型不能替代风险类型。需要清楚是在对风险分类还是对风险事件分类。风险通常是"未能……"或者"较差的……"这种表现形式。事件则是实际发生风险的表现，有时称为风险的具体化。

巴塞尔委员会的另一个例子见表 8-2。通用损失事件的分类为金融服务公司开创了先例，有助于监管机构了解银行的风险状况，但因为不够详细而无法提供有意义的管理分析。表 8-2 还将原因和影响与事件混在了一起。

表 8-2　金融服务业通用损失事件类型

巴塞尔损失事件类型	
一级	二级
内部欺诈	未经授权的活动
	盗窃和欺诈

续表

巴塞尔损失事件类型	
一级	二级
外部欺诈	盗窃和欺诈
	系统安全性
就业政策和工作场所安全性	劳资关系
	安全的环境
	性别及种族歧视事件
客户、产品和业务操作	适用性、披露和信托责任
	不良的业务或市场行为
	产品瑕疵
	客户选择、赞助和风险暴露
实体资产损坏	灾难和其他事件
业务中断和系统故障	系统
执行、交付和流程管理	交易的认定、执行和维持
	监控和报告
	招揽客户和文件记录
	个人 / 企业客户账户管理
	交易对手方
	外部销售商和供应商

资料来源：Adapted from Basel Committee on Banking Supervision, *International Convergence of Capital Measurements and Capital Standards*: *A Revised Framework*, June 2004, Annex 7.

对损失事件如何进行分类取决并应该取决于公司。但需要注意的是，分类方法将在很大程度上影响风险分析。

相关日期

人们可能会认为事件或损失的发生日期是一个非常简单的数据记录。然而，对发生在检测前几个月的事件而言，并非如此。这可能是因为合同的开始日期延迟，或者只是因为降低风险的检查性控制很差或根本不存在。通常唯一明确的日期是事件被发现的时间。有些事件的发生会持续一段时间，在这种情况下，最好记录下事件开始和结束的日期。与此相反的是当一个事件被首次报告时，它通常正在进行中且可能需要几个月才能结束并确定损失。

如果事件实际上是由某一原因联系在一起的多个独立事件，例如巴林银行（Barings Bank）的尼克·李森（Nick Leeson）和法国兴业银行（Société Générale）的热罗姆·凯维埃尔（Jérôme Kerviel）进行的未经授权交易，那么单一的日期可能不合适，使用时间段更为恰当。然而在这种情况下，由于日期作为对可能性估计来说最为基本的因素，考虑对可能性估计的影响更加重要。

出于风险管理目的，以下三个日期通常需要确定：

- 发生日期，即事件发生的时间，可能有多个日期；
- 发现的日期，可能是事件发生后的某个时间段；
- 结束日期，通常指与事件相关的所有活动都完成的日期。

有关这些日期的使用方法见第 12 章。在风险管理中，即使是日期也不像看上去那么简单。

事件描述

我们至少应对事件进行简要描述。然而，一些公司要求事件描述长达一页或多页。虽然记录所有的信息是有帮助的，但可能不利于快速、及时地报告事件，甚至根本不利于事件的报告。运营良好的公司可能严格要求在检测到事件的 24 小时内对事件进行简要描述，并在获得了足够多的信息时进行更详细的描述。

事件原因

原因是风险管理的核心。仅知道事件已经发生或即将发生是不够的，必须了解原因，以便采取补救措施。报告事件而不报告原因意味着事件只能被计数，但不能被管理。单独报告原因更有帮助，事件的原因也应构成事件详细描述的一部分。如果未能单独确定原因、事件和影响，那么损失事件类型（表 8-2 所示类型）将被用于代替原因分析，这是一种危险的做法。因为原因分析的目的是为评估风险提供一致的基础，这样做对公司几乎没有任何好处。但这一点往往被忽视，人们更倾向于快速完成任务。

更准确地描述事件的原因，并将原因分配到通用的原因类别大有裨益。但损失事件报告中最重要的信息是确定导致失败的控制。公司至少应当确定主要的控制失败。单个事件通常是多个控制失败的结果,详细的原因分析能够确定加强或改进控制的优先事项。

根本原因分析有两种主要方法:5 Why 分析法和领结图分析法。5 Why 分析法正如其名称一样,"为什么会这样?"这个问题重复大约 5 次。有时可能少于 5 次,有时可能超过 5 次。如果事件超出预期偏好,就需要针对根本原因采取行动,这些行动也可能会产生"5 个会怎样"。换句话说,"5 个会怎样"意味着我们需要问自己:计划的行动真的会带来改变吗?

5 Why 分析法往往侧重于预防性控制,而领结图分析法(也称为蝶形分析法)涵盖了所有四种类型的控制,如图 8-3 所示。

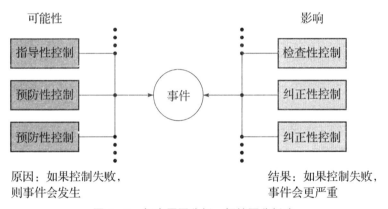

图 8-3 根本原因分析:领结图分析法

领结图分析法可以确定指导性控制和预防性控制措施,此外,还可对检查性控制和纠正性控制进行了查验,以确定事件是否会由于某些减轻事件后果的控制的失败从而产生比实际情况更大的影响。

由于单一原因可能引发多个不同的风险事件,因此可以通过记录原因以及与事件相关的所有风险指标来识别相关风险。这将便于将风险与控制自我评估、指标和事件原因分析这三个基本的风险管理过程联系起来对事件进行整体分析。

损失和赔偿金额

事件的影响可分为硬影响和软影响，以及直接影响和间接影响。直接硬影响只要存在就会被记录。其他三个类别的影响因为公司进行的原因分析的相对复杂程度可能也会被记录。除此之外还应意识到，损失的最终金额可能在首次发现事件时得到估计，也可能几个月内都无法得知。或者可能立刻得到一个初始的实际损失额，但随后需要随着事件的进展和更多可用的信息的获取而更改。

在以多币种运营尤其是一项活动涉及多个国家的情况下，企业应注意报告活动及其后续增量的货币金额。在集团公司中，财务报告中通常使用总部货币，这简化了集团层面的报告和分析。但是，必须考虑到货币汇率会随时间变化这一点。为了防止在根据现行汇率定期计算某一事件的损失金额时可能出现的混乱，最简单的做法是采用首次报告该事件时使用的汇率。当然，汇率的波动可能会掩盖特定事件的重要性，但采用首次报告该事件时使用的汇率这一做法能够保持汇率一致性。

最后一个问题是，许多事件价值可能相对较小，但由于某一原因汇总起来价值就变得相当大。让我们回到由巴林银行的尼克·李森和法国兴业银行的热罗姆·凯维埃尔的未经授权交易导致的损失，总额分别为10亿美元和50亿欧元。是否每一笔虚假交易都反映了某一特定（或可能相同）控制的失败，是否每一笔虚假交易都由个人"未经授权或虚构的交易"这种一般性原因造成？是选择记录一个总量，就像事件通常被公开描述的那样，还是记录每个很小的事件，来代表单个控制故障的发生呢？

答案取决于对控制失败或控制失败组合的识别，但企业的决定将对风险建模产生重大影响并可能影响保险赔偿。是否每个被排除在外的事件发生损失的金额都低于保单免赔额，或者总金额是否为承保金额？这虽然取决于保单的措辞，但最终还是要考虑造成损失的原因。

行动

记录的行动可分为两类：即时行动，纠正或改进性行动。例如，当一台笔记本电脑丢失时，即时行动就是禁止该笔记本电脑访问公司的网络。这是对发现的事件的典型的即时反应。在对事件进行原因分析后，纠正或改进性行动可能是：

- 发布一份员工须知，提醒员工通勤时将笔记本电脑锁在后备厢中；
- 制定笔记本电脑发放新规定；
- 购买加密软件，安装在公司的所有笔记本电脑上。

这两种行动之间有明显的区别：即时行动能够控制损失，然后再考虑采取进一步的行动，比如修改和加强控制或实施额外的控制。

其他信息

将损失分配给责任人是有效的，这样责任人就可以依责任采取必要的行动，确保事件不会再次发生。

如果涉及交易，则应该记录唯一的交易或交易编号，以及所有相关客户的详细信息。当然，如果事件涉及客户损失，则记录客户损失也很重要。

内部通知和外部通知也是必要的。例如，对内要通知公司的合规、健康与安全部门；对外要通知监管机构或政府机构，具体取决于所发生事件的类型。当然，如果风险管理部门尚未有所察觉，则它们也应当被通知。

数据的及时性

随着控制环境的水平和人们对控制环境的感知的变化，事件数据会随着时间的推移而改变。例如，随着 IT 环境的变化，人工控制也会发生变化。随着软件的升级，自动控制也会频繁更新。因此，对事件损失数据的任何分析都必须仔细考虑当前的环境。

分析风险事件

事件的使用

事件的原因分析对于实现有效的风险管理至关重要。该分析可用于质疑风险评估和控制评估，有助于确认验证指标，以及协助开展情景分析和压力测试。此外，损失可用于经济资本配置的数学建模（见第 10 章）。

原因分析和控制

事件原因分析的起点通常是确定哪些控制失效了。通常是许多预防性控制的组合故障导致了事件发生；某些检查性控制也可能失效。为制定和实施行动计划以防止风险再次发生，确定失效的主要控制非常重要。

有时，因为没有适当的控制，风险很有可能发生，虽然这种风险相对容易解决。出现这种情况可能是由于企业能够接受风险的发生，或者企业认为实施控制的成本过高。如果是这样，管理层必须理解并明确批准可接的受风险，在此体现风险偏好（见第 4 章）。

风险与控制自我评估

一旦识别出了失败的控制，就可以用事件的客观数据来质疑控制设计和执行的评分。特别是如果控制执行被评定为非常有效，但该控制在约定的期限内多次失败，则应对该控制的失败频率提出质疑。尽管很难通过事件直接质疑控制的设计，但仍然可以通过原因分析得出一些初步结论，从而质疑设计的评级以及执行的评级。

无论是否发生财务损失，对事件的分析都有助于质疑和验证风险与控制自我评估中风险的评分。事件可能发生但没有明显的影响，此时仍应进行检查，以确认事件对风险与控制自我评估的影响和对影响的评估，并要求风险责任人证明其评估的合理性。

相比之下，如果存在一系列类似的损失金额，就可确定风险的影响应该被评估为此水平。然而，风险责任人可能会认为，该公司在管理风险影响方面是良好且幸运的，设定较高的阈值是合理的；或者他们认为，由于各种原因，该公司最近在风险管理方面表现不佳，而且由于系统和控制措施已经收紧，设定较低的阈值才是合适的。无论哪种方式，该公司都对主观风险评估分数提出了质疑，并提高了对事件原因分析和风险与控制自我评估价值的认识。应该注意的是，好运很少在风险管理中发挥重要作用。

关于频率或可能性评估，如果风险可能性被评估为较低，但在过去五个月内发生了三起特定风险事件，那么十分有必要对风险责任人提出质疑。至少就这一特定风险而言，该公司经历了一段时期的厄运。然而，更可能是可能性评估过于乐观，可能性得分应向上修正。

运气是一个诱人而危险的概念，在风险管理中不能寄希望于有个好运气。一个事件可能完全是随机的，一系列事件更是如此。需要把所有的事件都记录下来，并调整评估。千万不要因为"千年一遇""一生一次"的想法而忽略某个事件。"一生一次"的事件实际发生的次数比一次要多得多。异常情况可能离我们并不像希望的那样遥远。

指标

事件和损失也可用于指标验证。如果指标显示控制开始失效或风险更可能发生，则可能会有一些事件发生。如果事件没有发生，则必须质疑该指标和该指标最初与事件发生的相关性。我们应记住，在其他预防性控制可能已经到位并发挥作用时，一项控制的失败不一定导致风险发生，从风险与控制自我评估中显然可见这一点。

同样，事件和损失可用于验证检查性控制的指标。与预防性控制的验证类似，可根据事件和损失的大小来判断检查性控制指标执行情况。

情景分析和压力测试

事件和损失的一个重要用途是创建与验证情景分析和压力测试。真实事件的发生对于构建看似合理但又极端的情景分析和压力测试来说是一个非常有用的指南。通过组合多个事件（每个事件都可能合理、定期地发生）可以构建更极端的事件，以这种方式开发的情景更容易被管理层所接受。

外部损失数据库

到目前为止，我们一直在考虑如何从公司内部收集事件的信息。如图 8-4 所示，有三个主要的损失来源可用于原因分析。公司自身的损失一定是损失数据的主要来源。还有另外两种公司外部的损失信息来源可以为风险管理提供有价值的信息。

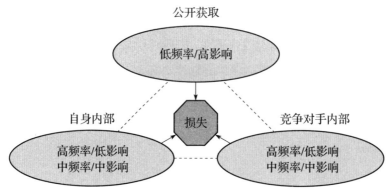

图 8-4　损失的三个来源

首先需要处理来自竞争对手的信息。一些机构在行业、国家或国际基础上收集了一些公司的内部损失的信息。各机构经理将数据做匿名处理后，将匿名信息重新分发给所有成员。金融服务业中最古老的此类机构是英国银行家协会（British Bankers' Association，BBA），它建立了全球操作损失数据库（Global Operational Loss Database，GOLD），该数据库建于 2000 年。机构数据库是一个很好的例子。它通常只包括直接硬损失，而不包括间接损失，因此增强了一致性，避免对价格敏感信息的内部主观评估。而且它提供了位于损失曲线尾部的有价值的额外事件。

竞争对手的数据不可避免地与公司自身的损失数据类似，因为它们的范围都是从高频率/低影响事件到中频率/中影响事件。因此，这些数据为公司自身的损失数据提供了有价值的验证。此外，这些数据可以为竞争对手已经发生但在本公司尚未发生的损失提供早期预警。基于这一预警，公司就能够根据同行面临的风险重新评估自己的控制，并可能减少甚至消除与这些风险有关的可能发生的损失。应该注意的是，如果竞争对手纠正性控制环境的效率较低，竞争对手的数据的作用往往会更大。

另一种类型的损失数据库包括可公开获取的损失和事件数据。这些事件的规模或后果是无法隐藏的，通常会在互联网或媒体上报道。就其性质而言，此类数据是最有价值的，但是数量相对较少，因为可能会导致企业倒闭的损失很少出现在公司自身的数据中。公司可以自己收集数据，或者从提供这种服务的公司处购买从而节省时间，这些公司可以帮企业做进一步的调查并提供更客观的分析。

最后，政府机构如卫生与安全管理局（Heath and Safety Executive）或行业机构，能够提供有关事件的全行业信息。与其他外部信息一样，这些信息能够帮助公司衡量自己的业绩和控制的质量。

关于外部数据的一些警告

文化差异——控制和风险偏好

不同的风险文化和风险偏好可能会扭曲数据。通常分析的结论是"事件不可能在这里发生"。虽然这很可能是正确的，但仍然应该谨慎地提出质疑，而不是轻易接受。外部数据可能更难以分析，因为无法知道准确的控制环境。然而，由于外部数据对于避免重大损失至关重要，所以值得投入时间和资源进行分析。

数据完整性

外部损失数据库中数据的完整与否对使用数据进行原因分析的人来说是一个重大挑战。需要记住的是，在由竞争对手的内部损失组成的数据库中，竞争对手的报告质量可能不符合公司的标准。尽管行业协会中的大多数公司都努力报告其所有损失，但没有一家公司能够确定自己已记录了行业协会报告阈值以上的所有损失。

此外，在公司出现的损失可能被发现的情况下（尽管数据匿名），若需要报告的损失越大，其减少损失金额的动机就越强。另外还存在只报告大家都知道的信息的动机，这可能与现实大相径庭。最后一个问题涉及的损失要由法院或保险公司裁决，裁决协议的条款通常禁止在相关方之外以任何形式发布——这是数据缺失的另一个例子。

鉴于向行业协会报告损失这项具有法律约束力的义务几乎不可能强制执行，大多数行业协会对企业施加道德义务，而非合同义务。

在公共损失数据库中，因为收集报告的媒体是全球范围的媒体，所以永远不能完整地获取数据。但公共损失数据库仍将提供有关重大损失的信息，尽管在定义中这些信息超出了人们的经验范围。

数据一致性

一个相关的问题是数据的质量和一致性。即便数据接近完整（这是极不可能的），数据的质量也很重要。行业协会成员的数据质量会有所不同，一些成员可能提供了符合最低要求的数据，另一些成员则提供了大量信息。最初提交给数据整合者的数据中，有很大一部分被退回给行业协会成员，因为这些数据在行业协会使用之前需要清理或进一步处理。

在公共损失数据库中，与每次损失相关的控制环境的信息非常多变。当数据用于原因分析或建模时，会不可避免地出现数据质量问题，因为数据一致性对于有意义的原因分析或资本评估分析至关重要。即使只是出于维护良好的竞争关系或声誉等原因，公共信息也不太可能报告全部的因果关系。

缩放比例

外部损失数据最重要的问题之一是如何衡量另一家公司的损失。例如，巴林银行的损失约为 10 亿美元。巴林银行是一家备受尊敬的伦敦金融城银行，虽然按国际标准衡量规模不大，但它有着悠久的历史，在世界各地设有多个办事处（尽管数量也不多），经营各种金融业务。德意志银行（Deutsche Bank）应该如何看待巴林银行遭受的损失？显然，德意志银行比巴林银行大得多，可能遭受更大的损失。但大多少呢？德意志银行应该使用多大的乘数？该乘数应该基于员工数量、总收入、盈利能力或其他公共领域数据的比较得出吗？

另外，德意志银行拥有更多的资源，因为它是一家规模非常大的银行。或许，它因职责分离不当而遭受的损失会小于10亿美元。毕竟职责分离是一项基本控制，无论哪个行业，这都是对公司董事会的绝对要求。此外，尽管多年来许多大银行遭受了巨大损失，但大银行的风险控制通常被认为比小银行更好。在这种情况下，损失要小多少？损失可能与员工数量、总收入或盈利能力成反比吗？

一种实用的方法是根据影响损失的特定因素（如果已知的话）来衡量每一项损失。对于巴林银行的损失，可能首先要考虑其分支机构的数量，这些分支机构足够小，很可能产生职责分离问题。这是因为在一个小单位里，通常不可能完全做到职责分离。职责往往集中在部门经理身上，因为其他人没有执行监督控制的经验和权力。在确定了相关分支机构的数量后，要进一步分析这些分支机构提供的产品类型及其价值。通过结合这两个因素，可以评估类似事件对相关公司可能产生的影响。

使用这种方法几乎不需要对遭受损失的公司的确切规模或财务状况进行详细研究，这些信息可能是旧的且几乎没有什么相关性。这种方法避免了简单的销售额乘数或员工人数乘数造成公司之间虚假的相关性。除此之外，这种方法还考虑到公司风险环境的变化，例如未来小分支机构或产品类型的变化，会自然地反映在潜在风险影响的价值中。这种方法甚至不需要知道巴林银行确切的损失金额。只要知道风险事件发生了，并将这些信息应用到公司的风险和控制状况中，就很容易推断出价值。公司需要追溯原因，而不是数字（参见本章前面的"收集风险事件"中的"事件原因"部分）。

这种方法的主要缺点是需要检查每一项损失，以确定相关的风险因素是什么。然而，分析风险因素之间的相关性所需的时间远远超过了这项额外工作所需的时间，如果每项损失都包含几个重要的因素，例如员工数量、总收入和盈利能力，那么无论如何都需要额外的时间来分析这几个因素之间的相关性，进而识别出导致损失发生的特定因素。因此每项损失只需进行一次此类检查，然后在认定新损失时再进行一次检查。

收益和补偿

对于具有挑战的可能性和影响评估而言，事件利润和收益与事件损失一样有价值。当然，在许多领域（比如银行），收益和损失的金额应该相等。交易者的"输入错误"产生收益的可能性和产生损失的可能性一样大。然而，由于人的本性，收益和损失很少在报告中同时见到，这反映了报告中的偏见。许多利润被纳入业务线中，而损失却被明确标识。

不可避免地，在本章的大部分内容中，事件和损失往往是同时被提及的。我们主要关注负面影响，包括财务方面和声誉方面。然而，在风险管理中，未造成实际损失的事件同样是有价值的信息来源，因为未遂事件的发生也代表着控制一个或多个控制的失败。风险管理并不全是关于不良后果的，对比要持有一种不同的心态。

除了在事件发生时实现的收益外，有时事件还会产生对实际损失的补偿。这些可能是硬性的或软性的，也可能是直接的或间接的。例如，如果IT系统的损失阻止了银行交易员减少交易，从而带来意外利润，就形成了财务补偿。从风险管理的角度来看，应将补偿与IT系统损失所涉及的成本分开，并对两者进行调查。

同样，我们应单独确定补偿金额，以便知道总损失和净损失。典型的补偿是对保险单的索赔。将财务损失转移给公司外的第三方可能被视为纠正性控制，也可以直接从第三方获得补偿。延迟付款的交易对手对付款的反向估价是这方面的一个例子。

小结

已发生的事件可能是我们拥有的在风险方面能对未来做出判断的唯一确凿的事实。然而，正如我们所见，从这些事件中获得的信息会存在一些问题，比如数据永远不会是完全的。随着事件的发生，信息会不可避免地影响行为，无论是个人行为还是公司行为，这意味着即使我们获得了全面且准确的信息，其有用性也会随着时间的推移而降低。

从事件中获得的信息验证并支持了风险与控制自我评估、指标和情景分析的水平，同时也是评估资本需求的基础。但我们应该小心，不能对其寄予厚望。

第 9 章 | CHAPTER 9 |

风险管理与情景

引言

情景分析是企业规划与风险管理过程中的一个重要工具。它根植于企业的业务和战略目标，并通过挑战这些目标，构成识别目标过程中的一部分。除了由风险与控制自我评估或建模识别出的结果之外，情景会警示企业管理层注意那些不利的意外结果，同时也是对其他风险管理方法和措施的补充。情景分析并不是对可能发生的事的预测；情景被有意设计成能提供异常的但合理的、可能的结果。情景分析必然具有前瞻性，因此会涉及判断。情景分析在企业扩张期的价值不可估量，因为它在从其他来源无法获得有用信息的情况下提供了有用的决策依据。

情景分析和压力测试与风险的三个基本过程相互作用，也同为建模的一部分。正如图 9-1 所示，事件和指标可以用于开发情景，随后应用在风险与控制自我评估中。

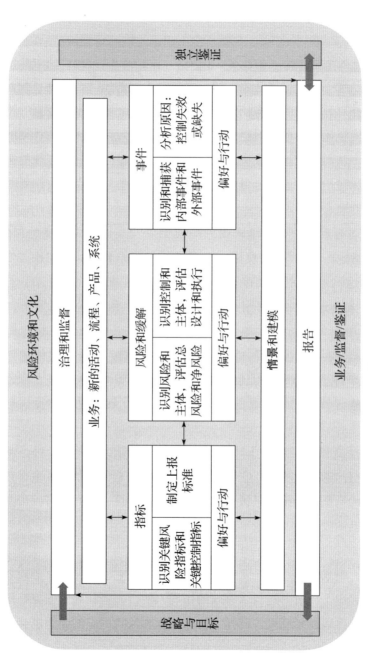

图 9-1 风险管理框架（显示情景的位置）

为什么使用情景？

情景在风险管理中尤为重要，因为从风险与控制自我评估中获得的前瞻性信息是唯一的，但也是主观的。情景对主观的风险与控制自我评估提出了挑战并对其提供的风险信息进行了有效补充。两组主观数据的相互验证，可以使企业面临的局面更加清晰，制订强化风险管理行动计划的基础也更坚实，从而改进控制或实施进一步的控制。基于当前和以往的实际数据，关键风险指标的趋势也可能是前瞻性的。这些趋势在开发情景时可以作为有用的输入数据。

情景还有助于克服第 8 章提到的模型以及其他历史数据的局限性。所有的模型——包括风险模型——都是基于一系列假设（如相关性）构建的。而这些假设往往会被遗忘，或是单纯被忽视。例如，IT 系统故障可能与业务连续性计划相关。但是，如果 IT 系统真的崩溃了，或许就无须调用业务连续性计划了。这种相关性并不像人们想象的那样坚固。通过极端但貌似合理的情景对模型进行检验，往往可以揭示这些假设在极端事件里失效的可能性。此外，风险管理中也常常缺乏合适的损失数据。构建假想的但逼真的额外数据可以对了解罕见事件提供有用的线索。

通过提高管理层对企业风险敞口考量的透明度，情景能对企业内部沟通和外部沟通提供支持。它们能够使员工更加充分地获知董事会和高管应对风险的措施。如果情景被列入年度报告与账目，它们就可以帮助投资者监督自己的投资，并让董事会对此负责。它们还能证明企业风险管理的质量。

当然，情景同样适用于资本和流动性规划。它们对企业财务规划所依据的假设提出了质疑并进行了有效的拓展，使董事会和高管能更好地知晓企业对风险敞口的敏感度。同样，指标阈值和风险偏好的差距也会暴露出来，以便管理层能更好地确定哪些地方需要额外的控制，哪些地方可能需要设定更高的风险偏好。

最后，应急计划、风险偏好以及战略规划都与情景密切相关。尽管通常只考虑少数有限事件，但应急计划很自然地就与特殊事件有关。情景为应急计划里有价值且可行的对策提供了更多的情形以供考虑。情景有助于明确企业的风险偏好，因为企业可以使用情景更好地了解其风险偏好的范围，以及那些意外事件对企业的影响。

尽管有上述作用，情景也不应被视为解决所有风险管理短板与问题的救星。情景分析的确是风险管理工具箱中的一个重要工具，但也只是众多工具中的一个。

情景分析与压力测试的区别是什么？

对情景分析和压力测试的一个典型描述是识别并分析企业面对异常但合理的事件时的潜在脆弱性。其他描述则认为情景分析和压力测试涉及一种发生概率低但贴近现实的事件组合。

压力测试通常涉及单个参数的变动。在风险背景下，单个参数的变动可指单一风险的发生，比如内部舞弊或者系统故障，也可以视为可能或确实会对企业整体造成影响的宏观经济因素的变动，比如利率的大幅提高或股价的大幅下跌。

相比之下，情景分析是基于统计结果、专家知识或历史上观测到的事件，按预先确定的量同时变动一系列参数。又或者，情景分析可以描述为在相当短的时间内发生的多个压力测试。

在现实中，企业会使用两种方法，以确保分析更加全面（见图 9 - 2）。压力测试只是情景分析的一种特殊情况，即只有一个参数发生变化。

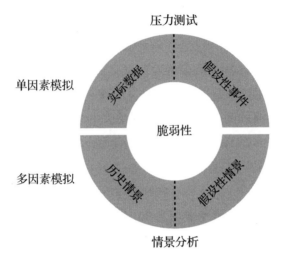

图 9－2　情景分析和压力测试之间的关系

风险情景远不止信用风险

大多数企业会围绕信用风险来设计情景。这些情景通常表现为宏观经济的低迷导致客户拒付账单情况的增加。然而，还有很多事件会对企业产生重大影响。尽管这其中的部分事件也有可能在经济大环境欠佳时发生，但即使在最好的时期发生了两三个战略性事件，也可能给企业的生存带来很大的影响。

为应对极端事件做准备

企业可以通过采取各种防御措施来为应对极端事件做准备，其中许多措施都是良好的风险管理措施，早就应该采纳。情景除了对风险评估与风险偏好进行测试，还可以对防御措施进行测试。这些防御措施应当在正常时期就到位并付诸实施，成为正常经营模式的一部分。这些措施在压力时期极其重要。

强有力的风险文化

强有力的风险文化是风险治理与情景管理的重要组成部分。这在压力时期和极端的市场时期尤为重要。在 2008 年 3 月的一份关于 2007 年末金融市场问题的报告中[①]，高级监管机构组织（Senior Supervisors Group）指出，那些表现更优的企业不仅有良好的风险管理结构，而且有强有力的风险文化。

全面风险管理

全面风险管理的好处同样也会在压力时期显现。让高管和董事会了解企业的整体风险状况总是会有帮助的，在企业遭遇极端事件时，这一点尤其重要。把产品风险、信用风险、流动性风险和情景风险联系在一起，能使企业的防御行动更加有效。

明智的决策

明智的决策以及良好的信息流的重要性是不言而喻的。然而，尤其是在压力时期，决策可能会在企业还没有掌握充分信息的情况下被草率地制定。如果企业日常的业务实践中能嵌入一种明智决策和顺畅沟通的文化，那么它更有可能在面临压力时生存下去。

风险偏好

认识和了解企业的风险偏好及其阈值能帮助企业减小压力事件的影响。尽管企业的风险偏好很有可能在压力时期高于正常水平，但如果将风

[①]　Senior Supervisors Group, *Observations on Risk Management Practices during the Recent Market Turbulence*, March 2008; www.financialstabilityboard.org.

险偏好纳入考量，就更有可能形成明确的上报流程并理解企业对风险概况的敏感性。

如果一家企业确实有成熟的风险偏好，那么它就更有可能拥有一套完整的风险与控制自我评估方法，以及对其风险与控制概况的实事求是的观点。为使这种特别的防御措施有价值，对评估与结果概况的质疑需要在正常时期进行，若这些质疑成为企业治理的常规部分，则所产生的信息更有可能获得高管的认可，从而在压力时期被使用。

业务流程的改进

业务流程的持续改进可以在困难时期为企业保驾护航。在这种时候，灵活的思维方式必不可少。通过对企业业务流程的持续改进，其控制环境一直在经受重大考验，故而应当处于一个良好的状态。

情景分析中存在的问题

诸如 2007 年 9 月的金融危机和始于 2020 年的新冠疫情，可能是在情景分析中早就设想过的事件，这些事件暴露出了一些问题。部分原因是，除了少数例外，并不存在一个能获得一致认同的情景分析方法。例外之一是伦敦劳合社，它发布了贴近现实的灾难情景，以便建立一个能将承保风险估计置于 99.5% 置信区间的共有基础。[①]

假设时间过短

金融危机之后，企业开始将一些相对正常的事件设计为情景，比如说10 年或 20 年一遇的事件。关注你所察觉的和在职业生涯中有可能发生的事件，就知道这没什么好惊讶的。这种现象称为可得性偏差，将在本章后面进行介绍。

情景影响的假设时间通常很短，往往不超过一个季度。在一个正常的

---

① www.lloyds.com.

情景中这当然是可能的，但在极端的情景中几乎不可能。

结果过于温和

另一个问题是情景分析往往不能产生数值足够大的损失数据。它们通常会产生数值比较大的数据，但因为设计和运行情景的人的经验使得这些数据存在可得性偏差，这意味着分析结果的数值还不够大。在 2001 年 9 月世贸中心遭遇袭击之前，人们普遍认为股市下跌 40% 不可能与利率降至 50 年来最低同时发生，更不用说两栋世界级建筑同时被摧毁了，但这些事件确实发生了。事实上，根据报道，在袭击发生的 6 个月前，中央情报局（CIA）拒绝了双子塔被摧毁的情景设想。正如我们之前所说，情景分析需要分析人员具有丰富的想象力，以及愿意暂缓质疑情景分析结果的态度。

而无法接受极端结果的另一个原因是，企业通常认为非常严重的结果是令人难以置信的。当然，这可以通过让高管和企业管理层参与情景分析来解决。

根据本书作者的经验，虽然情景分析往往会产生数值很大的损失数据，但也有可能反直觉地产生数值相对较小的损失数据。当情景中假设某些控制失灵，而另一些关键控制被给予了更充分、更全面的关注时，这种情况就会出现。即如果假设关键控制在其最有效的水平上运行，很可能导致结果低于预期。

不涉及业务

在高管层太忙碌而不会对此感兴趣的错误认知下，情景分析往往只是风险管理层面的独立操作。就算在那些将情景分析用于日常管理流程的企业中，情景分析也仅在业务范围内得到较多使用，并没有成为覆盖整个企业的总体计划的一部分。

如果情景分析能与企业的业务目标关联，例如通过风险与控制自我评估和企业的业务目标联系起来，高管层一般会愿意参与，因为情景分析能帮助他们理解在进行绩效评估时所设定的个人目标的灵敏度。

机械的、时点性的

情景分析经常被看作是一种机械的、时点性的活动，它较少考虑董事会或高管层对事态发展的反应。事实上，随着情景的演化，管理层为减小情景对企业的影响，会在一段时间（可能长达 18 个月）内采取行动，但这一做法往往会被忽视。而且，一种机械的、时点性的方法并不能考虑不断变化的商业环境，也无法将企业各领域的定性判断包含在内。

未能重新评估历史数据

使用历史事件进行情景分析的企业认为，出于预测未来风险的目的，对历史事件的细节只需要做非常少的改变。2008 年和 2009 年股市的快速下行与上行就是一个很好的例证。20 世纪 20 年代和 30 年代的股市走势被认为是测试情景假设的一个过于极端的基期。实际上，情景需要更新以适应当今世界截然不同的沟通力、投资者的技能和行为。同样值得留意的是，股市在 2020 年新冠疫情期间的快速复苏令大多数人感到惊讶。

过分严苛

如何生成足够严重（但不过分严苛）的情景也是一个挑战。比如，理论上而言，当三个独立的频率为 20 年一遇的事件合并为一个情景时，这个情景发生的频率就是 8 000 年一遇。然而，这种看法忽略了情景之中经常存在的依存关系。

试想，某个情景分析中包含了固定建筑损失、IT 系统损失和内部舞弊这三种压力测试。假设它们中的每一个都被赋予了 20 年一遇的发生频率，那么这就是个 8 000 年一遇的情景。然而，IT 系统损失（考虑到发生固定建筑损失的情况）发生的频率可能远高于 20 年一遇。因此，如果固定建筑损失单独发生的频率是每 20 年一次，那么 IT 系统损失（考虑到发生固定建筑损失的情况）将更有可能发生，频率可能高达 3 年一次。

类似地，内部舞弊的频率（考虑到发生固定建筑损失和 IT 系统损失的情况）或许会更高，也就是说在情景中，它的发生频率将比一个单独的内部舞弊事件发生的频率要高得多。如果固定建筑损失和 IT 系统损失已经发生，很多防止（以及监测）内部舞弊的控制将失去作用。因此，一个被认为是 20 年一遇的事件在被纳入情景中时，其发生频率可能变成 4 年一次。考虑到以上情况，当固定建筑损失率先发生，紧跟着是 IT 系统损失和内部舞弊，现在这个情景的发生频率应该是 20 年一遇乘以 3 年一遇再乘以 4 年一遇，就是每 240 年一遇（而非 8 000 年一遇）。

忽视声誉风险

最后，许多企业都没有考虑或识别声誉风险。尽管在实际中，许多情景都不可避免地包含巨大的声誉损失，对企业来说，声誉损失可能是致命的（见第 15 章）。

如何改进

应当定期对情景进行审查，这样它们就能与不断变化的市场、经济环境和企业风险概况相适应。每当推出新产品，特别是复杂的新产品时，都要对情景进行审查，以识别潜在的风险并将新产品纳入情景中。甚至有可能需要为新产品开发额外的情景，比如当企业在其从未开展过业务的国家推出新产品的时候。

还应当加强对关联风险的识别，例如供应风险和生产风险、股票风险和利率风险，并考虑这些风险是如何聚合的。除此之外，人们对风险间的关联通常认识不足。这些关联会在压力之下频繁地被打破，但也会产生不同的、意料之外的关联，而这一点往往被遗忘或忽略了。

不论是正面还是负面的跨行业或跨市场的反馈，都应该在一个适当的时间范畴内进行考量，而不是只关注情景中的一次性影响。例如，2008 年雷曼兄弟（Lehman Brothers）的倒闭，原本被单纯当作一个主要交易对手的失败，其余波却对整个流动资金市场产生了重大影响。

情景治理

与任何风险方法或程序一样，确保与情景相关的治理得到记录和理解是非常重要的。良好的治理将使董事会和高管层能够引领并指导风险情景战略的制定同时审查其有效性。在实际业务中，情景治理包括：设定情景目标；定义情景；对情景的结果进行讨论和推广；评估可能的行动并基于情景结果做出明确的决定；促进基于压力测试和情景分析得到的整体结果的内部讨论；对之前的假设提出质疑，比如新募资本或者对冲／卖出头寸的成本、风险和速度。所有这些治理的要点都应当由董事会在其会议上讨论，也可以委托给董事会的情景小组委员会，由其向全体董事报告。

2009 年 5 月巴塞尔委员会的一份文件中给出了一个例子，其中的原则列示在下方。虽然这份文件针对的是银行业，但对任何行业都适用。

示例

开发一个全面的压力测试需遵守的原则（摘要）

压力测试应当：

- 构成治理的一个组成部分；
- 促进风险的识别和控制；
- 考虑企业所有成员的意见；
- 有书面的政策和程序；
- 基础设施强大且足够灵活，当环境快速变化时能够及时重新运转；
- 定期维护和更新情景框架，定期对情景方案的有效性进行独立评估；
- 覆盖全公司范围内的一系列的风险／业务；
- 涵盖一系列的情景；
- 情景要体现不同严重程度的风险，包括那些可能挑战银行生存的风险；
- 考虑来自不同市场的压力；
- 系统地对风险缓解技术提出挑战；
- 明确包含那些复杂的和定制的产品；
- 包含管道（供应）和仓储（产品）的风险；
- 捕捉声誉风险的影响；
- 考虑高杠杆交易对手和企业面对它们时的脆弱性。

资料来源：Basel Committee, *Principles for sound stress-testing and supervision*, May 2009.

风险情景应当使企业能够了解其风险敞口中所有要素的敏感性，正如本书在风险框架部分所述。这包括：

- 厘清风险与控制之间的相互作用和因果关系；
- 作为对风险与控制自我评估的主观性的一种挑战；
- 作为对缺少的内部损失数据的补充；
- 允许调整风险评估的发生概率和预计影响；
- 允许调整控制评估的设计与执行假设。

开发风险情景

开发风险情景前应考虑的要点

组建危机管理团队

当管理层专注于某个重大事件时，容易忽视其他控制，这时企业会更容易发生另一个重大事件。一个典型的缓解措施是组建企业的危机管理团队，该团队最好将首席执行官（CEO）排除在外，同时允许关键业务管理层继续保持对业务的关注，并对高管团队的其他成员处理这类危机抱有信心（见第 17 章）。

考虑一段时间内发生的事件组合

在开发一系列情景时，重要的是考虑在情景持续期间会发生一个以上的重大事件。情景不涉及在某个时点上的事件组合，而应当作出更贴近现实的假设，比如重大事件会在几个月内接续发生。

认识并减少自然偏见

在一份发表于 2007 年 9 月的研究报告中[1]，澳大利亚审慎监管局（Australian Prudential Regulation Authority，APRA）指出，在开发情景时参与者的反应与他们下意识的准确表述间存在着有意或无意的偏差。这样的偏差有很多种，大致可分为两类：

---

[1]　Australian Prudential Regulation Authority, *Applying a structured approach to risk scenario analysis in Australia,September* 2007; www.apra.gov.au.

- 可得性偏差；
- 动机偏差。

可得性偏差指的是回忆相关信息的容易程度。过度置信偏差是它的一个子类，指的是过度看重极小的一部分事件。但有趣的是，过度置信偏差可以通过另外两种可得性偏差——分区依赖和锚定来克服。当受试者的回答受到他们被要求做出的选择的影响，或者他们的答案需要面临分区选择时，就会产生分区依赖。锚定则是对调查问卷中背景材料所呈现的信息或者问卷问题本身的偏见。APRA 的研究报告给出了一个关于土耳其人口问题的例子。其中一组受试者被问及：

1. 土耳其的人口是否超过了 3 000 万？

2. 土耳其有多少人口？

另一组则被问及：

1. 土耳其的人口是否超过了 9 000 万？

2. 土耳其有多少人口？

正确的答案是 7 000 万人左右。但第一组受试者给出 3 000 万人左右的答案，第二组受试者的答案则是 9 000 万人左右。

使用外部损失数据可以激发原本可能被忽视的情景，从而降低可得性偏差。然而，可得性偏差也会影响频率的评估。如果相关事件在最近刚好发生，或者某人刚好经历过，那么该事件的发生频率就可能被高估。相反，如果这个事件最近没有发生，它的发生频率就可能被低估。举个例子，经历过火灾的人更有可能高估火灾发生的频率。另外，企业往往会严重低估内部舞弊发生的频率，因为被确凿发现的内部舞弊相对较少。因此，牢记可得性偏差十分重要，在必要时应对其进行调整，特别是在使用外部损失数据的时候。因为使用这些数据可能会给人一种已将大多数事件涵盖在内的错觉。

当参与者有意影响结果时，就会产生动机偏差。动机偏差可能导致对频率和影响的低估、对控制有效性的低估以及对评估不确定性的低估。这是非常普遍的，例如，控制负责人经常夸大其负责的控制的效率和效果。当向风险负责人和业务线经理提交控制评估报告时，他们对于控制减小风险的能力通常会有完全不同的看法。当然，也存在一种为了减少业务运营或企业运营所需资本而低估潜在损失的动机，或者只是单纯为了给企业提供对业务风险更乐观的看法。除了对风险管理部门进行正面质疑，对情景分析的结果使用同行评议也是降低动机偏差的一个好方法。

这些偏差的影响会在可能性评估中体现。当涉及罕见事件时，可能性评估尤为困难。例如，区分一年内发生概率为千分之一或万分之一的事件是很难的。这两类事件都超出了大多数人的理解范围。可得性偏差在这种情况下几乎不可避免，特别是在使用相对较少的外部可能性数据时。表 9 - 1 和表 9 - 2 分别列示了可能性和影响程度的表达方式及缺点。

表 9 - 1　可能性的表达方式及缺点

标签	低	中低	中高	高	主观的、判断性的
词组 / 类型	不可能	可能	很可能	极其可能	
赔率	1：100	1：30	1：10	1：2	错误的
百分比	1%	3.3%	10%	50%	
小数	0.01	0.033	0.10	0.50	
概率	1/100	1/30	1/10	1/2	
范围	<1%	1%～5%	5%～15%	≥50%	人为的，有可能无法反映真实范围

资料来源：Adapted from Information Paper: Applying a Structured Approach to Risk Scenario Analysis in Australia, APRA, copyright Commonwealth of Australia, reproduced by permission.

表 9 - 2　影响程度的表达方式及缺点

标签	低	中低	中高	高	主观的，判断性的
词组 / 类型	可忽略不计	轻微	中等	严重	
价值	2 万英镑	10 万英镑	50 万英镑	200 万英镑	错误的
范围	<5 万英镑	5 万～25 万英镑	25 万～100 万英镑	100 万～500 万英镑	人为的，有可能无法反映真实范围

情景的影响程度评估也容易出现问题，因为大部分人都很难从概率分

布的角度进行思考。理想情况下，情景的几个影响值在分布中的特定百分位会对此有所帮助，这又称为百分位数法。

从实际角度看，情景的评估分位数很可能被确定为第 95、99、99.9 分位或"最坏情况"（通常被定义为极端分位数之一）。这会得出一个影响估计值，比如说 500 万英镑，并与一个独立的发生概率关联，比如百分之一的概率。然而，这种方法生成的单值估计可能是错的。

另一种可替代但更困难的方法是置信区间法，该方法包括一系列不同影响范围的频率估计。概念上，这和风险与控制自我评估法类似，但细节上明显不同。

开发偏差矩阵

识别情景所含偏差的一个简易方法就是开发偏差矩阵。偏差矩阵是一个电子表格，列表示情景，行表示关键风险。构成特定情景的关键风险将在表格清单中标出，一组情景经此分析后，其中的偏差就会清晰浮现。例如，某个关键风险有可能比其他关键风险更多地出现在不同的情景中。这表示人们对这种风险的认识存在明显的偏差。又或者，某个关键风险可能没在任何情景中出现，这也同样表明了对该风险认识上的偏差。因此，去除那些风险被过度表达的情景的同时，要为表达不足的风险创造新情景，能够对一组情景轻松地进行调整，最终得到一组均衡的情景。

当然，如果偏差矩阵反映了一种存在于企业商业范式中的偏差，那么这一组情景就有可能存在这种偏差。偏差矩阵还可以检查情景是否确实包含了对企业的适当偏差。

正如表 9-3 所示，即便是少量的关键风险和情景也仍能揭示偏差。乍看之下，这四个情景似乎均衡地覆盖了关键风险，每个情景都涵盖了两到三个关键风险。然而经过仔细的研究，有三种关键风险只在一个情景里得到了一次体现。

必须进一步开发包含这些关键风险的情景。"外包商失败"可以和"企业被用于洗钱"或者"财务顾问违规销售"共同形成另一个情景。这会给企业带来一套更加均衡的情景。

表 9 - 3　偏差矩阵的示例

		情景			
		明星团队因糟糕的管理战略离职	佣金安排不当导致的违规销售	因未遵守反洗钱政策而导致的洗钱行为	关键员工尽职调查不力，导致外包商失败
关键风险	关键员工流失	×			×
	财务顾问违规销售		×		
	违反监管规定		×	×	
	企业被用于洗钱			×	
	没有抓住市场机遇	×	×		×
	外包商失败				×

假设

情景会与企业使用的其他方法一并使用，比如说风险与控制自我评估、预测与战略分析、资源配置、业务规划。因此，构成这些情景基本情况的假设应当与其他方法中的假设相一致，并且应当大致反映企业长期规划中所设想的事件。

环境

情景还应当考虑更广泛的业务环境。政治、经济、社会、技术、生态环境和法律因素都不可避免地影响情景。情景需要经受这些因素的检验，以确保考量充分。

历史的或假设的数据

历史数据或假设的数据都可用于情景开发。在使用历史数据时，必须注意历史数据要反映所规划情景的内外部环境的变化。使用上文所提及的因素就是一个很好的开头。在使用假设的数据时，必须谨慎地设计出一个足够极端但仍合理的情景。无论运用哪种方法，情景都必须和企业的风险与控制概况一致，因为分析那些并不适用于本企业的情景没有价值。

虚假精度

进行任何计算，都希望尽可能获得准确的结果。在计算情景的影响时自然也是如此。然而，情景都是一些意料之外但合理的事件。情景展示的任何可能都只是对现实的近似，因为异常或极端事件不可能被精准地预测。

在高管层或相关专家看来，关键风险给企业带来的财务影响很可能要用百万级货币单位来衡量。因此，在计算总体影响时，试图达到最精确的货币单位毫无意义。如果相关专家已经使用了百万级货币单位或千万级货币单位，那么风险管理就不必试图做到更精确了。

开发一组切实可行的情景

利用风险与控制自我评估

开发风险情景前应考虑的要点均是开发相关情景的有益开端。但是，通过考量企业面临的关键风险，并假设一些关键风险会同时发生或者会在恰当的时间范围内发生，也同样可以进行情景开发。这样做的好处是，风险已经被风险与控制自我评估识别出来了，情景与企业必然相关。然而，若将这种开发方式作为唯一的方式，又会产生那些未被识别的极端风险无法被关注到的缺陷。理想情况下，在开发情景时，应当考虑所有的关键风险以及任何其他异常但合理的风险。随后应当就风险与控制自我评估提出质疑，以检查是否有关键风险被遗漏。

利用随机词

在情景开发范畴的另一端，则是随机词"方法论"。利用随机词是一个强大的情景生成方法，包括选取一些可能适用于企业并与情景相关的词语或词组（比如火灾、洪水、基础设施故障、外包商失败、洗钱、内部舞弊、恐怖袭击），并从中随机选择两到三个。随后围绕这些与企业相关的词或词组构建一个情景。令人惊讶的是，作为一种建构可信且相关的情景的方法，利用随机词方法是如此强大且富有想象力。

利用战略性事件

战略性事件是战略风险即企业整体业务目标风险带来的结果。这些战略风险可能是诸如糟糕的战略决策或无力加强分销。战略性事件也可能是企业整体层面的一般风险导致的，比如关键员工流失（可能是主业务部门的负责人离职）或 IT 系统故障（可能是与重要客户组对接的主 IT 系统出现故障）。

情景是针对那些异常但合理的事件进行的多个压力测试。战略风险会比某个部门的或次要业务线的风险更可能对企业造成意外影响。因此，应当鼓励在进行压力测试和情景分析时利用战略性事件，尽管是以一种建设性和深思熟虑的方式。数个战略性事件的聚合很容易使压力测试或情景分析变得极端。

但如果谨慎对待，战略性事件的聚合也能形成异常但合理的情景。值得提醒的是战略性事件的影响。将几个相对温和的战略性事件结合到一起，可能会导致一个异常事件。显然，聚合了数个异常事件的情景会让董事会和高管层认为情况过于极端。

利用水平扫描

水平扫描是一个宽泛的说法，它涉及对未来可能发生的一些不确定但长期中可能存在的风险的识别。2020 年之前，尽管有 SARS、中东呼吸综合征和埃博拉病毒等先例，但大多数人都没有将全球性流行病与它们归为一类风险。许多企业会定期进行水平扫描（通常是季度性的），以确定未来可能存在的风险。检测到的未来的风险非常适合在情景开发中使用。特别是将水平扫描风险与战略风险组合在一起会形成具有重大影响的情景。

利用行业信息

显然，情景需要根据特定的业务活动量身定制，但在行业信息中可以找到通用且相关的风险情景。之前我们已经提到过劳合社的情景。另一个例子是，巴塞尔委员会于 2009 年 7 月发布 2008 年风险损失数据，它对大多数银行的一些情景进行了分析。[①] 典型的情景包括：

- 挪用公款；
- 欺诈性资金转移；
- 贷款诈骗；
- 职业事故；
- 就业歧视；
- 监管漏洞；
- IT 系统故障。

这些情景被广泛地应用在银行内部的各种业务线中。作为对比，零售银行业务中最常见的情景有：

- 网络犯罪；
- 支票诈骗；
- 窃取信息 / 数据；
- 监管漏洞；
- 违规销售操作。

零售银行显然更关注特定的业务线，而更广泛、更普遍的业务则如上文所述。

利用新闻报道

创造优质情景的关键在于想象力。也许，"未知的不确定因素"并非那么不可知，只是人们缺乏想象力的一种表现。所以首先要有想象力。考

---

① www.bis.org/publ/bcbs160.htm.

虑到这一点，把目光投向近期的新闻报道是开发一套实用情景的不错的切入点。

这些报道或许与某个特定企业或者行业并没有明显的联系，所以应该用一种更多元和创新的方式看待它们。利用新闻报道的一个例子是，有个风力发电厂被建议建在某空军基地附近。乍看上去这似乎没有什么问题。然而，军方对此表示反对，理由是涡轮机会对基地的雷达造成干扰。显然，在风力发电厂的可行性研究中，并没有料到这个结果。在开发情景时，企业需要考虑对其他人造成的更广泛的影响。

还有一个例子是 2008 年英国遭遇的严重地震。人们由此注意到，英国曾遭受了多次地震（尽管只有中等强度），且它位于小板块边界上。在过去 90 年中，有 7 次地震超过里氏 5.0 级，最强的达到了里氏 6.1 级。即使是中等强度的地震也会造成破坏，特别是对敏感的电子设备。然而，在英国企业的情景中包含地震是十分罕见的。

常见的情景分析结果

无论情景如何产生，其结果中总会出现一系列的常见主题。它们通常是：

- 企业未能实现其目标（无论是利润、市场份额、员工留岗还是其他目标）；
- 融资困难；
- 遭受欺诈；
- 无法保持业务量；
- 失去建筑物控制权；
- 影响评级；
- 声誉损失；
- 不利的环境；
- 供应链中断；
- 被主要竞争对手赶超。

情景开发后的典型问题

保持平衡

情景应当尽可能地保持在战略层面上，只在必要时才尽可能详细。细节详尽的情景需要对风险与控制进行更多的分析，以生成有意义的结果并对风险概况进行测试。同样地，一个情景可能涉及各种各样的事件，因此也需要进行大量的分析。无论如何，为极端但合理的事件提供一个明显恰当的分析需要付出巨大的努力。另外，无论多么详细的情景，都不可能与现实发生的事完全相符。

另外，情景又必须建立在足够的细节上，使其适用于企业，并与企业直接相关。一个只有两个词的情景，"内部舞弊"，既没用处也没帮助。关键要在努力开发情景与理解情景间保持平衡。

抛弃技巧

如果提供了太多细节，就容易在情景中发现有歧义和无关紧要的部分。这就导致了对整个情景技巧的弃用。当然，重要的是要关注这个原则：应该分析各种极端但合理的事件，以确定公司的风险状况、公司对这些事件的敏感性。别让这个原则被细节淹没了。

企业瘫痪

有时候情景的结果是如此可怕，以至于对得出的结论几乎无法做任何准备。然而即使情景表明该企业即将面临清算，也可以采取行动，包括起草一份"遗嘱"。

应用风险情景

要将情景用于风险管理，主要有两种方法：

- 确定性方法。使用简单直接的方式，尽管有时很难与现实联系起来。该方法并不严苛，且在更大的程度上依赖于假设。
- 概率性方法。使用统计学方法为风险与控制建模，尽管有时因其复杂的数学逻辑而难以理解。

确定性方法

这种方法建立在已开发情景的基础上，并对和情景结果相关的风险与控制自我评估进行测试。这些测试通过分析情景中哪些控制失效、产生哪些风险以及这些风险造成哪些影响来进行。

根据在风险与控制自我评估过程中确定的影响范围，可以对可能的影响规模给出有用的指导。然而，这些影响范围应当仅被视为一种指引，不应盲目遵从。比如，一些能缓解特定风险的控制或许在情景中仍存在，并且可操作，因此其影响可能明显小于风险影响范围。然而，只有在经过重大辩论之后才能允许超过范围上限，因为这个范围在风险与控制自我评估时已经被考虑和讨论过。

在评估了情景中发生的风险事件的影响之后，就可以计算出（通过简单的加法）情景对企业风险概况造成的额外影响。然后，就可以采取行动，对受该情景影响的控制进行成本收益分析。这应与企业风险偏好审核相结合，以确定是否需要加强控制。此外，应用情景和测试也许会发现之前被认为是足够的控制如今需要对其采取行动。

概率性方法

这种方法通过概率建模将定性和主观的风险评估转化为货币价值。它使用了与确定性方法相同的初始步骤，也就是以情景结果来测试现行的风险与控制自我评估，以确定哪些控制已经失灵。随后，通过控制失效模拟，经过修正的、与情景相适应的风险与控制自我评估将被纳入风险事件的考量之中。

这种方法的优势在于：

■ 关于控制的更有针对性的成本收益分析（因为风险概况带来的货币减少是明确的）；

■ 关于风险偏好更清晰的认识（因为风险与控制的货币价值是明确的）；

■ 能看到情景在不同的置信水平下对货币的影响，而非仅仅是确定性方法中的单一（含糊的和隐性的）水平；

■ 对不同风险的敏感性更加明显（因为货币价值可以在不同的置信水平下得到）；

■ 可以更容易地依据情景从不同角度进行分析（比如风险责任人、风险类别、最高剩余风险以及最差与最好的控制）；

■ 因能获得不同置信水平而对反向压力测试有更好的理解，任何情景都可以被拓展到企业不再存续的地步。

小结

情景与想象力和敢于思考那些不可想象的事情有关。事实上，情景也只关心那些不可想象的事。情景不是数学题，而是一种实践演练，旨在识别事件，更准确地说，识别那些可能威胁企业目标乃至生存的事件集。作为一项实践演练，情景是将框架中的其他要素结合到一起的黏合剂，并测试风险框架是否稳健及与目的是否相符。情景确实考虑了对企业存续构成的威胁，若这些威胁出现，直接的补救措施是一个经过深思熟虑和充分测试的业务连续性计划。我们将在第17章继续讨论这个问题。

如何使用风险管理数据建模

引言

许多人会认为，对风险管理数据，尤其是非财务风险管理数据进行建模，是非常困难的。这不正是 2008 年世界遭受金融危机的主要原因之一吗？然而，如果将建模视为一种既有缺点又有优点的工具，那么对风险管理数据建模将使企业获益良多。利用从风险与控制自我评估和事件中获得的数据，我们可以对在经营业务时所做的许多假设进行质疑。本章将介绍建模的优点和缺点。

建模的商业价值

对风险管理数据进行建模能带来许多商业价值，其中一个明显的益处就是能协助分配维持各业务线运营所需的经济资本。这一益处显然是重要的，它使得高级管理层和董事会思考是否应该恢复或出售公司绩效不佳的业务。当然，除此之外，将资本分配给业务线也可以激励表现良好的业务线负责人。

进一步的益处是可以对相似业务线的不同风险领域的控制以及不同业务线的相似风险领域的控制进行检查。这也使我们能够探讨企业的控制在防止风险发生以及在风险发生时检测和纠正风险方面做得如何。当然，所有这些都与我们对风险的偏好以及为减小风险而投入资源的意愿有关。

表 10-1 列举了一个具有三条零售业务线、一条批发业务线、两条国际业务线和两条在线业务线的公司按业务线和事件类型分配经济资本的例子。请注意，该公司所需的总经济资本约为 2.14 亿美元。

表 10-1　按业务线和事件类型划分的资本需求 *　　　单位：千美元

业务线	内部欺诈	外部欺诈	雇佣行为	商业行为	资产损失	技术	交易	业务线合计
在线 1 号	3 475	1 618	D C 8 437	1 265	5 460	4 102	3 484	C 27 842
在线 2 号	3 544	3 654	1 764	4 203	2 840	2 162	4 353	22 520
零售 1 号	5 437	E 7 867	D 5 951	G 958	2 244	A 6 594	6 120	35 171
零售 2 号	5 118	E 7 849	1 755	5 258	876	A 5 481	6 829	33 165
零售 3 号	F 1 176	4 772	D 6 944	4 801	3 347	A 11 108	1 265	33 414
批发	4 615	4 064	2 738	G 587	2 388	920	1 977	17 289
国际 1 号	2 942	4 846	341	G 683	2 056	1 217	5 210	17 206
国际 2 号	5 965	5 009	1 825	5 091	6 916	B 9	2 529	27 343
合计	32 271	39 679	29 755	22 847	26 127	31 504	31 768	213 950

所有业务线 / 事件类型组合中，资本需求最大（标注 A）的是零售 3 号 / 技术，约为 1 100 万美元。这大约是零售 1 号 / 技术或零售 2 号 / 技术各自所需资本的两倍，二者所需资本分别约为 660 万美元和 550 万美元。值得注意的是，这三条零售业务线的技术风险敞口比其他业务线要高得多。零售 3 号 / 技术之所以是价值最高的，可能有以下几个原因：

（1）零售 3 号本身就是一条比其他业务线更容易受到技术事件影响的业务线，因此需要更多的资本来支持。作为一个零售（而非在线）业务，这是可能的，尽管概率不大。

---

* 合计有误，原书如此，未做修改。全书余同。——译者

（2）零售 1 号和零售 2 号的技术风险敞口明显小于零售 3 号。（需要注意的是零售 1 号和零售 2 号所需资本的和与零售 3 号所需的资本相似，这意味着在零售 3 号技术风险敞口更大的情况下，零售 1 号和零售 2 号的风险结构与零售 3 号存在较大差异。）

（3）零售 3 号的技术控制在质量上明显不如零售 1 号和零售 2 号。

如果上述原因一和二不太可能，那么显然需要紧急审查零售 3 号中技术控制的设计和运行效果。如果这些控制得到改善或实施新的控制，所需的资本就会减少。通过使用模型，可以检验不同类型的控制。本章稍后介绍。

在该公司资本消耗的另一端，B 表示国际 2 号 / 技术的最小资本需求，仅为 9 000 美元。同样，可能的原因有：

（1）作为一条业务线，国际 2 号比其他业务线接触的技术要少得多。然而，对于一条国际业务线来说，技术敞口不太可能那么小。

（2）对于国际 2 号，实物资产损失和技术之间的数据可能存在错误记录，因为实物资产损失的资本需求最高，而技术的资本需求最低。技术事件有可能被归为实物资产损失。

（3）国际 2 号的技术控制是一流的。如果情况属实，应审查这些控制，以便在其他业务领域实施，特别是在零售业务线和在线 1 号。

如果原因三正确，那么国际 2 号 / 技术的控制仍然应该受到质疑。这一点将在本章稍后介绍。

C 表示，支持在线 1 号所需的总资本的 30% 被雇佣行为所消耗。当然，有可能是在线 1 号有很多员工，雇佣行为很普遍。然而，更有可能的是，对雇佣行为的控制明显不足，急需调查。

D 表示雇佣行为中前三大的资本需求（包括在线 1 号，它的资本需求是最大的）。另外两个雇佣行为的最高资本消耗方都是零售业务线。当然，零售业务线拥有大量员工很常见，这些数字可能是正确的。然而，这三条业务线的规模都明显高于其他业务线（至少是两倍），对在线 1 号控制的调查可以扩大到对零售 1 号和零售 3 号雇佣行为控制的调查。

E 表示外部欺诈中两个最大的资本消耗方。它们的资本消耗都明显大于其他业务线（尽管差异没有雇佣行为那么大）。鉴于这两条业务线都是零售业务线，这些数字有可能是正确的。然而，第三条零售业务线即零售 3 号，其承受外部欺诈事件的资本比前两条业务线要少得多。零售 3 号使用的什么控制可以应用于零售 1 号和零售 2 号，以减少公司整体的资本需求？

相比之下，F 标识了面对内部欺诈事件的最低资本需求。可能零售 3 号经营的产品不容易受到内部欺诈的影响，也有可能是零售 3 号的控制比其他业务线的控制有效得多。如果是后面这种情况，那么显而易见的问题是"这些高效运作的控制中，哪些可以在其他业务线中复制？"

事件类型"商业行为"中有三条资本需求较低的业务线：零售 1 号、批发和国际 1 号（标注 G）。它们的资本需求大大低于其他业务线（特别是国际 2 号、零售 2 号和零售 3 号）的资本需求。为什么这些业务线的资本需求这么低？显然，我们需要对资本需求极少的业务线的控制进行调查，并对其他业务线明显运行不良的控制也进行调查。

上述所有情况表明，按业务线和事件类型分析公司的资本需求有许多益处。除了有助于向不同的业务线分配资本外，也可以对不同业务线的控制提出质疑。按控制类型（预防性、检查性和纠正性）进行分析可以产生显著的商业价值。我们将继续使用来自模型的数据检验各项控制。为了简化分析，只分析公司遭受损失的数据。（见本章"数据要求：使用四个数据集建模"。）

如何使用模型？

检验预防性控制

当预防性控制失效时会发生风险事件。预防性控制是那些旨在阻止事件发生的控制。因此，对风险事件发生数量的统计将很好地表明公司预防性控制的质量。这里假设所有事件都报告给一个信息获取中心，通常是风险管理部门。为了确保所有的事件都被报告，许多公司每月都要将在总账中已冲销的事件的价值与已经报告给风险管理部门的事件的价值进行核对。这使管理层确信已经掌握了所有事件的信息。

表 10-2 显示了模型中用于计算表 10-1 所示资本要求的事件数量。这些单元格中有与表 10-1 相同的标注，以便继续进行前面提到的对控制的调查。

表 10-2　事件数量

业务线	内部欺诈	外部欺诈	雇佣行为	商业行为	资产损失	技术	交易	合计
在线 1 号	22	12	D C 50	22	77	44	63	C 290
在线 2 号	24	12	39	11	74	30	10	200
零售 1 号	22	E 79	D 21	G 46	38	A 10	14	230
零售 2 号	20	E 72	85	77	56	A 77	85	472
零售 3 号	F 56	16	D 27	98	55	A 97	46	395
批发	35	10	35	G 10	18	35	3	146
国际 1 号	25	30	89	G 32	35	9	47	267
国际 2 号	41	54	46	36	94	B 1	94	366
合计	245	285	392	332	447	303	362	2 366

在表 10-1 中有最大资本需求的是零售 3 号 / 技术，有最大技术的资本需求的是零售 1 号和零售 2 号。在表 10-2 中，与包括零售 2 号和零售 3 号在内的其他业务线相比，零售 1 号要么技术风险敞口很小，要么具有非常好的预防性控制。（应该指出的是，国际 1 号和国际 2 号有同样少或更少的技术事件。）很明显，有必要对零售 2 号和零售 3 号的预防性控制进行调查，从零售 1 号的预防性控制中学习到的经验可能对零售 2 号和零售 3 号有用。

B 表示技术所需的最小资本。国际 2 号在技术类别中只有一个事件，这一事实证明了国际 2 号的技术控制一流的假设。然而，应该注意的是，它有 94 项资产损失事件，可能存在数据记录错误的情况。这需要进一步调查。

C 表示在线 1 号中雇佣行为所需经济资本与其所需总经济资本的比较。虽然在线 1 号／雇佣行为的事件数为 50，但这不是在线 1 号事件数最多的部分，因此，预防性控制可能正在按照预期发挥作用。由于还有其他高分的业务线，因此需要进一步调查其他业务线对雇佣行为的控制。对于在线 1 号／雇佣行为，还应该调查有关事件的平均值和标准差，后文会介绍这些内容。

D 表示接下来的三条业务线对应的雇佣行为所需经济资本的最高水平。通过查看内部事件的数量，可以清楚地看到，零售 1 号和零售 3 号的预防性控制要比在线 1 号的好得多。这可能是因为三条业务线的负责人对雇佣行为这一活动的偏好不同，但还需要进一步调查。（在查看雇佣行为的事件数量时，还应该注意到国际 1 号和零售 2 号的事件数量最多，这两条业务线的预防性控制也应该被调查。）

E 表示在外部欺诈事件上资本消耗最大的业务线。看看零售 1 号和零售 2 号的外部欺诈事件数量，就会明白为什么这两条业务线对外部欺诈的资本需求最高。这两条业务线的预防性控制需要紧急调查。

由表 10-1 可知，零售 3 号对内部欺诈的资本需求最低（标注 F）。零售 3 号的事件数量是所有业务线中最多的（由表 10-2 可知），因此它的预防性控制与其他业务线相比明显较差。或许零售 3 号的负责人预计会有大量的小型内部欺诈行为，因此将更多的资源投入到纠正性控制和检查性控制中。我们需要进一步调查纠正性控制和检查性控制，以说明尽管事件数量很多，资本需求却很低的问题。这一点将在下文分析。

在表 10-1 中，通过 G 可以很容易地识别支持三条在商业行为中资本需求较低的业务线。在表 10-2 中，批发业务线的事件数量明显最少，这是可以预料的，因为不良商业行为作为一种风险，往往更多地集中在零售和国际业务线上（考虑到在线业务线的性质，不良的商业行为更加困难，尽管不是不可能的）。值得注意的是，零售 1 号和国际 1 号的内部事件数在不良商业行为方面处于中等水平，既不属于最高组（零售 2 号和零售 3 号）

也不属于最低组（在线 2 号和批发业务线）。因此，这可能是一个在零售
1 号和国际 1 号的业务线负责人可以接受的偏好范围内进行预防性控制的
案例。

检验纠正性控制

纠正性控制旨在减轻并在可能的情况下减少事件产生的影响。因此，
事件的平均规模是判断纠正性控制质量的一个指标。当然，应该考虑每条
业务线对其业务线中事件的偏好。一条积极的、快速扩张的业务线可能比
一条普通的实用型业务线对事件有更高的偏好。在调查了事件的数量后，
如果将这些数字和所需的资本与这些事件的平均损失联系起来，就可以判
断纠正性控制的质量。

表 10 - 3 列出了模型中用于表 10 - 1 和表 10 - 2 的事件的平均损失。
这些单元格有与表 10 - 1 和表 10 - 2 相同的标注，以便进一步对上述控制
进行调查。

表 10 - 3　事件的平均损失　　　　　　　　　　单位：千美元

业务线	内部欺诈	外部欺诈	雇佣行为	商业行为	资产损失	技术	交易	合计
在线 1 号	40	92	D C 184	63	102	149	89	C 719
在线 2 号	135	253	63	177	59	66	258	1 012
零售 1 号	225	E 179	D 198	G 30	65	A 286	242	1 224
零售 2 号	229	E 195	33	129	23	A 118	114	842
零售 3 号	F 38	155	D 272	103	102	A 247	38	955
批发	183	246	88	G 41	107	29	188	883
国际 1 号	110	148	8	G 29	65	73	146	578
国际 2 号	214	180	52	214	149	B 1	75	886
合计	1 176	1 448	898	786	672	969	1 150	7 099

对表 10 - 1 的分析中，我们发现最大的资本需求来自零售 3 号 / 技术，而零售 3 号用于缓解技术事件风险的预防性控制很差。从表 10 - 3 可以看出，其纠正性控制也相对较差。虽然 24.7 万美元的损失平均值并不是最高的，但属于高水平组，且在技术方面是第二高的，在表 10 - 3 中是第四高的。这同样需要进一步调查。

B 所标识的单元格仍然是一个耐人寻味的反常现象。这个单元格的平均值是整个数据集中最低的，尽管前文指出一些事件可能被归为灾害，但它们本应被归为技术，现在看来这种可能性较小。国际 2 号 / 资产损失的平均值为 14.9 万美元，这与国际 2 号 / 技术的平均值 1 000 美元相差很大。当然，也有可能是国际 2 号对技术的预防性控制非常好。

关注 C，雇佣行为的平均值是在线 1 号数据集中的最高值。这意味着在线 1 号对雇佣行为的纠正性控制很差，需要采取行动进行改善。因此，加强纠正性控制可能会大幅减少在线 1 号业务线承受风险所需的资本。

从雇佣行为来看，平均损失最高的两条业务线是零售 1 号和零售 3 号，这也是由不良的纠正性控制所导致的。这两条业务线的平均损失都高于在线 1 号，其中零售 3 号的平均损失是雇佣行为中最高的，也是整个数据集中第二高的。

虽然外部欺诈中资本消耗最高的两条业务线是零售 1 号和零售 2 号，但这两条业务线的平均损失接近外部欺诈的平均值。如表 10 - 2 中 E 所示，它们的预防性控制也明显优于在线 1 号和在线 2 号。因此，我们应该研究零售 1 号和零售 2 号外部欺诈的标准差，这将告诉我们检查性控制的质量。

F 表明预防性控制很差。然而，从平均损失来看，其纠正性控制是所有业务线中最好的。这证实了一个观点，即这条业务线看似一切正常其实存在大量的小型内部欺诈。

G 表示不良商业行为中资本消耗最少的三条业务线。零售 1 号、批发和国际 1 号在商业行为方面平均损失最小。显然，这三条业务线在减少不良商业行为方面的纠正性控制明显优于其他业务线。

检验检查性控制

检查性控制旨在通过立即意识到风险已经发生，来立即对事件进行纠正性控制，从而减小风险的影响。

一组事件影响的标准差显示了这些事件损失的变化程度。标准差较大表明检查性控制不佳，因为风险影响取值广，即人们还没有认识到风险已经发生，事件的损失已经不受任何纠正性控制的制约。相反，标准差较小表明纠正性控制已经将事件的损失控制在平均值上下相对较小的范围内。因此，对标准差的研究有助于了解检查性控制的质量。

表 10-4 列出了事件损失的标准差，这些标准差在模型中用来计算表 10-1 所示的资本需求，也被用于对表 10-2 和表 10-3 的分析。这些单元格有与表 10-1、表 10-2 和表 10-3 相同的标注，以便对上述控制的调查能够进一步进行。

表 10-4　事件平均损失的标准差　　　　单位：千美元

业务线	内部欺诈	外部欺诈	雇佣行为	商业行为	资产损失	技术	交易
在线 1 号	65	119	D C 215	64	133	195	90
在线 2 号	136	293	77	186	77	79	259
零售 1 号	265	E 196	D 222	G 36	85	A 374	319
零售 2 号	299	E 202	40	151	29	A 130	130
零售 3 号	F41	197	D 320	131	135	A 323	39
批发	196	291	113	G 41	131	35	191
国际 1 号	143	195	9	G 31	86	85	150
国际 2 号	261	220	63	249	153	B 1	79

上述分析得出的结论是，标注为 A 的零售 2 号和零售 3 号在技术方面的预防性控制较差，零售 3 号在技术方面的纠正性控制较差。在技术方面，零售 1 号和零售 3 号的标准差的值是最大的，远远高于其他业务线。结论是应该审查这两条业务线的检查性控制。

B 表明，国际 2 号的技术控制是一流的。

C 标识了雇佣行为方面第三高的标准差（在线 1 号）。改善在线 1 号检查性控制的措施与改善其纠正性控制的措施形成互补，并共同大大减少了在线 1 号承受业务风险所需的资本。

D 表明，零售 1 号和零售 3 号在检查性控制和纠正性控制方面也需要采取行动。

E 表明，零售 1 号和零售 2 号的标准差都低于所有业务线的平均水平。因此，零售 1 号和零售 2 号的检查性控制在质量上高于平均水平，不需要采取行动。

F 表明，零售 3 号在内部欺诈方面的检查性控制是所有业务线中最好的。这再次证实了这条业务线看似一切正常其实存在大量的小型内部欺诈。

G 标出的较小标准差证实了零售 1 号、批发和国际 1 号的不良商业行为对资本的需求较低是正确的。

基于资本和控制检验的业务线总结

在线 1 号：应采取行动加强检查性控制和纠正性控制，以减小雇佣行为风险，这会大大减少在线 1 号所需的资本。还应调查数目惊人的资产损失情况以及对资产损失的纠正性控制。

在线 2 号：虽然没有标注，但在线 2 号的资产损失情况位列第三。尽管这种类型的事件特别难以预防，但应该对其损失进行调查。

零售 1 号：应采取行动，加强对雇佣行为的检查性控制和纠正性控制以及对技术的检查性控制。

零售 2 号：应采取行动，加强对外部欺诈、雇佣行为和技术的预防性控制。

零售 3 号：在技术控制方面应该普遍采取行动，因为其预防性控制、检查性控制和纠正性控制都很差。此外，应加强对雇佣行为的纠正性控制和检查性控制。如果事件的数量超出了人们的偏好，内部欺诈的预防性控制就应该受到检验。

批发：这条业务线似乎有一套良好的控制，不需要采取行动。

国际 1 号：应采取行动，加强对雇佣行为的预防性控制。

国际 2 号：虽然没有标注，但应审查其在内部欺诈、商业行为和资产损失方面的检查性控制和纠正性控制。

数据要求：使用四个数据集建模

在了解了建模输出的商业价值和用途之后，重要的是要了解流程的另一端，即输入数据。风险管理建模本身就是一个困难的过程，因为数据的质量和数量有很大差异。例如，一家公司拥有大量关于客户信用的数据。但内部欺诈方面的信息很少，关于交易错误方面的数据可能有一些，并不多。简而言之，虽然企业有足够数量和一定质量的财务数据可用于建模，但非财务方面的数据显然不能满足要求，需要特别注意。

公司可获得的非财务数据有四种类型：

■ 有关业务环境和减小环境影响的公司控制（即风险与控制自我评估）的数据；

■ 公司所遭受损失（即内部损失）的数据；

■ 公司用来保护自己免受异常事件影响的情景和压力测试的数据；

■ 当竞争对手的控制失效时，竞争对手所遭受损失（即外部损失）的数据。

我们依次介绍每类数据。

通过风险与控制自我评估获得的数据

这类数据通常通过公司的风险与控制自我评估获得（见第 6 章）。由于风险只评估一次，因此每种风险的数据相对较少。然而，它的优势在于它是来自公司管理层的数据。这类数据对于展望未来具有重要意义，因为其所述风险是那些可能导致公司无法实现其业务目标的事件。当然，除此之外，也会对减小每项风险的控制进行评估。

主观的、管理层的前瞻性数据在商业中应用非常普遍，公司在制订和实施其五年业务计划时都会用到。在建模中使用这种类型的数据也很常见，特别是在与客观的实际数据相结合时。例如，一家石油公司会结合实际的地质数据与管理层的知识和经验来建立储量模型。工程师会结合以前钻井平台的坍塌数据与工程师的知识和经验，对石油钻井平台坍塌的可能性进行建模。

公司遭受损失（即内部损失）的数据

内部损失数据的优势在于它是真实的数据，尽管损失已经发生，并且任何超出偏好的失败控制都可能已经被修复。但由于它包含了过去的数据，必须从数据集中消除任何不再相关的损失，因此需要对这些损失进行检验。例如，如果一家公司已经出售了一项业务，那么该业务的损失将不再与公司当前的经济资本需求相关。此外，相当普遍的情况是，并非所有的损失都被风险管理部门掌握，因此数据集是不完整的。关于损失数据的全面介绍见第 8 章。

来自情景分析和压力测试的数据

来自异常事件的情景分析和压力测试数据集提供的是主观信息，是管理层对可能发生在公司的异常但合理的事件的看法，因此是一个有价值的数据集，展示了管理层对极端事件的反应，以及控制在压力下的实施情况。显然，这个数据集只构成了资本计算的一小部分，因为它代表的是极端情况。然而，它是经济资本的一个重要组成部分，因为它也代表了公司在异常情况下生存所需的经济资本。该主题已在第 9 章深入探讨过。

竞争对手遭受损失（即外部损失）的数据

有关竞争对手遭受损失的数据可能是建模中最难使用的数据。获得竞争对手损失的完整数据比较困难，而且竞争对手控制环境的细节在很大程度上是不为人知的。然而，竞争对手遭受损失的数据是公司可用的四个数据集之一，并且可以用来补充和完善公司的其他数据集。将竞争对手的损失数据用于公司控制环境恶化，是一种比较好的做法。这类损失在第 8 章中介绍过。

从建模的角度来看，清理外部数据尤其重要，只有这样外部数据才能更好地代表公司面临的风险状况。清理一词指的是检查损失是否与公司有关，并确定公司遭受的损失的适当规模的过程。

虽然适当的规模可以通过某种形式的缩放来确定，但确定损失与公司的相关性是这个过程的第一步，因为缩放一个不相关的损失是没有意义的。要理解相关性，重要的是能用外部数据对损失原因进行说明。因此，需要一个尽可能全面和准确的描述。遗憾的是，这往往是困难的。

当然，竞争对手因为罢工等造成的损失在一定程度上与其他公司相关。这种损失也不太可能与雇员没有加入工会的小型零售公司有关。然而，大型零售公司由于文件编制标准不高而遭受的交易损失在概念上可能与较小的公司有关。这种文件编制标准同样适用于其他类型的公司。

此外，行业外的公司也可能造成与本部门直接相关的损失。例如，IT系统的损失和外包风险（分别见第 16 章和第 18 章）几乎与所有公司都直接相关。

因此，在将外部数据放入模型之前，必须对这些数据在相关性和规模方面进行仔细的检验。这种检验并不一定要在每次运行模型时都进行，但定期审查以前的检验是合适的，比如年度审查。当公司的业务模式发生变化时，当市场发生重大变化时，当内部数据随着时间的推移而退化并可能变得只有部分相关时，对内部数据进行检验也是合适的。

什么是关键风险指标?

关键风险指标和关键控制指标可以代替风险与控制自我评估作为业务和控制环境的数据。虽然这些数据不具有前瞻性,但它们是目前而不是过去的实际客观数据。此外,对关键风险指标近期数值的趋势分析可能会对未来提供一些指导。关键风险指标数据非常有价值,因为它代表了关键风险。然而,这也是它的主要缺陷,因为它只代表关键风险。公司的风险概况可以用完整的风险集合更充分地表示出来。建模时加入关键风险指标,企业可以考察其控制措施和业务环境。第 7 章详细探讨了关键风险指标和关键控制指标。

比较四个数据集

表 10-5 比较了四个数据集的各种属性。风险与控制自我评估和情景测试有许多共同的属性(放在一列),而内部损失和外部损失略有不同。例如,外部损失数据的收集时间比内部损失数据的收集时间短(特别是当这些数据来自联合企业时),而且与内部损失数据相比,通常有更多的外部损失数据可用。应该注意的是,通过合并所有四个数据集的数据,在每一行中至少有一个是正项。这是最起码的,并且平衡了其他数据集中的负项,总体上有助于形成一个更完整的数据集。

表 10-5 比较四个数据集

	内部损失	外部损失	风险与控制自我评估和情景测试
客观(过去)	是	是	否?
主观(前瞻性)	否	否?	是
由谁进行质量分析	金融部门	外部	管理层
可用数量	少	多	按需获取
收集时间	长	短(如果来自联合企业)	短

续表

	内部损失	外部损失	风险与控制自我评估和情景测试
来源	账目	外部	管理层
分布	直接	直接	假设

资料来源：Courtesy of RiskLogix Solutions Limited.

合并四个数据集

显然，如果我们要利用四个数据集的不同优势，就必须以某种方式将它们结合起来。如上所述，在商业价值和模型使用部分，组合数据的典型方式是使用自己的业务线和损失事件类型。这种方式有一个明显的优势，即内部数据（损失、风险与控制自我评估和情景测试）几乎已经根据这种方式进行了分类。虽然可以理解，但遗憾的是，在一些行业中，公司被迫使用监管分类，以便监管机构能比较公司之间的差异。这对于实行嵌入式风险管理的公司来说并不理想，尽管其目的是使对整个行业的监管更有力。

合并四个数据集的困难之一是确保对每一类数据都给予适当的权重。这个权重应根据四个数据集中数据质量的高低和数量的多少，按业务线和事件类型进行变化。每个单元（四个数据集中的每个业务线 / 事件类型组合）根据公司中特定损失事件类型 / 业务线 / 数据集组合的风险被赋予一个权重。

表 10-6 说明了四个数据集中的每个单元可能的不同权重。

表 10-6　四个数据集的权重示例

业务线 / 事件类型	风险与控制 自我评估	内部 损失	情景 测试	外部 损失	意见
在线 1 号 / 内部欺诈	50%	25%	15%	10%	较少内部事件
零售 3 号 / 技术	25%	60%	10%	5%	较多内部事件

在第一个例子中，只有很少的内部欺诈事件。这对大多数公司来说是很常见的。因为可信的数据很少，所以内部损失的权重不可能很高。因此，情景测试和外部损失的权重相应地高于第二个例子。此外，尽管通过风险与控制自我评估获得的信息是主观的，但由于这是高级管理层对这一特定业务线和事件类型组合的风险概况的前瞻性分析，因此被赋予了很大的权重。

在第二个例子中，零售 3 号发生了许多技术事件。因此，技术方面的内部损失被赋予很高的权重。这意味着对外部技术事件的要求只在最低程度上（因为公司已经有大量的数据）。重大实际损失的另一个结果就是风险与控制自我评估可以被赋予相对较低的权重。

权重也可以针对四个数据集的完整业务线或事件类型来确定。例如，与某一业务线相关的市场可能出现低迷，或者公司故意减少或增加某一业务线。这可能是以一种间断的方式来进行，比如聘请一个营销团队或销售团队，或以一种缓慢持续的方式来进行，比如有计划地撤出市场。

什么是蒙特卡罗模拟？

蒙特卡罗模拟用于实际数据缺失、不够充分或需要进一步补充的情形。它是一种基于明确的和普遍接受的准则创建人工数据的方法。人工数据是通过使用随机数生成器随机生成的数千个甚至数百万个新数据来创建的。这是一个产生看似随机的数字的数学公式。在建模中有很多这样的公式，但大多数建模者只使用一些知名的、经过充分试验和测试的公式，如梅森旋转算法（Mersenne Twister）。这是因为所有的随机数生成器生成的数字都不是完全随机的，但一些知名的随机数生成器已经成功通过了大部分检验这些数字是否在大体上随机的测试。

一旦数字被生成，它们就与数据相关。对于风险管理建模来说，这意味着控制可能会随机失效，然后风险可能随机发生（或不发生，就像现实生活中的情况一样）。此外，损失发生的频率可以是随机的（尽管这通常受实际数据影响）。然后，生成模拟频率就可以生成随机损失所产生影响的正确数值（同样，通常受实际数据影响）。蒙卡特罗模拟是以赌场的名字命名的，会产生看似随机的数字。

　　显然，应该使用许多随机事件来生成将要使用的结果。这可以生成平均意义上的结果，因此有望更接近期望值。事实上，随着模拟次数的增加，结果理应趋近于期望值。当所有模拟的结果都在比如 1% 以内时，这个结果就是稳定的。另一种说法是结果收敛于期望值或已经实现收敛。尽管是人为的，但蒙特卡罗模拟是一种获取更多数据的方法，因为非财务风险中最棘手的问题之一就是缺乏可供采取行动的数据。

置信水平和持有期如何影响建模？

　　建模中使用的置信水平表示模型给出的经济资本数字达到或低于该水平就已足够。换句话说，若超过这个置信水平，所需的经济资本可能不足。例如，第 99 个百分点是 100 个结果中的 99 个（平均而言）达到或低于该资本水平的点。置信水平越高，所需的经济资本数额就越高。

　　持有期（有时称为流动性期限）是指处置一项风险或资产所需的时间。这取决于行业和风险 / 产品。例如，一个忙碌的水管工买了一个零部件后，可能在几天内就能把它卖给客户。然而，一家大型连锁超市可能会因电脑黑客的攻击而遭受数月的损失。显然，如果处置一项风险只需要几天时间，那么所需的资本量就相对较少。因此，持有期可以极大地影响公司承受其风险状况所需的资本。

相关性和因果关系是否不同？

　　在风险管理中，关于不同风险、事件类型和业务线之间的相关性存在很多争论。相关性不如原始数据的准确性重要。

两个事件之间的相关性意味着一个高水平的风险值与另一个高水平的风险值相关联。它们是一起发生的，而这并不能说明哪一个先发生。

因果关系是指两种风险之间存在联系，即一种风险导致另一种风险的发生。地震可能会引发火灾（但火灾不会引发地震），换句话说，地震和火灾是相互关联的，但只有火灾与地震有因果关系。

因此，承受地震比承受火灾需要更多的经济资本。

如果发生地震，承受火灾风险所需的额外资本的数量当然由地震后发生火灾的次数决定。如果五次地震中只有一次发生火灾，则有 20% 的相关性。显然，如果每次地震都会发生火灾（100% 的相关性），那么承受地震所需的资本就必须包括承受火灾所需的资本。但对于 20% 的相关性来说，只需要在承受地震所需资本的基础上增加少量额外资本即可。

什么是多元化？

公司风险的多样化可以减少所需的经济资本。任何低于 100% 的相关性都会产生多元化效益，即减少所需资本。

举例来说，风险 A 的影响为 3，风险 B 的影响为 4。在 100% 的相关性下，两者加起来的影响是 7（简单的加总）。两者的完全独立影响加在一起是 5，即每个风险的平方加和后的平方根。（平方和的平方根是一种公认的方法，以计算任何风险数量的完全独立影响）。因此，多元化收益介于 0 ~ 2 之间。在实践中，会调查几对组合的多元化效益。

小结

建模进一步检验了通常较差的数据，并确保风险环境和控制环境与公司愿意承担的风险敞口范围相匹配。商业价值可能来自意想不到的方向。

建模面临的挑战

引言

有许多方法可以构建非数学模型，当然，也可以构建数学模型。模型中包含的内容和参数、模型所揭示的关系以及模型所面临的挑战等都与数学一样重要。然而，数学似乎是所有关于建模的文章的全部。本章将介绍基于业务的各种模型的构建方法（不用差分方程！）。

影响经济资本的参数

有大量参数会影响模型的输出。这些参数主要分为三类：

- 预建模参数，即完全独立于所用模型的参数；
- 与定性数据建模有关的参数，即与主观非财务数据的建模有关的参数，如与风险、控制和情景相关的数据；
- 与资本模型相关的参数。

此外，作为良好治理的一部分，拥有对参数的更改权限是很常见的。这是因为参数可能导致重大的资本流动，应归属于与战略决策有关的正常治理结构范围之内。尽管如此，通常模型开发委员会允许对导致 10% 以下的资本流动的参数进行更改。

应以相同的方式对大于 10% 的更改进行记录。所有这些变化通常每年都会提交给风险委员会。但是，任何导致资本流动超过 10% 的参数变化，都应在实施前得到风险委员会批准，随后还应接受模型开发委员会的审查。任何此类更改都应记录更改的原因以及更改后的示例。

预建模参数

一些参数与在模型建立前以及在将数据上传到模型之前可能遇到的挑战有关。它们是：

- 风险数量；
- 控制的数量和水平；
- 风险评估；
- 控制评估；
- 风险评估矩阵范围——可能性和影响；
- 事件的使用——按业务线；
- 事件的使用——按每个事件；
- 相关事件的缩放。

我们将详细介绍上述每一个参数，包括参数说明、参数可能面临的挑战以及参数变化对资本的影响。

风险数量

1. 参数说明

风险数量是风险与控制自我评估（RCSA）建模中的风险数量（见第 10 章）。

2. 挑战

RCSA 中规定的风险应该是相互独立的，而风险之间通常是相互关联的。但是，在建模时总是假设这些要素彼此是相互独立的（除非相关矩阵已经构建）。因此，应谨慎地对这些风险提出质疑，以使正在构建的 RCSA

模型能够反映所有独立的风险（见第 6 章）。

3. 参数如何影响资本

显然，风险数量越多，为应对风险所需的资本数量就越多。因此，消除风险从而减少所需的经济资本是很有诱惑力的。然而，如果没有完整的风险分析，公司将缺少维持和发展业务所需的资金。

控制的数量和水平

1. 参数说明

控制的数量和水平是指使 RCSA 中每种风险得以减少的控制的状况。此外，控制应与风险处于同一水平（例如，战略风险应通过战略控制来减小，部门风险应通过部门控制来减小）。详细介绍见第 6 章。

2. 挑战

控制之间应彼此独立，这比风险之间保持相互独立更加困难。当这些控制要么相互依赖，要么除了一个控制之外的其他控制都依赖于特定的控制时，通常会看到某些被认为可降低风险的控制。例如，对于关键员工流失的风险，减小风险的控制主要有以下几种：薪酬方案、基本工资、福利和奖金。显然，薪酬方案是由基本工资、福利和奖金组成的独立控制。

控制应与风险处于同一水平，也可能会有在低于风险水平的情况下识别控制。通常，大量较低级别的控制可以聚合成一个较高级别的控制。上述薪酬方案的例子就是一种可能会被纳入战略风险评估的控制，而人力资源部门可能会列出构成薪酬方案的三个控制。

3. 参数如何影响资本

模型假定控制是相互独立的并处于同一层级。如果列出了三种控制，即假设有三种独立的控制来降低风险，显然，风险将得到更好的缓解，并且发生的频率也会降低。因此，与通过单一控制来降低风险相比三种控制所需的资本会更少。

风险评估

1. 参数说明

风险评估参数是 RCSA 建模中的固有风险可能性和影响的分数。

2. 挑战

固有分数应与剩余分数和控制分数组合相一致,同时牢记预防性控制倾向于影响可能性,而检查性控制和纠正性控制倾向于影响后果(见第 6 章)。由于建模是利用固有分数和控制分数进行的,因此当三个分数彼此一致时,博弈固有分数变得更加困难。

3. 参数如何影响资本

为了给出可信的经济资本价值,显然需要一致的分数。应该注意的是,分数越低,损失就越小,从而需要的资本就越少。

控制评估

1. 参数说明

控制评估参数是 RCSA 建模中的控制设计与性能的分数。

2. 挑战

控制设计与性能的分数应与固有分数和剩余分数保持一致,同时牢记预防性控制往往会影响可能性,而纠正性控制往往会影响后果。

请注意,不同类别的员工对控制有不同的偏见。风险负责人往往低估控制的质量,只记住控制失败的时候。控制负责人往往会通过指出控制通常是有效的来夸大控制的质量。此外,控制分数可能会因关于控制的内部审计报告和公司实际遭受的损失而受到质疑。详细内容见第 6 章。

3. 参数如何影响资本

高的控制分数将减少对资本的需求,因为控制失败的频率较低,相应的损失也较少,从而需要的资本较少。

风险评估矩阵范围——可能性和影响

1. 参数说明

对于正在构建的 RCSA 模型,风险评估范围可以给出可能性的时间范围和影响的价值范围。

2. 挑战

范围应与所评估的区域一致。执行委员会或董事会的时间范围可能以年为单位,而应收账款的时间范围可能以月为单位,应付账款的时间范围可能以周为单位。

同样，执行委员会或董事会影响的价值范围可能以百万为单位，而应收账款的价值范围可能为数万，应付账款的价值范围可能为数千。

3. 参数如何影响资本

时间越短，风险发生得越频繁，资本需求越多。更高的价值范围将导致更多的资本需求，因为这种影响对公司来说成本更高。

事件的使用——按业务线

1. 参数说明

损失和事件按公司的业务线进行分类。

2. 挑战

今天，每条业务线是否仍然与公司的业务概况相关？随着公司业务的变化，其风险状况以及所需的经济资本也会发生变化。

几年前相关的业务线可能不再那么庞大，或者可能已经出售，因此根本不相关。这一挑战适用于对内部数据和外部数据的分析。

3. 参数如何影响资本

不相关的业务线将错误地增加公司的经济资本，因为它需要对不再重要或与公司无关的业务提供资本。

事件的使用——按每个事件

1. 参数说明

任何被记录的事件或损失。

2. 挑战

即使在相关业务范围内，事件也可能不适用，因为公司的风险状况可能在事件发生时就发生了变化，而且与已出售或范围缩小的业务相关的事件可能不再相关。相反，与正在积极扩张的业务有关的事件应考虑扩大规模（见"相关事件的缩放"）。

3. 参数如何影响资本

不相关的事件可能导致将资本用于不再适用于公司的事件，从而错误地提高公司所需的资本水平。风险频率和风险水平都会受到影响。

相关事件的缩放

1. 参数说明

就公司目前的风险状况而言，任何记录的事件要么太大，要么太小。

2. 挑战

必须对所有事件提出质疑，以评估其是否具有适当的规模。如果没有，则必须使用相关元素调整其规模，例如收入、员工人数或已发运的产品。这一质疑在很大程度上适用于外部事件，尽管它也可能适用于环境发生重大变化时的内部事件。

3. 参数如何影响资本

相对于公司当前的风险状况而言，规模过大但仍被纳入模型的事件将导致所需的经济资本超过适当水平。

与定性数据建模有关的参数

要考虑的参数是：

- 影响粒度；
- 时间框架因素；
- 用于建模的类别；
- 控制评估矩阵范围；
- 频率分布；
- 风险水平分布；
- 控制权重；
- 风险相关性；
- 样本量；
- 置信水平；
- 种子。

影响粒度

1. 参数说明

影响粒度使得热图（又称风险评估矩阵）中的任何对于建模来说被

认为过大的影响范围都可以细分得更小。例如，500 万美元～ 2 000 万美元这样的影响范围可以细分为 500 万～ 1 000 万美元、1 000 万～ 1 500 万美元和 1 500 万～ 2 000 万美元三个子范围。这使得重新分类后 500 万～ 1 000 万美元的低风险，以平均 750 万美元为基准建模。这与范围为 500 万～ 2 000 万美元，平均为 1 250 万美元形成鲜明对比。这种方法适用于任何大的影响范围。

2. 挑战

应对风险评估矩阵中的影响范围提出质疑，以确认该范围对于所涵盖的风险来说既不太大也不太小。如果认为范围较大，则应考虑使用子范围。

3. 参数如何影响资本

使用子范围将使资本更符合相关风险的预期影响，使用不合适的更大的范围则不然。如果存在更多接近该范围下限的风险，也可能导致所需经济资本的减少。

相反，如果在该区间较高水平处存在更多风险，则资本将增加。

时间框架因素

1. 参数说明

时间框架因素使得根据非年度时间框架评分的 RCSA 可以调整为以一年为评价周期。例如，如果针对一项五年计划的五年间影响（而不是一年影响）进行风险评估，则此参数会将计算的损失值调整为一年。

2. 挑战

检查模型中使用的 RCSA 是否有基于一年时间的影响评估。

3. 参数如何影响资本

如果以五年为基础对风险进行评估，则得到的风险的影响将大大高于以一年为基础评估的风险，从而所需资本水平也将更高，因为显然需要更多的资本来支持一家公司运行五年。

用于建模的类别

1. 参数说明

该参数是指用作建模类别（或建模可能需要的任何其他类别）的业务线。

2. 挑战

公司通常会使用自己的业务线（以及自己的损失事件类型）来建模，但也可以针对损失事件类型对任何其他类别进行建模。例如，一家公司可能对给予每个风险负责人的资本感兴趣，这些资本通常与业务线负责人所需的资本不同。

3. 参数如何影响资本

经济资本通常基于公司自己的业务线和相应的损失事件类型来计算。然而，如果基于风险负责人和损失事件类型来计算，则得到的结果将有所不同，因为模型是基于不同的数据集（风险负责人而不是业务线）建立的。

控制评估矩阵范围

1. 参数说明

控制评估矩阵范围是指正在构建的 RCSA 模型中每个控制的设计和性能出现故障的概率。

2. 挑战

应根据领域专家的意见、审计报告、内部损失和导致控制失败的事件以及外部相关事件来质疑这些参数。所有这些数据都应与给予每个控制的评估等级相一致。进一步的定性质疑可以通过比较失败值的合理性与每个控制的优点和缺点来提出。

3. 参数如何影响资本

除了预期的损失外，风险只有在控制失效时才会发生。因此，只有当控制失效时才需要资本，而更高层次的控制失效将需要更多的资本。相反，如果所有的控制都被认为是优秀的，那么就只需要很少的资本，因为公司的损失很少。当然这是不常见的，因为大多数公司用于控制的资源有限。这种有限的支出导致控制往往不是最理想的，但控制不足的风险造成的损失仍然在管理层的风险偏好之内。

频率分布

1. 参数说明

频率分布是用于模拟风险频率的离散分布。还有其他几种分布可供使用。

2. 挑战

泊松分布是公司用于风险频率建模的常见分布，它只需要一个均值来描述分布。鉴于非财务风险管理数据的性质和数据的匮乏性，另一个可能的离散分布是负二项分布。当标准差大于均值时，这种分布是合适的（对于非财务风险管理数据几乎总是如此）。

3. 参数如何影响资本

频率分布是用于建模的两个分布之一，另一个是风险水平分布。不同的频率分布可能会给出不同的风险发生值，因此可能会对模型确定的资本数值造成影响。

风险水平分布

1. 参数说明

风险水平分布是用于模拟风险水平的连续分布。同样，还有其他几种分布可供使用。

2. 挑战

对数正态分布是用于公司风险水平建模的最常见分布，它只需要一个均值和一个标准差来描述。鉴于非财务风险管理数据的性质和数据的匮乏，只有少数风险水平是连续分布的，如耿贝尔分布和帕累托分布。用于建模的大多数分布可用于财务风险管理数据，但不能用于非财务风险管理数据，因为它们通常需要额外的参数，而这些参数由于非财务风险管理数据的质量不佳和数量问题而无法获得。

3. 参数如何影响资本

风险水平分布是用于建模的两个分布之一。不同的风险水平分布可以显著影响模型确定的资本数值。

控制权重

1. 参数说明

该参数可以在众多控制中区分不同控制的缓解效果。通常一个能降低风险的控制比其他控制更重要，而区分这种差异的尺度可以用 $1 \sim 10$ 的数字来表示，其中 10 表示该控制完全缓解了风险，1 表示对风险的缓解效果非常差（如果有的话）。例如，一个风险可能有三个控制。其中一个控制可能在降低风险方面很有效，一个控制可能效果一般，而另一个控制效果很差。三个控制的权重分别为 8、4 和 2。当所有三个控制都在工作时，总权重为 14（8 + 4 + 2），比 10 大，因此风险完全缓解。如果很有效的那个控制失败，其余控制的权重为 6（4 + 2），所以风险仅减小了 60%。因此，由模拟产生的 40% 的影响将被记录为该风险迭代的损失。

2. 挑战

所有权重都应设置为默认值 5。应对这些默认权重提出质疑，以便权重能更精确地反映不同控制缓解风险的效果。

3. 参数如何影响资本

如果将权重设置为较大的值，则所需的资本将更少，因为控制可以更有效地降低风险。使用控制权重可以计算出更符合公司实际风险状况的资本水平。

风险相关性

1. 参数说明

模型应使用相关的风险管理数据，以获得更准确的经济资本数据。相关性可以是位于 -1.0 和 +1.0 之间的任何值。具体内容见第 10 章。

2. 挑战

定性数据模型中的默认值通常设置为 0.00（即风险彼此相互独立），相关性很难证明。但是，可能存在一些风险可以定性地被证明是相互关联的，例如网络攻击和客户数据丢失。

3. 参数如何影响资本

如果风险是正相关的，那么所需的资本将增加，因为一个较大的风险数值与另外一个较大的风险数值相关联。某些行业的监管机构希望公司至少使用一个模型，所有风险的相关性为 1.0（即如果发生一种风险，它们都发生在该时间段内）。就支持维持公司风险状况所需的经济资本而言，这当然是非常保守的。相反，风险之间的负相关将减少所需的资本，因为一个较大的风险值与另一个风险值不相关（甚至负相关）。

样本量

1. 参数说明

样本量参数是指给定模拟中的迭代次数。

2. 挑战

挑战在于找到一个能得到一致结果的迭代范围，即发生收敛的区域。如果迭代的次数太少，则由于从模拟得出的输出尚未收敛，分布不大可能是一致的（在多次模拟中）。如果迭代的次数太多，则从模拟分布中得到的输出也不太可能一致，因为产生了离群值。

随着模拟过程的推进，收敛可以通过输出的一致性和画出曲线来观察。具体内容见第 10 章。

3. 参数如何影响资本

如果模拟的次数不在收敛区域内，则得到的资本值在不同的模拟中会发生实质性变化。它们可能太大或太小，但不会保持一致。如第 10 章所述，在蒙特卡罗模拟中，建模者通常会将所有迭代结果的误差控制在 1% 以内。

置信水平

1. 参数说明

置信水平是指我们可以确信在某个分位数水平上的值不会被超过。例如，在第 99 个置信水平，我们可以确信 100 次匹配中有 99 次将等于或低于第 99 次的数值，而这个数值通常可以转化为年度值。例如，在第 99 个置信水平（假设有 1 年的持有期）时，可以说 100 年中平均有 99 年所需的经济资本将等于或低于第 99 个值，或者 100 年中平均最差的一年将等于或高于第 99 个值。具体内容见第 10 章。

2. 挑战

确定公司希望设定其经济资本的置信水平。如果一家公司将经济资本置信水平设定为 90，那么与其将置信水平设定为 99 相比，该公司更有可能因缺乏经济资本而失败。需要注意的是，银行对非财务风险的监管设定的置信水平为 99.9，而保险公司为 99.5。

3. 参数如何影响资本

置信水平越小（例如 99.5 而不是 99.9），所需的资本将越少。

种子

1. 参数说明

种子是在模拟开始时输入随机数生成器中的数字（见第 10 章）。由种子生成所有随机数。对于许多随机数生成器而言，种子通常设置在 1 ～ 32 000 之间，如果希望随机数生成器"随机"选择，则设置为 0。随机数生成器将为同一种子生成完全相同的一组随机数，这样做的好处是可以使结果重现。如果需要不同的随机数，则必须更改种子。

2. 挑战

在生成模拟时，考虑是否使用相同的种子。如第 10 章中所述，应使用随机迭代来生成将要使用的任何经济资本结果，这可以生成平均意义上的结果，因此更有希望接近期望值。

3. 参数如何影响资本

如果使用相同的种子，将从分布中得到相同的输出，即相同的资本数值（在统计范围内）。不同的种子在资本上将产生细微的变化（尽管模拟的数量在收敛区域内，但在统计上是无关紧要的）。

与资本模型有关的参数

与资本模型有关的参数与经济资本模型参数和经济资本模型中的输入数据可能面临的挑战有关（见第 10 章）。我们现在要考虑的参数是：

■ 频率分布；
■ 严重性（影响）分布；
■ 频率百分比权重；
■ 影响百分比权重；
■ 业务线相关性；
■ 损失事件类型相关性；
■ 资本准备金的使用；
■ 样本量；
■ 置信水平；
■ 种子；
■ 分布对比。

其中几个参数与上面的定性数据模型参数部分重复，因为它们与资本模型同样相关。

频率分布

1. 参数说明

频率分布是用于模拟建模所需元素频率的离散分布。有几种可能的分布可供使用。

2. 挑战

泊松分布是用于公司频率建模的常见分布，它只需要一个均值来描述。鉴于非财务风险管理数据的性质和数据的匮乏，频率的另一种可能的离散分布是负二项分布。

当标准差大于均值时，这种分布是合适的（对于非财务风险管理数据几乎总是如此）。

3. 参数如何影响资本

频率分布是用于建模的两种分布之一，另一个是严重性（影响）分布。不同的频率分布可能会给出不同的风险发生值，并可能影响模型确定的资本数值。

严重性（影响）分布

1. 参数说明

严重性（影响）分布是用于模拟建模所需元素严重性（影响）的连续分布。同样，有几种可能的分布可供使用。

2. 挑战

对数正态分布是用于公司损失程度（影响）建模的常见分布，它只需要一个均值和一个标准差来描述。鉴于非财务风险管理数据的性质和数据的匮乏，只有少数其他可能的损失程度连续分布，如耿贝尔分布和帕累托分布。通常用于建模的其他分布也可用于财务风险管理数据，但它们不能用于非财务风险管理数据，因为它们通常需要额外的参数，而这些参数由于非财务风险管理数据的质量不佳和数量问题而无法获得。

3. 参数如何影响资本

严重性（影响）分布是用于建模的两种分布之一。不同的严重性分布会显著影响模型确定的资本数值。例如，对于典型的风险状况，对数正态分布可能给出 1 亿美元的资本，而耿贝尔分布给出的资本为 6 000 万美元，帕累托分布给出的资本为 3 000 万美元。因此，必须确定适当的分配，或者使用几种不同的分配，并对适当的资本水平进行调查。尽管对所需资本水平的反映可以表明应如何分配，但是至少应该对这种资本层面的差异进行平均化。

频率百分比权重

1. 参数说明

频率百分比权重是一个百分数值（在 0 ～ 100 之间），表示在计算经济资本时使用的数据单元中每个元素出现的频率。它反映了每个元素（按单元）在其对资本数值影响方面的重要性。每个单元 / 元素的权重之和必须是 100。

例如，如果要使用的数据中存在大量的外部损失数据，则可以将外部损失数据的频率权重设置为一个较小的百分比，以便外部损失数据的频率不会压倒资本计算。相反，公司自身的交易风险管理数据可能会出现很高的频率，因为它与公司自身发生的实际事件有关，因此被赋予一个较大的百分比。

2. 挑战

权重应反映每个单元 / 元素组合的数据质量和数量。由于质量和数量将根据内部损失数据的收集、外部损失数据频率的大小、RCSA 数据的相关性（特别是关于内部损失数据的质量）和情景数据的相关性而变化，因此很可能对不同的单元 / 要素使用不同的权重。挑战在于确定一组合理的权重。可以通过内部审计报告和关键风险指标以及主题专家的意见和不同权重的比较来验证这些机制，从而得出不同的经济资本数值。

3. 参数如何影响资本

对资本的影响可能在微小和重大之间变化。重要的是，在可能的情况下验证这些权重，并（至少）每年对其进行审查。如上所述，应尝试不同的权重，以得出不同的资本数值，然后对这些数值进行相关性和适当性分析。

影响百分比权重

1. 参数说明

影响百分比权重是在经济资本计算中，按单元对数据中每个元素的严重性给出的百分比数值（在 0 ～ 100 之间）。它反映了每个元素（按单元）在其对资本数值影响方面的重要性。每个单元 / 元素的权重之和必须是 100。

以频率百分比权重为例，要使用的数据中可能存在大量的外部损失数据。但是，外部损失数据的严重值可能与公司自己的损失数据相似，因此外部损失数据的损失权重可以设置成比频率权重更大的百分比。这将导致外部损失数据强化了公司自身损失数据的重要性，因为外部损失数据与公司的损失数据一致。然而，如果外部损失通常大于公司的损失，则意味着公司的检查性控制和纠正性控制高于平均水平，从而外部损失的影响权重应相对较小。

2. 挑战

权重应反映每个单元 / 元素组合的数据质量和数量。由于质量和数量将根据内部损失数据的收集、外部损失数据的严重性的大小、RCSA 数据的相关性（特别是关于内部损失数据的质量）和情景数据的相关性而变化，因此很可能对不同的单元 / 要素使用不同的权重。挑战在于确定一组合理的权重。可以通过内部审计报告和内部审计报告制度以及主题专家的意见和不同权重的比较来验证这些机制，从而得出不同的经济资本数值。

3. 参数如何影响资本

对资本的影响可能在微小和重大之间变化。重要的是，在可能的情况下验证这些权重，并（至少）每年对其进行审查。如上所述，应尝试不同的权重，以得出不同的资本数值，然后对这些数值进行相关性和适当性分析。

业务线相关性

1. 参数说明

任何两条业务线都可以相互关联，相关系数和取值范围在 -1.0 和 +1.0 之间。相关内容见第 10 章。

2. 挑战

经济资本模型中的默认值通常设置为 0.5。很难清楚地证明两者之间的相关性。但是，可能有一些业务线可以被定性地证明是相关的，例如，两条零售业务线有不同的产品，但客户的人口统计学特征类似。

3. 参数如何影响资本

如果业务线是正相关的，则所需资本将增加，因为一条业务线的高价值与另一条业务线的高价值相关。请注意，一些行业的监管机构希望公司为所有业务线运行至少一个相关性为 +1.0 的模型（即如果发生一个业务线事件，则它们都发生在该时间段内）。当然，就支持公司风险状况所需的经济资本而言，这是非常保守的。相反，业务线之间的负相关性将减少所需的资本量，因为一条业务线的高值与另一条业务线的零值（甚至负值）相关联。经济资本模型应该自动生成相关性为 +1.0 和 0.0 的资本值以及关联值。

损失事件类型相关性

1. 参数说明

任何两种损失事件类型都可以关联，取值范围在 -1.0 和 +1.0 之间。具体内容见第 10 章。

2. 挑战

经济资本模型中的默认值通常设置为 0.5。很难证明其相关性。然而，可能有一些损失事件类型可以被定性地证明是相关的，例如内部舞弊和外部欺诈。

3. 参数如何影响资本

如果损失事件类型呈正相关，则所需的资本将增加，因为一种损失事件类型的较高值与另一种损失事件类型的较高值相关联。请注意，某些行业的监管机构希望公司至少运行一个模型，则所有损失事件类型的相关性为 +1.0。（即如果发生一种损失事件类型事件，它们都发生在该时间段内。）就支持公司风险状况所需的经济资本而言，这是非常保守的。相反，损失事件类型之间的负相关关系将减少所需的资本量，因为一种损失事件类型的高值与另一种损失事件类型的零值（甚至是负值）相关联。经济资本模型应该自动生成相关性为 +1.0 和 0.0 的资本值以及关联值。

资本准备金的使用

1. 参数说明

许多公司都有长期准备金政策，从每月的利润中扣除预计的每月损失。要求以经济资本来支付利润表中已经计提的损失是不合理的，因此，公司应能够从其经济资本中扣除准备金金额。

2. 挑战

显然，准备金的准确性必须保持一致，这可能会受到回溯测试的挑战。此外，如果准备金按公司的业务线和损失事件类型分配，则在调整经济资本数值时应提高透明度。但是，任何其他类型的拨款或一次性准备金都难以核查和使用。

可以通过审查资本模型产生的平均损失值并将其与准备金金额进行核对来进行进一步的检查。

3. 参数如何影响资本

如果从总资本中扣除准备金，则会使资本要求变少。但是，如果准备金金额超过每月预计亏损，将从总资本中扣除高于实际的金额。这将导致资本数值低于在既定的风险状况下运营公司所需的实际资金。

样本量

1. 参数说明

样本量是指给定模拟中的迭代次数。

2. 挑战

挑战在于找到一个能得到一致结果的迭代范围，即发生收敛的区域。如果迭代次数太少，则从模拟分布得到的输出将不太可能是一致的（在若干次模拟中），因为尚未达到收敛。如果迭代次数太多，则从模拟分布中得到的输出也不太可能一致，因为产生了离群值。

收敛既可以通过输出的一致性来观察，也可以通过模拟过程中曲线的构建来观察。具体内容见第 10 章。

3. 参数如何影响资本

如果模拟的次数不在收敛区域内，则所得到的资本值将在不同的模拟中发生实质性变化。它们可能太大或太小，但不会保持一致。如第 10 章所述，在蒙特卡罗模拟中，建模者通常会将所有迭代结果的误差控制在 1% 以内。

置信水平

1. 参数说明

置信水平是指我们可以确信在某个分位数水平上的值不会被超过。例如，在第 99 个置信水平，我们可以确信 100 次匹配中有 99 次将等于或低于第 99 次的数值，而这个数值通常可以转化为年度值。例如，在第 99 个置信水平（假设有 1 年的持有期）时，可以说 100 年中平均有 99 年所需的经济资本将等于或低于第 99 个值，或者 100 年中平均最差的一年将等于或高于第 99 个值。相关内容见第 10 章。

2. 挑战

确定公司希望设定其经济资本的置信水平。如果一家公司将经济资本置信水平设置为 90，那么与其将置信水平设置为 99，该公司更有可能因缺乏经济资本而失败。需要注意的是，银行对非财务风险的监管设定的置信水平为 99.9，而保险公司为 99.5。

3. 参数如何影响资本

置信水平越小（例如 99.5 而不是 99.9），所需的资本将越少。

种子

1. 参数说明

种子是在模拟开始时输入随机数生成器中的数字（见第 10 章）。由种子生成所有随机数。对于许多随机数生成器而言，种子通常设置在 1 ~ 32 000 之间，如果希望随机数生成器"随机"选择，则设置为 0。随机数生成器将为同一种子生成完全相同的一组随机数，这样做的好处是可以使结果重现。如果需要不同的随机数，则必须更改种子。

2. 挑战

在生成模拟时，考虑是否使用相同的种子。如第 10 章中所述，应使用随机迭代来生成将要使用的任何经济资本结果，这可以生成平均意义上的结果，因此更有希望接近期望值。

3. 参数如何影响资本

如果使用相同的种子，将从分布中得到相同的输出，即相同的资本数值（在统计范围内）。不同的种子在资本上将产生细微的变化（尽管模拟的数量在收敛区域内，但在统计上是无关紧要的）。

分布对比

1. 参数说明

分布对比是指对经济资本计算中使用的分布的比较。

2. 挑战

审查使用不同的分布的模拟数据，并确定哪种分布能产生最可靠、最合适和最合理的资本数值。

3. 参数如何影响资本

不同的分布具有不同大小的尾部。尾部大小会影响资本数值，尾部越细，资本数值就越小。对数正态分布、耿贝尔分布和帕累托分布是三种带有厚尾的常用分布，因此在估计资本数值时更有可能保守（而不是通过使用细尾分布来低估它）。另见上文的严重性（影响）分布。

尾部问题

不同的分布具有不同的尾部。一些分布有细尾，另一些则有厚尾。术语"细"或"厚"指的是分布曲线的右端，即记录风险水平较高的区域。在相同的风险水平下，厚尾的分布将比细尾的分布记录的频率更高。

在图 11 - 1 中，耿贝尔分布的尾部最厚，中间是韦布尔分布，而对数正态分布的尾部是最细的。在这组分布中，耿贝尔分布可能会给出最高的资本数值，因为它对于特定的损失程度具有最高的频率。

然而，尾部的问题并不止于此。所有分布的尾部都有一个更普遍的问题，它们似乎都不够厚（即对于给定的损失程度来说，频率不够高）。想想近年来发生重大事件的数量，其中包括瑞银集团（UBS）、法国兴业银行、基德·皮博迪（Kidder Peabody）、美国长期资本管理公司（LTCM）、巴林银行、摩根大通（JP Morgan Chase）和相当多的其他公司。这种规模事件

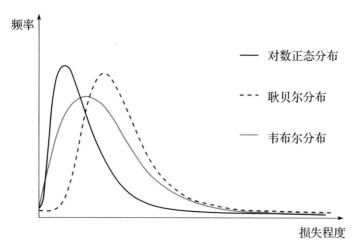

图 11 - 1　不同分布的不同尾部示例

资料来源：Courtesy of RiskLogix Solutions Limited.

的发生频率远比任何分布所预测的高得多。这意味着在曲线的右端正在发生其他事情。

图 11 - 2 解决了上面提出的问题，它表明在曲线的右端存在另一种分布（虚线），而单一分布模型未将其考虑在内。

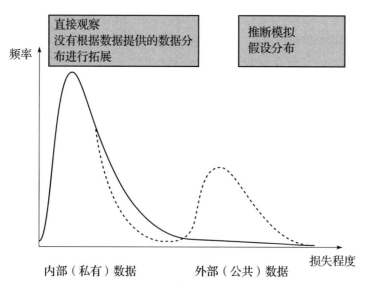

图 11 - 2　第二种分布?

资料来源：Courtesy of RiskLogix Solutions Limited.

　　一些建模者在曲线的最右端创建一个额外的分布，以解释事件发生的频率比单个分布预期的要高得多。当然，对第二种分布进行建模是非常困难的，因为根据定义，数据点更少。解决这个问题的一个相对容易的方法是简单地采用单一分布给出的答案，然后乘以一个固定的系数，比如 3 或 4。

　　上面关于分布尾部的讨论表明，建模不是一门精确的科学，它只能给出一个近似的答案，并以此为基础开始进一步的分析。建模本身不应被视为一种解决方案，而应被看作对经济资本适当估值的另一种方法。

小结

　　影响资本计算的方法有很多种，这些方法都应该受到适当机构如风险委员会的质疑。一些公司设有专家委员会（通常称为模型验证委员会），由建模专家以及业务线和风险人员组成。重要的是，建模者应允许被质疑，他们不应仅仅因为会使用技术术语而占上风。

第 12 章 ┃ CHAPTER 12 ┃

风险管理与报告

引言：为什么报告很重要?

　　如果没有良好的报告，风险框架中的程序就没有什么执行价值。明智的决策来自良好的报告。如果没有良好的报告，就更有可能做出错误决定，更糟糕的是，会导致根本无法做出决策。企业很容易淹没在风险管理数据中，从而无法产生支持有效行动计划的信息和报告以改变企业面临的风险状况或保护企业的业务。

　　良好的报告的生成比它看起来更加困难。随着 Excel 的广泛使用，每个人都认为自己可以写出好的报告。然而，很少有人考虑到风险信息通常是复杂的，向广泛和多样的受众呈现这些信息并不容易。图 12 - 1 显示，在一个典型的风险管理框架中，报告是框架的基础，为进行良好的风险管理提供了有力的保障。

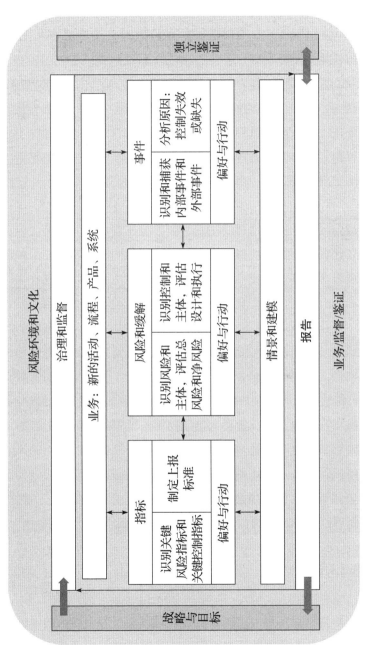

图 12 - 1　风险管理框架（显示报告的位置）

关键信息的传递和其他常见问题

关键信息的传递

报告撰写人员往往认为阅读者对风险的认识与他们相同，事实并非如此。此外，大多数高级管理人员阅读和消化报告的时间远远少于报告撰写人员撰写报告的时间。因此，必须确保报告能够传递关键信息。这可以通过各种方式来实现，比如突出显示或添加颜色等，注意不要过度使用颜色。

风险报告可能是提供给部门主管、业务线主管、风险委员会或董事会的。显然在这个广泛的用户群体中存在着明显不同的需求。在一种极端的情况下，董事会会要求提交一份报告，在标题中注明风险信息并强调例外情况，除非另有说明，否则董事会将假设其余风险状况是可以接受的（或至少不是不可接受的）。董事会不会对一份详细说明公司所有可能的风险的报告感兴趣，然而，很可能要求提供关于某一特定领域的具体和详细的信息。事实上，这样的要求表明董事会充分参与了公司的风险管理，并且已经阅读和消化了定期的例外情况总结报告。

首席执行官或业务单位负责人可能对第6章中提到的业务层面或流程层面的风险感兴趣。同样地，某部门主管会对详细的活动层面的风险感兴趣。为了使风险报告发挥作用，风险报告必须捕获并报告风险、控制、相关指标和公司损失，这些信息的详细程度都取决于报告的阅读者。因此，数据必须是可以量身定制的，以便在任何时候满足受众的需要。

对风险术语的理解

公司需要付出很多努力以确保所有人对风险报告中使用的术语有一致的理解。这通常涉及管理意识规划以及风险政策文件中的术语表。即使这样做了，最好还是要确保报告中使用的术语是明确的，在整个公司内是通用的，并且每个阅读报告的人对此都有相同的理解。例如，如果"影响"
是公司常用的术语，那么"严重性"可能会让阅读者感到困惑。

定量信息和定性信息的使用

正如我们在本书各章中所看到的，风险管理会产生定量数据和定性数
据。因此，风险报告的一项特别挑战就是在报告中收集、汇总和关联定量
数据与定性数据。只要稍作考虑和计划，就有可能生成实现这一目标的报
告。遗憾的是，大多数风险报告只包含定量数据或定性数据，缺乏对二者
的联合使用。

例如，很常见的情况是，一份报告包含与某一特定业务单位有关的风
险和控制的定性信息，但没有提到与同一业务单位有关的关键风险指标和损
失的定量信息。虽然一个部门或业务线的负责人可能希望了解与其相关的所
有风险和控制，但他可能是唯一需要了解这些信息的受众。其他受众虽然需
要来自关键风险管理流程的信息，但只需要与他们相关的。

数据收集与质量

在风险管理中，一个常见的（但错误的）观点是，在数据质量达到可
接受水平之前，报告不值得生成。数据质量可能很差，因为尚未收集到全
部数据（例如，众所周知，要收集全部的损失数据尤其困难，见第 8 章）；
或者因为风险管理没有嵌入公司（例如，风险与控制自我评估可能尚未获
得认可）。

报告中数据质量若存疑，应注明。但这些数据仍能够提供有用的信
息，但也应说明如果数据质量更好所能产生的优势。上述做法在一定程度
上是可行的，但应该谨慎对待。如果报告中重复出现质量较差的数据，并
且传递给数据的生产者和他们的上级，报告的撰写者就会面临重大风险，
可能会影响整个公司对良好和有效的风险管理的认可。

基本原则

这个数字是什么含义？为什么会达到这个水平？

这些关键问题通常是在阅读风险报告时产生的。大多数风险报告都是按月发布的并假设阅读者会记住上个月报告中给出的值，但这是不可能的。几乎可以肯定，这份报告是阅读者阅读的众多报告之一。因此，必须根据同一报告中的其他数字或根据与前期的比较、预期的范围或商定的偏好，对某一数字或其所包含的信息做出说明。

我应该做点什么吗？

一份好的报告不应该简单地给出数值，而是应该对阅读者是否需要采取行动给出建议。事实上如果一份报告没有给出关于某种形式的行动或决定的建议，那么它的存在就应该受到质疑。定期撰写的报告太多，而这些报告的目的早已被遗忘，或者它们的实际用途已经消失。报告可以明确给出行动的方向，如在关键指标报告中显示指标处于红色区域（见第7章），也可以是隐含的，如在报告中显示风险偏好和一系列数值。所有的报告都应该强调采取行动的必要性，或者至少就是否采取行动做出决定。如果报告中没有这些内容，就放弃这份报告。

及时提供报告

一份报告只有及时撰写时才有用。如果按月提供报告，则报告中涉及的数值很可能会按月更新。因此，在每个月的第3周或第4周撰写月度报告是没有多大益处的，因为它的价值相对较小。同样，如果这些数值只是按月更新，则每日或每周撰写报告也没有意义。像这样不合时宜的报告将被管理层忽视，并会对公司嵌入良好的风险管理产生消极影响。

报告不断完善

从本质上讲，风险报告是一个不断完善的过程。这部分源于该公司自身的风险状况处于持续变化的状态，部分源于良好报告的动态特性。风险报告提出和要求解决的问题可能会随着风险、控制和指标的变化而变化。这无疑将对报告的结构和其中的数据产生影响。事实上可以认为如果一份风险报告没有在合理的时间内继续完善其结构细节，那么它就没有有效地发挥作用。

一个相关的问题是报告的长度和字数很容易增加。如果要求提供更多的信息，甚至要求或建议提交一份新的报告，记住"一进一出"的格言是很有用的。只有在现有报告被删除的情况下，新的报告才会被接受。确定哪些信息对报告的对象真正重要是一个有益的挑战。

风险责任

任何风险报告都应使管理层能够掌握风险责任的归属。这可以在确定风险责任主体的情况下明确完成，也可以通过某部门或业务线暗中识别来完成。一份好的风险报告无论采用哪种方式，只要与上述关于识别行动的观点相联系就行，这份报告将促使需要采取行动的风险责任主体努力改善公司的风险状况。当然，另一种情况是，报告显示所有风险都在公司的风险承受范围内，不需要采取任何行动。如果是这样的话，那么该公司的风险偏好是否过于保守就值得商榷了。

例如，一份报告显示，去年几乎没有信贷风险损失，这表明该公司可能在其信贷风险偏好方面过于保守。该公司可以通过提高对信贷风险的偏好来增加其净收入。即使是一份乍看之下不需要采取行动的报告，也可能促使人们提出有用的质疑。

识别和处理不合规情况

与此相关的是，一份报告应该识别在哪些方面存在不符合内部或外部政策与法规的情况，以及将采取什么行动使公司恢复到合规状态。当然，这是基本的，与提交给董事会的报告中指出例外情况相呼应。除此之外，董事会还想知道谁在什么时候对例外情况采取了什么措施。如果这些例外情况已被授权处理，报告应表明由谁以及在什么级别上进行了授权。

实施风险管理战略的激励措施

风险报告在明确识别风险管理战略以及如何实施风险管理战略方面发挥着关键作用。许多组织使用风险报告作为激励高级管理人员和员工的依据。如果一个部门或业务单位正在执行其风险管理战略，这将体现在风险报告中。正如第 14 章中所介绍的，薪酬应该奖励良好的表现，包括非财务方面，如良好的风险管理。薪酬应在一定程度上反映良好的风险管理业绩，这将在良好的风险报告中得到体现。

定义边界

在风险报告中确认不同类型风险（如市场或产品风险、信用风险和操作风险）的相互依赖性尤为重要。例如，银行或交易公司的"胖手指"事件造成的损失在五年前可能被视为市场风险事件，但现在几乎肯定会被视为操作风险事件。话虽如此，但必须注意不要将其重复计算在市场风险损失和操作风险损失中——或者，如果定义在过渡期间发生变化，也不要将其完全丢弃。另一个来自信用风险领域的例子是，无法对存放于公司的抵押品的留置权进行完善。现在，这可能被视为一种操作风险事件，几年前则被视为信用损失。

如果市场风险、信用风险和操作风险的定义明确，这一特殊问题将在很大程度上得到解决。此外，公司可以制定一份边界界定文件来解决这一问题，并通过大量示例阐明公司的风险边界划分方法。

与其他流程的整合

风险不是孤立发生的。与风险管理相关的流程包括业绩衡量、薪酬、审计和规划。风险报告应该考虑这些流程，不应该重复从这些流程中得出的结论。一份好的风险报告将对审计结论进行补充，并指出可在审计点上采取的风险行动。在不同的报告中重复结论，最好的情况是导致资源浪费，因为许多人都在试图解决同一个问题，而最坏的情况是会造成混乱，可能没有人真正解决了问题。

用户需求和报告类型

不同的用户有不同的需求，这反映在不同类型的风险报告中。图 12-2 显示了不同类别的用户需要的风险报告类型。此外，图 12-2 还列出了主要报告（用户肯定需要）和次要报告（用户可能需要，以便开展后续工作）。

		报告类型						
		仪表盘	登记表	单项报告	风险状况变化	例外情况（如逾期项目）报告	内务工作	系统审计日志
用户类型	董事会和董事会风险委员会	1			1			
	执行风险委员会和 CRO	1	2		1	2		
	业务单位和部门主管	2	1	2	1	1		
	风险主管和风险管理部门	2	1	1	1	1	1	2
	审计部门	1	1	1	1	1	2	1
		1	主要报告（肯定需要并使用这种类型的报告）					
		2	次要报告（可能需要这种类型的报告以便开展后续工作）					

图 12-2　用户和风险报告类型

董事会和董事会风险委员会

这两个用户的基本需求是以简洁的形式把所有可用的数据元素汇集在一起，以便对超出风险承受能力的项目采取行动。

仪表盘和风险状况变化报告可以满足这一需求。仪表盘显示了许多相互关联的数据元素，这些数据通过风险状况变化报告得到补充。

执行风险委员会和 CRO

这两个用户的需求与董事会相同，此外他们还需要了解更深层次的数据。

仪表盘和风险状况变化报告可以满足这一需求。此外，执行风险委员会和 CRO 对例外情况（如逾期项目）的报告还有一定的需求。

业务单位和部门主管

这些用户主要需要与他们自己特定领域有关的数据元素，以及更高一级的管理部门使用的报告，以便在高级管理层或董事会要求之前采取行动。

这些需求通过详细的登记表、风险状况变化报告和例外情况报告以及仪表盘和单项报告来满足。

风险主管和风险管理部门

这些用户主要的需求是对详细的数据元素采取行动，并确保数据的完整、准确和可核查，需要阅读所有报告。

所有可用的报告都满足了这一全面的需求。

仪表盘

重要的是要把各种风险管理流程串联起来，以便对风险管理采取全面和统一的方法。这样的报告将显示用户感兴趣的主要项目（这些项目对不同的用户来说是不同的）。一份提供了一系列信息的报告，通常以不同的格式来撰写，以适应报告的特定主题，这种报告通常称为仪表盘。仪表盘结合许多数据元素来显示部门、业务线或公司的整体情况。通常，仪表盘展示了一系列风险、控制、行动、指标和事件，并辅以部门、业务线或公司状况的蜘蛛图、柱状图、折线图和说明。这种展示方式有助于用户获得相关领域风险管理状态的概况。仪表盘示例如图 12 - 3 所示。

图 12 - 3 提供了关于公司关键风险的汇总信息，包括指标和损失的数据，以及风险与控制自我评估信息。虽然任何汇总信息都可能丢失一些细节，但重要信息会通过不同的形式呈现出来。左上角的汇总表很好地使用了颜色[①]，使人注意到那些需要采取行动的风险，右上角的柱状图显示了指标趋势。左下角的蜘蛛图是强调风险和控制的相对水平的一种有效方式。右下角的柱状图和折线图为上面的详细损失信息提供了一个清晰的可视化的总结。此外，本报告还以箭头的形式提供了与关键风险指标相关的方向性信息。然而，对于特定的关键风险指标，下降可能是好的，也可能是坏的。因此，箭头通常用绿色或红色来表示指标变动的方向是好是坏。

仔细地观察图 12 - 3，我们可以看到，前四个风险类别都处于同样高的固有水平。进一步观察可以发现，前两个风险类别的损失数量相对较少，指标也完全可以接受，而第三个风险类别，即外部欺诈——系统安全，虽然其损失水平较低，但有 3 个指标处于有压力的水平。此外，也没有针对这一类别的行动。第四类风险，业务流程失效——账户接收 / 获取，尽管其指标也是可以接受的但是仍有 7 项损失。因此，在前四个风险类别中，第三和第四个风险类别需要进一步调查。

---

① 本书是单色印刷，无法在图中显示彩色效果。——译者

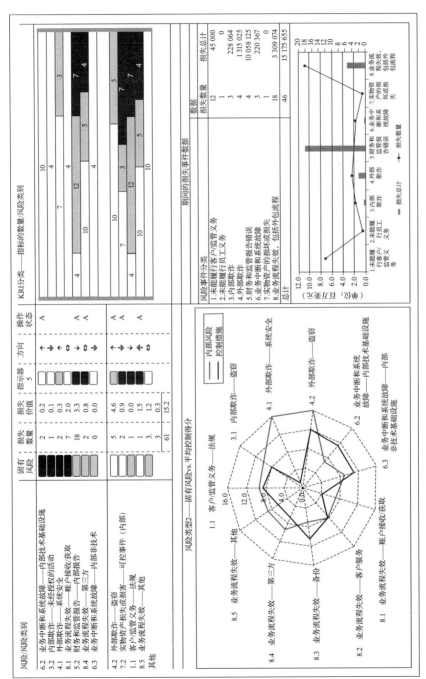

图 12－3　仪表盘示例

资料来源：Courtesy of RiskLogix Solutions Limited.

　　第五个风险类别即财务和监管报告——内部报告，其固有风险水平较低，但有 18 项损失。此外，其指标完全不可接受，其中 7 个为红色，12 个为黄色，只有 4 个为绿色。这一风险类别的一个值得称道的特点是至少有一项行动是杰出的。然而，对于这个风险类别，显然还需要采取紧急行动，有大量的补救工作需要完成。

登记表

　　登记表详细说明了风险管理的特定要素，例如风险或事件。它可以帮助用户深入了解仪表盘的相关内容，并展示了特定风险要素的所有数据。图 12 - 4 给出了一个示例。

ID	风险	风险主体	I I I	I I L	I I S	R I	R L	R S	T I	T L	T S	控制	控制主体	D	P	E	行动计划/注释
1	未能吸引、招聘和留住关键员工	SR	4	4	16	4	3	12	2	2	4	薪资调查	TJ	2	2	4	
												培训和辅导计划	TB	3	2	6	
												关键员工的保留方案	TJ	4	4	16	
2	财务顾问误解/未能理解"股权发行"产品的复杂性	PL&AB	4	4	16	3	2	6	2	1	2	员工培训	TB	4	4	16	
												从以前的交易中获得经验	KW&EL	4	4	16	
												绩效评估流程中的个人需求审查	TB	3	2	6	
												流程的程序手册	EL	4	4	16	
3	员工沟通不畅	SR&JK	4	4	16	4	3	12	2	3	6	明确的沟通渠道	ZK	4	3	12	
												有记录的流程和程序	EL	3	2	6	
4	不了解法律/法规	PL	4	3	12	4	2	6	4	1	4	内部培训课程	EL	4	4	16	
												各种来源的信息的定期更新	EL	4	1	4	
												外部培训课程	TB&EL	4	3	12	
5	对洗钱的侦查不力	PL	4	3	12	4	2	8	3	1	3	反洗钱年度培训	TB&EL	3	2	6	
												英国银行家协会分发的宣传手册	EL&ZK	3	1	3	
												充分了解客户	ALL	4	3	12	

图 12 - 4　登记表示例

资料来源：Courtesy of RiskLogix Solutions Limited.

风险登记表的例子给出了五项风险及其控制的详细评估信息。风险 1 似乎没有得到很好的控制，风险 2 得到了较好的控制，风险 3 可能对公司有一定的影响，因为只有两种控制，其中一种很差。

损失登记表通常是一个简单的电子表格，其中列是损失事件类型，行是业务线。接下来介绍的是另外三个能带来额外商业利益的事件登记表。

事件登记表将每个事件显示为"车轮上的轮辐"。轴线显示了事件发生日期和发现日期之间间隔的天数。几乎所有的公司都记录了与事件有关的三个日期：发生日期、发现日期和结束日期。这些可用于商业目的。

发现一个事件所需的时间反映了一家公司的检查性控制的质量。很明显，图 12-5 所示的公司并不擅长发现事件。如果一家公司在这一领域表现不佳，损失可能持续增长直到事件被发现，因为纠正性控制无法发挥作用。

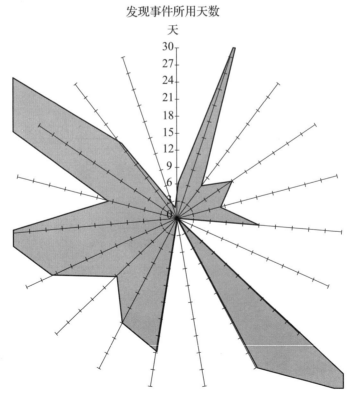

图 12-5 显示发现事件所用天数的登记表

资料来源：Courtesy of RiskLogix Solutions Limited.

　　图 12-6 所示的登记表将事件发生的日期以点的形式记录在图上，图的中心是每月的 1 日，最外围是每月的最后一天如 31 日。通过这种表现形式，可以很容易地看出，在 1—9 月的 9 个月期间，大多数事件都发生在每月的前两周。因此，事件的根本原因显然与月初发生的事情有关（也很可能与上月月末报告的准备有关）。对被记录在月末报告的部门的资源进行调查，可能会迅速发现根本原因。

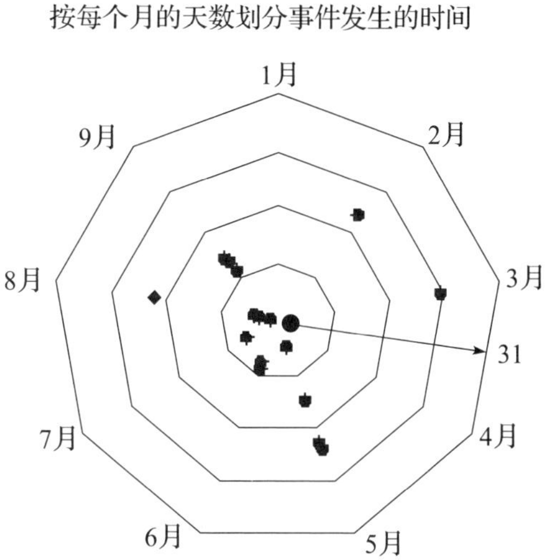

按每个月的天数划分事件发生的时间

图 12-6　显示事件发生时间的登记表

资料来源：Courtesy of RiskLogix Solutions Limited.

　　图 12-7 所示的事件登记表再次将每个事件显示为"车轮上的轮辐"。轴同样显示的是天数，但这次是发现事件的日期和事件结束的日期之间间隔的天数，即修复或加强控制的行动已经完成。这清楚地显示了纠正性控制的效率。

　　对于事件如图 12-7 所示的公司，可以说除了与大约 10 点钟方向发生的事件有关的控制外，其余纠正性控制是相当有效的。

　　图 12-5 到图 12-7 以另一种方式显示信息，而不是用简单的表格来呈现。这些图还表明，登记表能够更好地发现一些问题，而这些问题在更传统的表中可能很难发现。

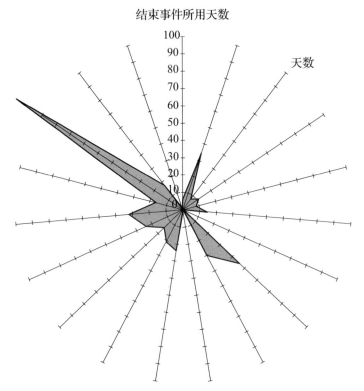

图 12 - 7 显示结束事件所用天数的登记表

资料来源：Courtesy of RiskLogix Solutions Limited.

单项报告

单项报告为某一特定数据元素的特定项目提供了非常详细的数据，例如与某一特定风险相关的数据。这使得人们可以通过参考与该项目相关的所有其他信息，很容易地对其提出质疑。毫无疑问，这样一份详细的报告通常由风险主管部门和风险部门在日常工作中使用（当然还有审计部门）。图 12 - 8 展示了一个典型的单项报告。

尽管图中显示的风险本质上相当高，但控制相当有力。因此，如果没有额外的信息，公司可能会对这一风险放松警惕。然而，在四个 KRI 中，有两起损失，仍有许多行动正在进行中。因此，风险与控制自我评估

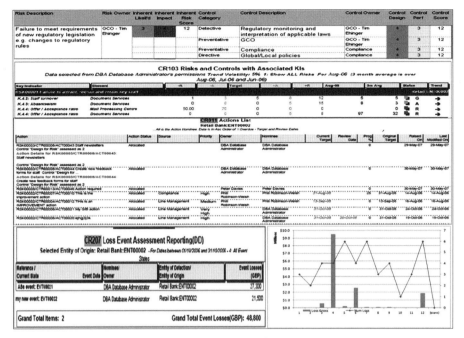

图 12 - 8 单项报告示例

资料来源：Courtesy of RiskLogix Solutions Limited.

的状况应该受到风险管理部门的质疑（或应该继续受到质疑）。单项报告提供了关于风险管理要素变化的数据，它可以跟踪要素的进展。这些数据通常与当前时期的数据相结合。

图 12 - 9 给出了一个风险状况变化的示例。图 12 - 9 中上面的两个框描述了风险状况变化的背景。右下框提供了进一步的信息，从而得出结论：D4 部门的关键绩效指标在第二季度有所增加，有两个关键绩效指标逾期未采取行动。

例外情况报告

例外情况报告能够识别数据元素的异常情况，例如逾期的行动。例外情况报告也有助于识别需要采取行动的限额违规行为。

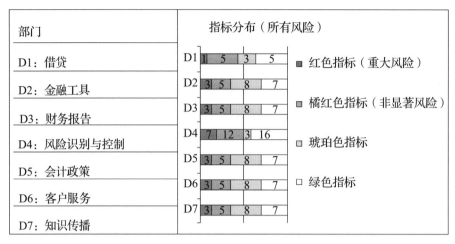

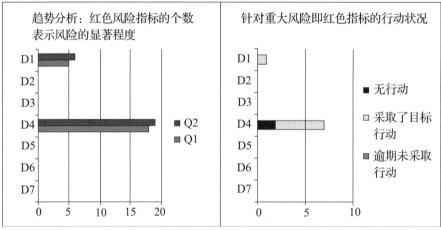

图 12 - 9　风险状况变化示例

资料来源：Courtesy of RiskLogix Solutions Limited.

图 12 - 10 中的例外情况报告显示了按 2 级风险类别划分的最大风险得分。经调查可以看出，在不同的风险类别中存在着不同的状态。例如，2.1"员工——安全工作环境"完全是绿色的（浅色阴影），是可以预期的。在这个类别中，除绿色以外的其他情况都需要立即采取行动。

然而，有几个类别基本上是红色的（深色阴影）。例如，4.2"外部欺诈——盗窃"和 8.5"业务流程失败——其他"需要相关类别所有者的关注，以及风险管理部门的质疑和监测。毋庸置疑，这样的报告会引起管理层和高级管理层的关注。

按风险类别 2 级划分的最大风险评估得分												
LE	(所有)											
	LoB	数据										
	GMS		ICSS UK		ICSS IT		GCC		ICC		GFES-IP	
风险类别 2 级	固有风险	控制得分	固有风险	控制得分	固有风险	控制得分	固有风险	控制得分	固有得分	控制分数	固有风险	控制得分
1.1 客户/监管义务——法规	16	9.1	8	7.0	8	8.0	16	10.0	12	8.9	16	12.0
1.3 客户/监管义务——客户利益		9.8	4	0.0	4	0.0	8	10.6	6	16.0		
2.1 员工——安全工作环境	6		3	5.7	3	4.0						
2.3 员工——员工关系			6	7.0	8	7.4	8	9.0	4	9.0	6	10.5
3.1 内部欺诈——盗窃	16	8.3	8	11.5	8	12.3	16	13.0	8	11.4	12	12.3
3.2 内部欺诈——未经授权的活动							6	0.0			12	13.0
4.1 外部欺诈——系统安全	16	1.0	12	9.9			9	10.7			16	12.4
4.2 外部欺诈——盗窃	16	12.1	16	12.0	9	11.4	16	12.0	12	8.8	12	12.0
5.2 财务和监管报告——内部报告											16	14.0
6.2 业务中断和系统故障——内部技术基础设施	8	11.3	16	8.3	16	7.9	16	10.4	8	7.4	4	15.0
6.3 业务中断和系统故障——内部非技术基础设施	9	11.3	8	7.5	8	7.6	8	9.0	4	9.0	3	14.0
7.1 实物资产损失或损害——不可控事件(外部)			4	10.5	4	10.5	12	13.3	6	9.0	3	16.0
7.2 实物资产损失或损害——可控事件(内部)									3	12.0		

图 12 - 10 例外情况报告示例

风险类别 2级	固有 风险	控制 得分	固有 风险	控制 得分	固有 风险	控制 得分	固有 风险	控制 得分	固有 风险	控制 得分	固有 分数	控制 得分
8.1 业务流程失效——账户接收/获取	8	4.3	12	8.2	16	7.7	8	12.0	12	7.8	4	12.0
8.2 业务流程失效——客户服务	16	8.4	9	9.8	4	10.0	16	7.9	8	7.6	12	13.6
8.3 业务流程失效——备份	9	10.7	12	9.9	8	11.0	16	12.9	9	8.3	16	14.7
8.4 业务流程失效——第三方	16	6.4	12	9.1	16	10.1	16	9.8	9	8.5	4	10.5
8.5 业务流程失效——其他	16	6.2	16	8.1	12	8.2	16	9.5	16	10.0	16	11.5

图 12 - 10 例外情况报告示例（续）

资料来源：Courtesy of RiskLogix Solutions Limited.

小结

　　良好的报告对良好的风险管理至关重要。关键信息必须容易获取并以支持明智的商业决策（关于公司风险状况）的方式提供给相关用户。这听起来简单明了，在实践中却没那么容易。关键信息很容易被其他信息所淹没。信息很多，可能与用户无关，也可能有关，但没有以易于理解的方式呈现。用户可能来自公司的各个层面，因此风险报告涵盖的内容很广。

MASTERING RISK MANAGEMENT

第三篇
风险管理的实际业务

独立鉴证

引言

独立鉴证是第 5 章"实施风险管理框架"中所示的关键的第三道防线（见图 13 - 1）。

董事会		
风险委员会		审计委员会
第一道防线	第二道防线	第三道防线
主要风险和控制责任	监督	独立鉴证
业务线管理	风险管理、人力资源、财务、互联网技术、合规	审计
• 弘扬强大的风险文化 • 设定风险偏好；创建风险的定义 • 风险管理流程负责人 • 实施控制 • 风险承担者日常的风险管理	• 制定集中的政策和标准 • 开发风险管理流程和控制 • 监控和报告风险	• 对业务运营和监督的保证水平提出独立和客观的质疑 • 验证风险管理流程

图 13 - 1 风险管理的三道防线

它有两个互补的部分——内部鉴证和外部鉴证。在风险方面，内部审计部门与外部专家合作，旨在通过向董事会提供关于组织治理、风险管理框架和内部控制系统的有效性的独立鉴证，包括风险管理部门本身的有效性，从而帮助保护组织机构的资产、声誉和可持续性。

内部审计部门应质疑风险管理部门和董事会对关键风险的见解。风险管理部门的职责之一是确定可能与董事会理解本组织的主要风险和新兴风险有关的主题或趋势，包括它们对可能实现的战略目标、总体风险状况和风险能力的影响。

虽然内部审计的目的是评估第一道防线即业务线，但也必须评估第二道防线所有职能的充分性和有效性，不仅是风险管理职能，还要涵盖合规和财务职能。内部审计在任何情况下都不应只依靠这些职能。

内部审计部门应该以独立质疑者身份参与企业的关键事件——流程变更、新产品和服务、外包和第三方、兼并、收购和撤资——因为参与这些事件可以了解组织控制，审计外部机构或合作伙伴。内部审计部门了解组织的控制，所以很容易提出进一步的控制建议。但是如果这样做，显然会引起利益冲突，因此需要一个微妙又很重要的界限。

内部审计人员为了做好工作，可能会聘请外部独立的专家。这可能是一种重要的向第二道防线提出挑战的形式，也是一种向第三道防线传递信息的形式。

外部审计的作用是对财务报表发表意见。要做到这一点，必须确保风险治理和控制的质量，包括良好的管理风格和价值观，以及人力资源政策和实践等。这些因素并不构成外部审计对董事会的正式鉴证的一部分，但确实为审计人员的意见和决定提供了背景信息。

独立鉴证

独立

为了履行职能，内部审计必须在职能上独立于所审计的项目。显然，它必须独立于业务线，并且在其职责范围内不受限制。虽然内部审计负责人可以直接与首席执行官或首席财务官就薪酬或分配问题进行沟通，但他不向职能主管报告，内部审计负责人也不应向首席风险官报告。这是因为内部审计需要对风险管理过程提供鉴证，这与向首席风险官报告存在明显的利益冲突。这种冲突并不能通过其他的虚线报告来解决。虚线制通常意味着没有明确的问责制。更糟糕的是双线制会造成责任逃避，应该取消这种制度。

内部审计负责人应向审计委员会主席（非执行董事）报告。其意义在于，内部审计负责人必须与负责监督管理层并且独立、客观地代表股东评估公司的人有直接的职能联系。

审计委员会的工作方法应该是信任和核查。内部审计提供了独立的核查。向审计委员会报告的做法能够保护内部审计部门的独立性和客观性。如果内部审计负责人向首席财务官或其他高管报告，内部审计部门的独立性会立即受到质疑。在本章中，我们假定内部审计报告对审计委员会主席负责。

保持独立性说起来容易做起来难，尤其是在面临一些监管要求的情况下。例如，美国的《萨班斯-奥克斯利法案》（Sarbanes-Oxley Act）要求对信息进行独立核查，并要求高级管理人员签字。理想情况下，一个独立的团队应该履行这一职能。但是内部审计机构如果对信息进行独立核查，就有可能被视为信息的"所有者"而不是管理人员。[1] 这可能与内部审计独立于此过程的设计、输入和输出以及提供合理鉴证的需要产生直接冲突。

鉴证

从风险的角度来看，内部审计师通常会在以下方面提供鉴证：

- 风险治理情况和自董事会层级以下的风险管理过程的设计和工作情况；
- 风险偏好框架，以及是否对框架中的违规行为、风险偏好说明和风

---

[1] Michael Power, *Organized Uncertainty* (Oxford：OUP), 2009.

险偏好范围进行了适当的识别、升级和报告；

- 风险管理和监督过程，包括控制的有效性和其他应对措施；
- 风险评估和报告过程中各组成部分的准确性和可靠性。

虽然管理层，特别是那些监督风险管理的管理层，将对企业提供的风险评估的准确性提出质疑，但还需要进行独立审查以确保风险评估过程的可靠性和稳健性，包括过程中数据的输入、假设和输出。

鉴证没有单一的方法，部分原因是评估过程的性质，尤其是非财务风险的评估是多种多样的。鉴证涉及风险评估过程的所有方面。它对流程进行测试，以确保信息的完整、准确和有效。其中，有效指的是信息是真实的而非虚构的。

情景审计就是一个很好的例子，我们在第 9 章中对此进行了介绍。情景依赖于风险管理者的判断和专家的决定，因此独立审查在审查过程中起着关键作用。以下是有关该过程可以询问的一些定性问题：

- 是否所有合适的人都参与了情景识别和评估？
- 风险管理者和其他人的质疑是流程的重要组成部分，但这些质疑在不同的情景中是否一致？
- 由于情景审计涉及很大程度的主观判断，情景很容易受到偏见的影响。偏见问题是否得到了充分的考虑和缓解？
- 情景审计包括所有的原因、事件和结果了吗？能适当地再增加一些吗？
- 流程是否有充分的文档记录，以便能够以一致的方式进行复制？

总之，业务线管理创造了情景和假设；风险管理对情景和结果中的假设提出质疑；内部审计为情景审计过程和假设产生过程提供了鉴证。

内部鉴证和外部鉴证

内部审计和外部审计有一个共同的议程，即向董事会（包括第三方担保机构）提供鉴证，确保风险和控制过程是适当的和有效的。两者都应独立于管理层，并向董事会报告。但它们的作用有所不同。

内部审计师是组织的一部分，虽然他们有独立性，但他们的目标由审计委员会制定，在审计委员会缺席的情况下由董事会制定。根据定义，外部审计师是组织外部的。他们的目标虽然由审计委员会参与制定并签署，但也部分受到法定和专业要求的推动。外部审计师为了他们的职业团体对职业标准负责（实际上，一个好的内部审计师也应该如此），也可以对那些可能已将调查工作外包给自己的监管机构和其他第三方担保机构负责。

在组织内部工作的好处之一是内部审计部门可以感知到文化悄然地变化，例如在运营控制或记录事件和亏损方面的松懈。内部审计部门消息很灵通，还可以发现那些违反公司道德标准、可能造成重大声誉损失的行为或者仅仅是道德滑坡现象。《审计与风险》杂志上发表的一篇文章提到，史密斯（Lord Smith of Kelvin）在 2002 年安然事件后撰写了《史密斯审计报告》（Smith Report on Audit），他建议内部审计师要追求"深入了解一个企业，了解领导行为和文化问题以及推动其运作和行使职能的激励措施"。①

在许多公司，鉴证文化是内部审计职能的一部分：在巴克莱银行（Barclays Bank），人们秉持"将文化融入每项审计工作中"；在 BAE 系统公司，内部审计有一个文化问题清单，并向审计委员会和企业责任委员会报告；在耆卫保险公司（Old Mutual），内部审计负责人和首席风险官每年进行一到两次的文化指标评估，相互对比并提出质疑。无论如何，内部审计负责人每年向董事会报告审计经验以及所看到的价值观和行为是一种良好的做法。

这些益处不太可能被外包其内部审计的公司所享有（假设其内部审计师大部分时间在公司之外工作），同时也超出了外部审计的范围。另外，在公司外部，外部审计师可能会发现那些日常管理人员（包括内部审计师）看不到的冲突或问题。

外部审计师还会以局外人的视角带来新的观点，因为他们见识了许多同行业或类似行业的企业。他们应该在风险管理、公司治理、财务会计和控制方面提出关于发展的最佳实践建议。如果外部审计师只报告资产负债

---

① *Audit and Risk*, 1 September 2011.

表问题，而不报告业务的运行方式，那么这个外部审计师就没有发挥其最大价值。

内部审计会对风险过程和控制进行持续审查。外部审计师在风险管理方面的主要责任是确保企业自身坚持适当的治理标准，使企业负责人能够签署财务报告，包括董事关于风险的声明。

当然，外部审计师是在某个时间点进行评估，而不是持续进行评估。这种评估对外部审计发挥其主要作用至关重要，即确定财务报告是否真实、公允地反映了组织当时的财务状况。

这两类审计人员会因两方面原因开展合作——独立性和两者密切合作的需要。我们已经介绍了内部审计师保持独立性的意义。对于外部审计师来说，独立性也是至关重要的。董事会或审计委员会应该了解企业为了确保审计师的独立性和避免利益冲突所采取的行动。这可能包括审计师轮换制度以确保借调到企业的审计师不做管理决策，以及了解关于审计和非审计服务的总收费水平和这两项服务的比率的政策。最后，董事会或审计委员会必须对这两类审计人员的独立性与合作关系做出主观判断。

在美国，《萨班斯-奥克斯利法案》明确禁止外部审计师从事某些工作，包括记账及相关服务、设计财务信息系统、精算服务、内部审计外包服务、管理职能或人力资源以及与审计无关的专业服务。[1] 其他国家也在寻找自己的办法，同时考虑是否施加类似的限制或要求。例如，英国已决定将四大会计师事务所的审计业务与非审计业务分离开来。[2] 不过，最终裁决外部审计地位是否受到损害的还是董事会。遵守法律是最低要求，而不是标准。

董事会还应同意以下陈述[3]：

　　管理层把审计师尊为客观的和具有质疑性过程的提供者。

企业需要外部审计师（以及内部审计师），审计师要准备好在必要时提

---

[1]　Sarbanes-Oxley Act 2002, s 201.

[2]　财务报告委员会（FRC）已经宣布了四大会计师事务所审计业务与其他业务的分离原则（https://www.frc.org.uk/news/july-2020/frc-principles-for-operational-separation-of-a-(1)）。

[3]　*Checklist-Evaluating the external auditor*, KPMG Audit Committee Institute, 2008, www.kpmg.co.uk/aci.

出令人不快的问题，并让管理层接受和重视这个问题。

　　　外部审计师与审计事务所的关系由审计委员会（或独立非执行董事）控制，而不是由管理层控制。

　　外部审计师必须保持独立于管理层。董事会需要确保他们之间的关系不能太密切，尤其是与首席财务官的关系，因为在日常审计中，首席财务官往往是外部审计师的主要联系人。

　　最后，为了加强内部审计部门和外部审计部门之间的合作，审计人员应该定期开会讨论共同的利益。它们是第三道防线，也是鉴证过程中的互补部分并且相互支持。内外部审计部门协调合作、相互提供报告以及工作文件将减少对企业的干扰，并能提高整个审计过程的效率和效果。

内部审计和风险管理监督

　　内部审计为董事会提供对第一道防线和第二道防线的鉴证。第一道防线要确保控制是有效运行的，并适合组织的风险类型。至于第二道防线，风险管理等监督部门要确保风险管理框架的一致应用，并对业务运营提出质疑。内部审计部门为确保监督职能的有效运作提供鉴证，会报告发现的风险状况中的不利变化。从图 13 - 1 可以看出，监督涵盖了财务和非财务控制，包括由人力资源部门监督的人员风险，例如激励结构和组织文化（见第 3 章和第 14 章），以及监管和法定合规。

　　当然，重要的是，第二道防线和第三道防线应密切合作，利用彼此的专业知识和经验。尽管他们的活动是相辅相成的，但是仍需要有明确的界限以便他们各自的职能被自己和公司中的其他人理解。他们还需要对刻画关键风险和控制的鉴证来源进行规划，以便没有遗漏或重叠。内部审计是风险管理过程的一部分，但不是风险管理。它不应设定风险偏好或以任何其他方式对风险管理负责。其作用是审查风险管理框架的过程要素并给予鉴证。

　　内部审计在质疑过程要素的同时，也应涉及新风险，如网络安全、数据隐私、ESG（环境、社会和治理）风险、变更管理以及新的和现有的第三方，如全球供应链和外包风险。同样，内部审计也会在第一道防线和第二道防线中对企业的各种风险偏好和整体风险与控制文化进行质疑，但这仅限于审计流程。

在没有风险管理职能的情况下，内部审计师可作为建立风险管理战略和框架的协助者。但重要的是，他们不能因为做出风险决策或成为执行风险经理而损害自己的独立性或混淆自己的角色，不管这个角色看起来多么有吸引力。

内部审计的角色

政策和范围

内部审计应遵守由公司董事会和管理层批准的明确的政策或章程，这些政策或章程概述了：

- 内部审计目标和内部审计职能的范围；
- 内部审计在公司中的地位，包括它与业务线和监督职能部门的关系；
- 内部审计的职权、任务和责任。

内部审计的范围应不受限制，它的责任应是广泛的。国际内部审计师协会（Institute of Internal Auditors，IIA）认为：

> 内部审计是一种独立、客观的鉴证和咨询活动，旨在增加价值和改善组织的运作。它通过引入系统的、有纪律的方法来评估和提高风险管理、控制和治理过程的有效性，从而帮助组织实现其目标。[1]

内部审计的职能至少应包括以下内容：

- 内部治理；
- 提供给董事会和执行管理层用于制定战略和运营决策的信息；
- 确定并遵守风险偏好；

---

[1] www.iia.org.uk.

- 组织的风险和控制文化；
- 由不良客户体验引起的行为或声誉风险；
- 资本和流动性风险；
- 企业的关键活动。

在多数情况下，内部审计部门对审计委员会负责。审计委员会负责财务报告以及与公司财务风险和内部控制有关的过程。但谁关心非财务风险呢？重要的是要明确内部审计对非财务风险方面的保障责任，如举报和揭露舞弊行为，几乎所有这些都需要内部审计鉴证。另一项需要考虑的职能是对薪酬政策（包括制定薪酬政策所依据的信息）负责，这通常由薪酬委员会负责。重要的是要明确内部审计的职能及其在公司治理中的工作方式。

此外，内部审计还有外向型的作用。首先，它应该通过对过程提供鉴证来确保相关人员遵守道德和其他指导方针或守则，从而维护公司的声誉。其次，它能且应被鼓励以更广阔的视角看待公司及其环境，而不是沉迷于程序的细节，尽管细节很重要。董事会需要明确对内部审计的期望，但也要考虑内部审计满足不断变化的期望的能力。最后，重要的是，审计议程是根据企业业务的需求而不是内部审计能力来制定的。如果内部审计能力不能满足业务需求，企业需要对资源和人员进行调整。①

计划和优先事项

在确定了自己的职责后，内部审计负责人可以与董事会合作，制订并交付审计计划。要做到这一点，内部审计负责人还应该听取管理层的意见，了解下一年对管理层而言最重要的事情。审计计划必须灵活，并根据不断变化的业务和风险状况进行调整。任何组织的目标都随着外部环境的变化而变化。

审计计划应该基于风险制订。为了了解基于风险的含义，可以回顾第6章相关内容，图 13-2（与图 6-2 同）重现了风险记录的例子。

---

① 进一步的评论见 *In control: Views of Audit committee Chairmen on the effectiveness of internal audit*, PricewaterhouseCoopers; www.pwc.co.uk。

ID	风险	风险主体	II	IL	IS	RI	RL	RS	TI	TL	TS	控制	控制主体	D	P	E	行动计划/意见
1	未能吸引、招聘和留住关键员工	SR	4	4	16	4	3	12	2	2	4	薪资调查	TJ	2	2	4	
												培训和指导计划	TB	3	2	6	
												关键员工的保留方案	TJ	4	4	16	
2	财务顾问误解/未能理解"股票发行"产品的复杂性	PL&AB	4	4	16	3	2	6	2	1	2	员工培训	TB	4	4	16	
												从以前的交易中获得经验	KW&EL	4	4	16	
												绩效评估流程中的个人需求审查	TB	3	2	6	
												流程的程序手册	EL	4	4	16	
3	员工沟通不畅	SR&JK	4	4	16	4	3	12	2	3	6	明确的沟通渠道	ZK	4	3	12	
												有记录的程序和流程	EL	3	2	6	
4	不了解法律/法规	PL	4	3	12	4	2	6	4	1	4	内部培训课程	EL	4	4	16	
												各种来源的信息的定期更新	EL	4	1	4	
												外部培训课程	TB&EL	4	3	12	
5	对洗钱的侦查不力	PL	4	3	12	4	2	8	3	1	3	反洗钱年度培训	TB&EL	3	2	6	
												英国银行家协会分发的宣传手册	EL&ZK	3	1	3	
												充分了解客户	ALL	4	3	12	
6	资金/存款不足以满足借贷活动的需求	CK	4	3	12	4	1	4	3	1	3	流动性风险政策	ZK	4	4	16	
												广告	KW	4	3	12	
												经济预测	CK	3	3	9	
7	超额销售信用卡	CK	4	3	12	4	1	4	2	1	2	员工培训	TB	3	3	9	
												信用评分	EL	4	4	16	
												前瞻性业务规划	ZK	3	3	9	
8	在监管问题上过度部署管理资源	RU&CK	3	4	12	2	3	6	2	2	4	月度预算与实际审查	TJ	3	4	12	
												公司治理	CK	4	4	16	
												月度合规总监和首席执行官会议	CK	2	2	4	
9	未能抓住市场机遇	AB	3	3	9	2	3	6	2	2	4	竞争对手监控	TB	3	4	12	
												产品开发	TB	2	2	4	
10	过度依赖外包	CK	3	3	9	1	1	1	2	1	2	服务等级协议	CK&EL	4	4	16	
												外包监控	CK&EL	4	4	16	
												尽职调查	CK	4	3	12	
												政策	CK	3	4	12	

图 13-2 包含剩余风险评估与行动的风险记录

注：II，固有影响；IL，固有可能性；IS，固有风险水平；RI，剩余影响；RL，剩余可能性；RS，剩余风险水平；TI，目标影响；TL，目标可能性；TS，目标风险水平；D，设计；P，执行；E，有效性。

　　风险记录及其控制评估应是审计计划的主要内容之一。这并不意味着内部审计的首要任务是查看那些显示为红色或黄色的风险。相反，它应该关注那些显示为深红色（高）和深绿色（低）的风险。管理层已经实施了出色的控制，以降低发生红色风险引发事件的可能性。如果这些控制失败或不充分，公司将面临非常高的风险。这是内部审计应该关注的地方。如果风险是深红色的，就假定管理层正在采取适当的行动，但内部审计显然应该检查。然后，内部审计可以提供鉴证确认管理层所实施的控制是有效的。根据图 13-2 中给的示例，内部审计的优先事项将如表 13-1 所示。

表 13-1　从图 13-2 中得出的内部审计的优先事项

风险	控制
未能吸引、招聘和留住关键员工	关键员工的保留方案
财务顾问误解 / 未能理解 "股票发行" 产品的复杂性	员工培训 从以前的交易中获得经验 流程的程序手册
不了解法律 / 法规	内部培训课程
资金 / 存款不足以满足借贷活动的需求	流动性风险政策
超额销售信用卡	信用评分
在监管问题上过度部署管理资源	公司治理

　　企业内存在一个审计周期，以便每年对一些部门或流程进行审计，但是有些部门或流程可能仅需要每三年审计一次。审计周期不是固定不变的，受到诸如新部门负责人的到来或新业务流程或产品的启动等事件的影响。基本的方法应该是回到风险与控制自我评估，并识别那些管理层认为控制能对其产生最大影响的风险。由于风险与控制自我评估也包括战略风险，这意味着内部审计计划将对董事会和管理层的风险评估给予同等重视。董事会和内部审计的优先事项应保持一致。

地位和资源配置

审计是第三道防线，是风险管理框架的关键组成部分，公司中的每个人都应接受和认可审计。做到这一点部分取决于董事会的态度，部分取决于内部审计师的行为（见"有效的内部审计"）。

内部审计负责人应在组织内拥有足够高的级别（通常应属于执行委员会级别或同等级别，给他们适当的地位、权限和权力以质疑高管）。

内部审计部门必须能够在需要时自由地获得所需的一切信息，而且不会受到阻碍或被忽视。如果明确它向审计委员会主席或高级非执行董事汇报，受到阻碍或被忽视的可能性会降低，如果不是这样，那可能影响它在组织中的地位。

董事会或其审计委员会还必须确保审计人员具有与组织经营和风险相关的专业技能和经验，包括技术方面的专业知识（这是另一个问题，将在"有效的内部审计"部分介绍）。这可能需要培训现有人员、招聘新员工或适时从组织的其他部门或外部借调人员。

例如，在内部审计第一道防线或第二道防线中的数据和技术专家，通常可以助力第三道防线更好地发挥作用。或者与外部机构合作，特别是与云计算和网络安全等专业领域的专家合作。

最后，谈谈薪酬问题。审计委员会主席负责向薪酬委员会建议内部审计负责人的薪酬。与监督一样，在审计方面薪酬不应引发冲突或损害审计的独立性和客观性，也不应与组织的短期业绩直接或完全挂钩。那些处于第二道防线和第三道防线（监督和独立鉴证）的员工应根据其目标的实现程度获得报酬，而不是基于公司的财务业绩获得报酬。

向管理层和董事会汇报

在制订计划并付诸实施后，内部审计部门的工作是向董事会和高级管理层汇报进展情况和重大问题，以便公司采取行动。审计人员必须做好准备对那些超出标准以及商定的框架的问题进行报告，如果有特别敏感的事情需要报告，他们必须与合适的人（董事长、审计委员会主席或高级独立非执行董事）建立明确的沟通渠道。

作为风险管理过程的有效组成部分，审计报告应及时、简明，内容应根据问题的实质和重要程度进行排序。汇报不是一种全面推卸责任的行为，审计报告是董事会和管理层采取行动的指南。与众多的风险管理活动一样，除非能带来实际行动，否则撰写审计报告没有什么意义。

向董事会、审计委员会或其他委员会汇报的内容应包括：

- 重大的控制缺陷，包括对其根本原因的分析；
- 整个组织确定的主题问题；
- 对管理层开展的风险管理活动的独立看法；
- 如果发生重大不良事件，对相关控制进行审查，包括吸取的经验教训；
- 对治理、风险和控制框架的整体有效性以及风险偏好框架是否得到遵守进行评估。

一旦内部审计部门的建议被管理层接受作为行动指南，那么内部审计部门和董事会的作用就是监督这些建议的执行结果是否令人满意。解决审计疑问的速度和完整性是衡量公司风险文化的强有力的关键风险指标。

一个良好的内部审计计划，除了定期向审计委员会汇报，还要至少每年向董事会汇报一次，不仅要根据目标概述其活动和绩效，而且要说明对公司内部风险和环境控制状况的看法。

内部审计师担任顾问

建议和支持

IIA 的定义指出，内部审计是一种"旨在增加价值和改善组织的运作"的咨询活动。当然，风险管理咨询要比检查控制和流程有趣得多。这是可以理解的，但如果这意味着检查流程的基本工作被降级，或者更严重的是，如果导致了潜在的利益冲突，那情况就不是这样了。

在没有强大的风险管理职能的情况下，咨询也可以是内部审计的合理活动，但需要谨慎的控制。咨询可以：

- 向管理层提供内部审计中用于分析风险和控制的工具和技术；
- 通过利用内部审计人员在风险管理和控制方面的专业知识，及其对组织的全面了解，从而支持风险管理活动（反之亦然）；
- 作为公司自身风险的一部分，通过提供建议，促进对共同语言的使用与理解，以此支持风险管理；
- 在经理确定减小风险的最佳方法的过程中，向其提供支持。[①]

然而，当内部审计部门帮助管理层建立或改进风险管理流程时，其工作计划应包含一个明确的战略和时间表，以便尽快将提供这些服务的责任转移给管理团队成员。建议和支持是一回事，做出风险管理决定则完全是另一回事。即使参与的只是部分流程的设计，也可能导致后期审计中的重大冲突。

当内部审计确实对风险管理的某些方面负责时，它就不能为该方面提供独立鉴证。独立鉴证必须从具有适当资格的独立第三方处获得。

如果每个人都确信内部审计的独立性不会受到损害，且内部审计部门被要求开展超出其标准和商定的框架的活动，则应将该活动视作为咨询业务，并商定适当的业务条款。虽然每个处于第二道防线的部门都从其特定的职能视角审视整个组织，但只有内部审计部门看到的是整体，因此其工作提供了更多的价值。

调查

需要调查和鉴证的事件不断发生。如果调查和鉴证的要求来自审计委员会主席或者非执行董事，就不会产生内部审计冲突的风险。

如果调查和鉴证的要求来自管理部门，管理部门的相关人员应认真考

[①] 关于进一步的讨论，见 II A position paper on internal audit and ERM, January 2009, at www.iia.org.

虑尽可能利用自身资源，可以是来自担任监督（即第二道防线）角色的资源，好让审计部门充分发挥独立审核员、独立鉴证者的作用。

审计委员会

审计委员会由独立的非执行董事组成，对董事会发挥着关键的监督作用，是连接董事会与内、外部审计之间的关键桥梁。大多数金融领域的公司会有一个单独的风险委员会。然而许多公司的审计委员会同时履行两种职能，即审计委员会充当着改善监督和风险管理的催化剂。

风险委员会应与审计委员会协同合作，确保内部审计至少 3～5 年内检查一次风险管理职能。

审计委员会和内部审计

内部审计负责人应从职能的角度向审计委员会主席报告（在无法向审计委员会主席报告的情况下，向高级独立非执行董事报告），即使在行政层面上，他也应向首席执行官或首席财务官报告。鉴于审计委员会在审计治理结构中的关键作用，其主席应积极参与任命新的内部审计负责人。审计委员会还应确保任何针对内部审计有效性的审查都是真正独立的。

内部审计计划和任何计划的变更都应经审计委员会同意。审计委员会还应考虑自己能在多大程度上要求内部审计机构代表自己进行调查。然而，在所有职能当中，审计委员会必须确保董事会充分了解自己的活动。

审计委员会的一个重要作用体现在当管理层对内部审计的发现提出异议时。在这种情况下，内部审计负责人有权与审计委员会主席，即最终仲裁者进行沟通。内部审计人员需要清楚地了解审计委员会的职责和运作方式，以及审计委员会及其主席的期望。总之，董事会、审计委员会和内部审计部门需要对内部审计达成共识。

审计委员会和外部审计

审计委员会在这方面的职责会更显明确，因为它的工作是确定外部审计师的聘用条件和费用。虽然审计委员会主席不管理审计委员会与其外部审计师之间的关系，但应充分了解审计计划及其进展和结果。

外部审计师的主要联系人可能是首席财务官，重点是审计委员会应该确保外部审计师和首席财务官之间存在恰当的关系。审计委员会有责任确保管理层披露足够的信息，也必须确保财务职能部门有足够的资源来履行其职能。

审计委员会运行状况检查

关于监督方面，审计委员会的职责不仅涉及财务报告和内部控制评估。作为风险管理质量的独立评估机构，其职责还涉及非财务风险评估。

表13-2提供了一个有用的风险清单，审计委员会在评估公司的整体健康状况和基调时应不断考虑这些风险。有些风险称为软风险，其本质上是对一个指标做出"是"或"否"的选择。如果回答"是"的答案很多，那么公司很可能会面临较大的风险。对某些公司来说，可以制定更严格的指标。

表 13-2　审计委员会的风险和风险指标

软风险
■ 高层说话的语气不恰当
■ 专制的管理
■ 管理经验不足
■ 糟糕的管理监督
■ 频繁的高层管理僭越
■ 过于复杂的组织结构或交易
■ 业务模型和交易缺乏透明度
■ （后期）意外的事务
■ 不现实的盈利预期
■ 快速的技术变化

续表

硬风险	风险指标
■ 异乎寻常的快速增长	■ 销售增长百分比
■ 频繁的组织变化	■ 销售数量
■ 高级管理人员的高流动率	■ 关键员工流失数量
■ 缺乏继任计划	■ 完成继任计划的部门 / 单位百分比
■ 监管机构或其他机构正在进行或已经进行的调查	■ 完成调查的部门 / 单位数量
■ 不及时报告和回应审计委员会的问询	■ 天数
■ 行业疲软或衰退	■ 行业报告中的行业增长 / 下降

资料来源：KPMG Audit Committee Institute, *Shaping the audit committee agenda*, May 2004.

有效的内部审计

　　鉴于审计委员会在内部审计方面的关键作用，审计委员会主席可能会在新的内部审计负责人身上寻找什么样的品质？鉴于内部审计处于企业与非执行董事之间的真空地带，内部审计负责人既需要外交手腕，也需要勇气。此外，审计委员会处于许多利益相关者之间：外部审计师、供应商、客户、监管机构、地方和国家政府，以及从董事会到各级管理层和员工的重要的内部利益相关者（无论他们是否来自审计委员会）。为了实现有效的内部审计，内部审计部门必须与其他职能部门合作，以确保对整个组织的风险评估没有重叠或遗漏。

　　在《内部审计》（*Internal Auditing*）上的一篇文章中，编辑尼尔·贝克（Neil Baker）建议关于内部审计负责人的任职要求应该排在第一位。

- 诚信：满足最高的道德伦理标准。

- 挑战：面对来自每个层面的挑战。

- 坚韧：坚持己见，保持专注。

- 实用主义：具有开放包容的心态。

- 独立性：性格坚强、坚忍不拔。

- 良好的沟通者和形象大使。①

当然，这些品质应该同样适用于审计小组的负责人及成员，并且对新任首席财务官时也适用。

显然，审计人员需要独立，需要面对挑战，如果有必要，还需要持续面对挑战。这项工作不可避免地会涉及困难和有争议的问题。坦率地处理这些问题，会使人们对该职能产生信心。

沟通是双向的，对内部审计部门来说有效地交流观点同样重要，就像企业需要向审计部门报告其担忧和问题，而不是在一场破坏性的游戏中等待审计部门发现企业的担忧和问题。

正如国际内部审计师协会定义所说的那样，内部审计是持续改进的过程，而不仅仅是检查控制是否有效。要想取得进步，审计人员必须成为一名政治家，既要了解组织的文化，又要了解组织的艺术。审计人员需要了解如何让自己的建议被采纳——而不是依赖于一些不明确的举报威胁。

内部审计负责人的一个关键作用是建立一个高效的审计团队。理想情况是，审计团队由相对资深且经验丰富的多元化人才组成。然而，这通常是不可能的。当个人缺乏相关经验时，他应该能够通过常识和实用主义的方式弥补部分经验上的不足。所有审计团队都存在一个问题，那就是他们所依赖的信息收集者同时也是被评估的对象。因此审计团队应当具有提出正确问题的能力，并且培养对评估答案的"嗅觉"。如果没有这些技能，他们就会变成一个审问者，而不是建设性的批评者。

小结

审计调查的反应速度（快或慢）是衡量公司风险管理质量和风险管理文化的良好指标，也可以作为公司对内部审计职能重视程度的度量，甚至可以衡量审计提出质询的质量。如果一个企业内部审计机构的审计调查反

---

① Neil Baker, 'Internal auditing and business risk', *Internal Auditing*, January 2013.

应速度较快，那么它将获得企业的信赖与尊重。因此，在考虑新项目等事情上，内部审计的建议也会被企业悉心听取并采纳。

内部审计大部分工作内容是建立他人对内部审计所能带来的价值的认知。从风险的角度来看，最有效的方法是向董事会和管理层提供风险管理和风险管理程序正常运转，并且内部控制框架有效运行的鉴证。

和被动的方式一样，内部审计可以以积极主动的方式展现价值。我们将内部审计称为公司内部持续改进的催化剂。此外，通过宣传单或内部网，抑或是通过网络，人们需要了解内部审计的作用以及如何帮助公司更好地运行。

以下是人们了解内部审计好处的两种最佳途径：

■ 借调员工去内部审计部门短期工作；

■ 确保内部审计工作是一个能增值的职业选择，确保审计人员获得可观的报酬。

借调是非常有效的，因为在工作结束后，借调人员会回到他的主业中去。这样一来，公司的审计知识会不断更新，公司的风险管理水平和内部控制的质量也会不断提高。

借调是优秀的内部审计部门提高其实际价值的绝佳方式。

第 14 章 | CHAPTER 14 |

人员风险管理

引言：为什么一切都和人有关？

无论是在战略、管理还是运营层面，大多数风险最终都是由人的失误造成的。几乎所有重大组织危机的核心都是人为因素。即使是最理性、最自动化的系统，最终也是由人来操纵的。我们在董事长或首席执行官的年度报告和账目声明的末尾可以读到，"我们的员工是我们最大的资产"。这是对的。我们的员工也是"我们最大的潜在负债"。

人类行为天生复杂、不可预测且不一致，尤其是当人们相互交流时。人员风险可能不是一类风险，但人应该被视为风险的核心成分。也许所有的风险都应该从人的角度来看待，而人也应该从风险的角度来看待。

以简单的错误为例。[①] 即使是最优秀的人也会犯错。即使你知道自己在做什么，也难免会出现意外和失误。意外的中断会导致日常活动中出现错误。当然，人们通常认为他们知道自己在做什么。他们可能对自己的能力有很高的评价，也可能相对有经验，但如果处于一个全新的环境中，他们应该寻求建议。避免错误可以很简单，只要确保指令分几个步骤下达即可。如果口头解释五个或五个以上的步骤，中间的步骤往往会被遗忘。即

---

① 我们感谢《人类错误》（*Human Error*）（Cambridge University Press，1991）的作者詹姆斯·里森（James Reason），他的著作为本部分的内容提供了灵感。

使是书面的解释，最后的单独步骤也常常被遗忘或忽略。这就是为什么军方只使用三个步骤。

人们在本质上是诚实的。他们来工作不是为了欺诈或造成破坏。然而，撇开个人能力不足、缺少培训和经验等风险因素不谈，他们的个人或家庭环境中的许多方面会潜移默化地影响他们的可靠性。个人压力大的时候，比如丧亲之痛、关系破裂、健康问题、收入威胁——这些相互影响的因素——会导致不良行为，甚至犯罪行为，而这些行为在正常情况下是不会发生的。因为个人环境每天都在变化，所以评估人们面临的风险是困难的。

此外，工作场所还存在一些问题，可以归类为危险行为，比如性骚扰、发布专有信息、首席执行官发布贬损性推文。针对这类行为的对策是有效管理。员工风险通常是由工作场所内的管理和组织不善以及公司文化造成的：未明确需要做什么；完成任务的时间太紧张；任务和工作流程的复杂性；缺乏同事或技术支持；不讲道理的经理。所有这些都增加了压力和不可靠性，并增大了风险。这是不把人事管理作为优先事项的组织出现的情况。糟糕的文化和负面的员工工作经历会在社交媒体上迅速传播（见第 3 章）。

如果我们要确保留住最优秀的人才，确保所有人都能发挥最佳能力，我们就必须创造适当的环境来实现这一目标。这样，我们将大大降低员工风险。我们需要的是一个积极参与的组织环境，它有令人信服的积极愿景、正向的榜样、指导、反馈、尊重，并能听取员工的意见。

幸福

工作场所应该是一个幸福的地方。英国特许人事和发展协会（Chartered Institute of Personnel and Development，CIPD）提出了五个幸福领域[1]，以及增进工作场所幸福感的倡议 / 活动的示例（见表 14 - 1）。

---

[1] CIPD, 'Growing the health and well-being agenda: From first steps to full potential' (2016) (www.cipd.co.uk).

表 14-1　CIPD 提出的幸福领域及倡议/活动的示例

领域	要素	倡议/活动的示例
健康	身体健康和安全	健康检查、残疾管理、福利
	心理健康	安全工作实践、安全设备 风险评估、冲突解决培训、心理疾病管理
工作	工作环境	人体工程学，开放包容的文化
	良好的线性管理	直线经理培训、疾病和缺勤管理
	工作负荷	工作量、工作时间、工作满意度、工作与生活平衡
	自主权	创新、举报
	变革管理	沟通、参与、领导力
	支付薪酬	公平和透明的薪酬体系
价值观/原则	领导力	基于价值观的领导力，建立信任、明确的使命和目标
	道德标准	工作中的尊严、企业社会责任、志愿服务
	多样性	重视差异、文化参与、员工和管理者培训
集体/社会	员工参与	协商、真正的对话、参与决策
	积极的关系	管理风格、团队合作、尊严和尊重
个人成长	职业发展	指导、绩效发展计划、继任计划
	情绪	积极的人际关系、个人韧性训练
	终身学习	技术和职业学习、挑战性工作
	创造力	开放协作的文化、创新研讨会

其他还包括考虑员工所处的生命周期阶段，如相应地提供陪产假/产假等。本书第一部分已经概述了部分活动，本章后面还会介绍其他活动。幸福感是企业坚韧的基础，会降低缺勤率和减少员工流动。

多元化和包容性

在第 3 章中，我们讨论了多元化和包容性。在人事管理方面，多元化和包容性不是下意识的反应，也不是填补漏洞和执行新政策。更可持续的解决方案是进行分析，了解公司的多元化和包容性问题。看看企业内部的相关数据，拓宽关于多元化的定义。这不仅关乎性别或种族，还关乎员工来源的地域分布和技能差异。

在薪酬和奖励方面，你有一个一刀切的计划吗？或者有一个考虑影响特定员工人口统计学特征的计划？如果你没有以正确的方式支付员工报酬和进行奖励，你可能会承担重大风险。同样，你也应该关注不同的群体，帮助和指导他们，建立人际网络以支持职业规划。通过树立典型来展示我们可以做什么。

最后，关于选择，本书将在后面讨论：工作描述是否性别中立？招聘团队是否性别均衡？简历是否有所隐瞒？

严格来说，多元化其实不是指人口多元化，而是指认知多元化。这意味着在决策过程中，我们会听到不同的观点，而不是一个声音。这并不容易做到。但马修·萨伊德（Matthew Syed）的书《反叛思想》（*Rebel Ideas*）[①]表明，认知多元化极大地提高了绩效。

变化和灵活性

我们在第 1 章中谈到了变化，阐述了本书所说的风险的定义，但变化是人员管理和人员风险管理的基础。正如本书多次提到的，外部环境每天都在变化，无论是社会、经济、技术还是政治环境。新冠疫情改变了工作方式，比如在家工作或弹性工作。随着企业意识到劳动力需求和愿望的变化，企业已经准备就绪。劳动力的需求和愿望是不断变化的，到现在已经经历了四代人。

在任何情况下，企业在进化和发展中总是处于某个变化点——无论是在成长还是在缩减规模。成长可能意味着企业家文化一开始就必须由一个更结构化、更可控的环境来培育。最初那个紧密团结的团队让位于一个更大的组织，对某些人来说，这个更大的组织可能存在令人不安的官僚主义。在经济紧缩时期，规模缩减、重组和裁员的影响以及幸存者的内疚，

---

① Matthew Syed, *Rebel Ideas*, (John Murray), 2019.

都必须得到管理。

所有这些都意味着不断变化的风险环境和风险暴露，对它们需要不断地重新评估，包括评估它们对风险文化的影响。从人员风险的角度来看，不断变化的风险状况和风险环境可能需要开发或引入不同的技能。就个人而言，他可能会失去地位、权力或个人身份，可能会失去支持他的团体成员。管理层的职责是了解变化的情况并能够快速适应。通过这种方式，可以在风险发生之前预测风险并限制其影响。就像企业内部的员工一样，组织也需要通过锻炼来保持健康。

健康的风险文化鼓励持续改进，并对变化和灵活性持开放态度。应鼓励员工具有创造力并发扬创新精神，不允许工作流程和做法僵化、不灵活以及陈旧——换句话说，这些行为对于实现企业目标无益，会使企业面临更大的风险。企业的口号应该是追求健康和敏捷。

人力资源部门

战略和规划

长期以来，人力资源部门一直被视为成本中心。在过去，它的确是负责支付报酬和解决争议，即使是现在，它的很多时间都花在了妥善处理各种内部纠纷上，让公司免遭法律诉讼。随着人力资源部门越来越注重人员管理，这种情况正在发生变化。它现在的目的是支持公司长期业务目标的实现，关注长期的人员问题，将资源与未来需求相匹配，并关注结构、质量、文化、价值观和承诺。

一个好的商业战略是由人的因素决定的，人是可持续价值创造的基础，这就是为什么人力资本和其他资本一样重要。人力资源部门为组织制定业务战略提供信息。管理、激励和部署人员的方式以及技能与知识的可用性，都会影响业务战略。工作场所规划涉及将商业战略转化为行动。公司的人才管理战略必须与公司的业务目标保持一致，并定期进行审查。

我们需要的是作为商业伙伴的人力资源领导者。例如，一位人力资源总监想做一项员工敬业度调查。董事会认为这对企业是一项成本。然而，如果人力资源总监谈论业务，谈及高流动率或疾病，以及雇用新同事的成本和机会成本，那么员工敬业度调查就变为一项投资，而不是成本了。

人力资源只有在符合公司的商业需求和目标时才会增值。事实上，在一家经营良好的公司里，并不是因为线性管理导致良好的人事管理，但线性管理应该是公司管理的核心。美世咨询公司（Mercer）对 EMEA（欧洲、中东、非洲三地区的合称）地区 500 名人力资源总监进行的一项调查显示，65% 的人将自己视为企业的战略合作伙伴，尽管实际上他们的活动中只有 15% 与战略直接相关。[①] 企业在多大程度上将人力资源总监视为或愿意将其发展为潜在的首席运营官呢？有多少人力资源总监进入了董事会？

罗盛咨询（Russell Reynolds Associates）最近的一项调查显示，股东希望董事会中有人力资源总监。有趣的是，2016—2019 年，任职于《财富》100 强的人力资源主管比从事一般管理或财务工作的人员在海外工作的可能性要高出 50%。

这就引出了最后一个问题——人力资源总监必须是人力资源专业人士，还是一个好的部门经理也能胜任？考虑到不遵守法律导致的财务和声誉的影响范围——就业、歧视、健康和安全等——他们最好拥有处理这些问题的丰富经验。因此，一个好的部门经理需要获得专业资格或通过其他培训获取专业知识。

另外，如果人力资源部门的主管对员工的情绪健康没有很好的了解，他也不可能成为一名优秀的人力资源主管。

政策

人力资源战略展示了人力资源部门如何支持业务和公司目标的实现，

---

①　Mercer, 2010 EMEA HR Transformation Survey, January 2011.

重点关注长期的员工问题。人力资源政策就一系列就业问题为经理和员工提供一般性和实用性的建议与指导。这些政策描述了雇主和雇员在雇佣关系中的责任。它们会影响员工的工作动机、组织声誉以及企业吸引和留住人才的能力。

人力资源政策应包括：

- 法律问题，如纪律、平等和多元化、申诉、健康和安全、保护儿童或应受到保护的成年人、举报；
- 具体的人事问题，例如尊严和尊重、雇用中介工作人员、调解、裁员、共享育儿假、借调，当然还有薪酬和奖励政策；
- 员工问题，例如饮酒、礼物、社交媒体、吸烟。

风险管理

在三道防线中（见第5章图5-1），第二道防线监督的顶点是风险委员会。如果企业认为员工是公司最大的风险，尤其是在服务行业，那么人力资源总监应该是风险委员会不可或缺的一名成员。

至少，人力资源主管应与风险管理部门的负责人密切合作。风险管理部门负责协调和质疑所有的风险评估，以及设法解决已识别的人员风险问题。

人员风险的解决方案确定后，业务部门经理可以与人力资源部门合作，就最符合其商业目标的行动方案做出明智的决策。负责人员风险问题的是部门经理，如果人力资源部门不得不处理这些问题，那么人力资源部门的工作效率就会很低，人事管理也可能做得很差。

分析

人力资源部门越来越多地使用数据来改善人员管理。国际商用机器公司（IBM）通过绩效管理来确定管理人员的薪酬和晋升，并提醒管理人员注意存在离职风险的员工（尽管他们没有意识到）。[①] 在亚马逊（Amazon），上千名开发人员正在开发公司的人力资源软件。

在一个关键员工群体流失率高的公司，考虑提高留任率。人员分析可以预测特定员工群体中存在的特定问题，然后调整激励措施或采取其他方案，阻止人员流失。

公司可以通过衡量员工的幸福感和快乐感，并相应地调整员工的待遇来降低员工流失率，而不需要承担失去关键员工的成本。人力资源部门可以利用人力资源数据来帮助提高员工的士气，改善人员管理和提高士气的方式包括制定职业发展规划以及为高绩效员工提供学习和发展的机会。

人员风险管理要素

选择

人员风险从选择错误的人开始。选择不当会产生成本并浪费管理资源。有效的人员选择有利于为公司增加收益。

我们想要谁？

- 追求合适而不是能力强。我们之前谈到了认知多元化。在理想的世界里，你需要懂不同方法的人。如果你愿意在牡蛎中寻找沙砾，那么你可能会得到一颗珍珠。但关键是这些人必须符合公司的价值观。选择适合企业文化的人，而不是那些似乎具有完备的专业知识和丰富经验的人。企业可以提高员工的能力，但不能改变员工的个性。正如保时捷股份有限公司（Porsche AG）前总裁兼首席执行官彼得·舒茨（Peter Schutz）所说，"雇用员工，训练技能"。[②]
- 着眼未来招募。我们常常过于确定我们现在在寻找什么以及寻找

---

①   Diane Gherson, CHRO, IBM (2018).

②   Quoted in Roger Steare, *Ethicability* (Roger Steare Consulting Limited), 2009, p. 72.

谁。我们是否真的考虑过未来，公司和行业将走向何方？世界和公司的变化比我们想象或想要的更快。追求健康和灵活性的另一个原因是在一个不断变化的世界中，今天的能力可能很快就会被淘汰。敏捷性和团队协作能力比员工掌握的技能更重要。

谁负责挑选？

- 部门经理。部门经理显然很挑剔，但他们是否接受过面试技能培训？是否清楚他们能处理人员招聘过程中的哪些问题？确保参与选择的人清楚自己的角色和权限，否则，他们可能做出与公司利益完全不符的承诺。

- 是否有一批高级管理人员，他们了解公司及其文化，并证明了他们作为优秀选择者的价值？在一些公司，比如安永（EY），所有高级管理人员都接受了面试技能方面的培训。企业将他们培养为一个专家咨询组，以监督一定级别的所有委派人员。他们会确保企业选到合适的员工。

过程

- 该过程可能包括招聘工作外包。选择外包在本质上没有问题。但如果这样做了，需要确保猎头公司全面了解企业的业务，而不是仅仅依赖给定的招聘规范。如果是第一次将招聘工作外包——无论是为企业还是为某个特定部门——猎头公司的招聘人员至少有三分之一的时间应该花在企业内部，以清楚地了解企业的文化以及工作本身。只有这样，他们才能用接下来的三分之一时间寻找合适的市场，并用最后三分之一时间找到合适的候选人。

- 当然，还有另外一个非正式的人员选择过程，可以追溯到关于选择合适人选的评价，即引荐、联系或推荐。可能目前没有岗位空缺，但如果企业遇到一个合适的人，就创造一个角色让他加入。正如华宝银行（S. G. Warburg & Co）联合创始人亨利·格伦费尔德（Henry Grunfeld）曾经说过的那样，"招聘就像买领带——当你看到自己喜欢的领带时，你就买一条；你不能等到你需要的时候才去买"。选择过程总是存在许多问题。

继任计划

你已经勾画出一个足够清晰的图景，指明公司在两三年内要达到的水平，以便评估公司需要的技能，帮助公司渡过难关。你有一个评估过程，可以识别那些具备必要技能的人。但如果这些人走了，有人代替他们吗？

在最基本的层面上，在评估中可能提出以下问题：谁可以替代现任领导者？什么时候？换句话说，领教者是否培养了继任者，从而使领导者可以放心地离职？当然，如果继任者系统运行正常，领导者的上司也应该处于轻松的状态，他若离职，有人可以暂时填补他的空缺。这是一个值得在评估中提出的好问题。

公司需要有一个强有力的继任计划，如果同一个人在匆忙中被任命来填补职位空缺，那他就很难发挥作用。事实上，每个职位至少应该有两个继任者，因为实际上只有不到 50% 的人真正填补了指定的空缺职位。

"9·11"是一个悲惨的例子，一些公司在同一时间失去了一定数量的员工，就像公司可能会在致命的流行病中失去一些员工一样，尽管只是暂时的。从理论上讲，继任计划需要在非常短的时间内启动，无论是由于疾病甚至死亡等自然原因，还是由于一个人或一个团队辞职等人为原因。

危机管理通常是大多数计划能够做到的。有危机计划很好，但真正的继任计划应该是长期计划，不是仅针对眼前的危机。当然，要经常检查计划。如果有人离职，岗位和技能需求是否保持不变？是否改变组织或技能结构以更好地反映公司的战略和目标？也许最明智的方法是建立人才库，因为事件发生时，情况会有所不同。这种做法让麦当劳受益，2004—2005年，两名首席执行官在 9 个月内相继去世，麦当劳在 12 个月内成功地从公司内部找到了两位继任者。

继任计划还应包括退休安排。公司可能找到一般的继任者，但很难找到担任关键角色的独立的贡献者，关键角色背后可能代表了很多年的经验。继任计划包括帮助那些能够胜任关键角色的人培养技能，无论是为了应对因病或缺勤无法工作，还是因退休而离开公司。

真正的继任计划包括制定一个技能矩阵，进行差距分析，然后根据矩阵的内容采取行动。这可能意味着重新思考公司的中期战略，也可能意味着重新思考公司对现有员工的看法，以及他们是否真的是中期最佳人选。继任计划是一种典型的控制措施，可以最大限度地降低人员突然缺勤造成的影响。

员工保留

经济困难时期企业面临的问题是裁员、减少培训并希望风暴过去。企业很可能不得不裁员，但失去训练有素的技术人员将降低未来的竞争力，增加风险。花时间更有效地控制人员成本可能更好，例如改进缺勤管理；对费用审批更严格；富有创造性地使用承包商、借调人员或灵活的兼职工作者。

如果实行良好的人事管理，员工流失率应该很低。留住训练有素、经验丰富的员工是人员风险管理的关键。失去最好的员工，企业很难承受。继任计划还包括留住顶尖人才。

由于人脑记忆是将信息（和秘密）带出公司的最简单方式，企业应该看看企业知识是如何被开发、记录并转化为智力资本的。这是一种降低前雇员可能造成的风险的策略，如果前雇员可以利用他们对企业的系统或战略的了解，由此带来的风险可能是巨大的。雇佣合同和园艺假 ① 可能有助于留住员工。

希思罗机场 5 号航站楼于 2008 年 3 月启用，这是一个很好的例子，说明了缺乏技术审核和未能留住有知识的人是如何造成巨大的财务和声誉损失的。

案例研究

希思罗机场 5 号航站楼开放（2008 年）

希思罗机场新航站楼启用时，最先进的行李处理系统出现了故障。加

---

① 在此期间员工可以继续领薪，但不用上班，也不可以从事新工作。——译者

剧这一问题的是，由于新的安全措施，重要的行李处理人员无法到达他们的工作地点。更让人想不到的是，英国航空公司（British Airways）实施了一项裁员计划，该计划在航站楼开放前生效。结果是，可能 20 年才需要用到一次的知识和经验，在需要的时候却无法获得。与裁员计划一起进行的技术审核以及客观的情景规划本可以大大减少对英国航空公司的财务以及劳资关系方面的声誉的影响。

另一个降低员工流失可能性的风险缓解策略是尽可能地进行离职面谈。对于即将离职的员工来说可能为时已晚，但面谈可能会给企业一些建议，帮助企业留住其余员工。了解员工为什么要离开很重要，有助于公司衡量员工的工作满意度、士气和福利，以便做出改变，减少未来可能要离职的员工人数。

问题是，什么时候是进行离职面谈的最佳时机？情绪可能暴露真实的离职原因，也许有许多情绪交织在一起。虽然一些离职的员工可能不愿接受离职面谈，也许一个月后再进行离职面谈，可能会获得更多的信息。一旦企业掌握了信息，就可以使用。麦肯锡利用离职面谈的信息将员工流失率降低了 25%。

最后，最好的风险控制技术是采用积极主动的人力资源方法，该方法旨在创造一个重视人才的环境，并且用一个战略来留住有才华的员工，将关键人员离开造成的损失降至最低。

当然，最好的继任计划是一开始就不要失去员工。

评估和绩效管理

评估是绩效管理的一个关键部分，根据商定的目标审核绩效。由于风险是对目标的威胁，公司或部门的目标应是构成绩效目标的基础，绩效目标应基于财务和非财务因素。反馈有助于识别公司运营程序中的缺陷，并可以调整或实施控制，以降低公司可能面临的风险。

评估也是强化优秀行为的机会，优秀行为增加公司获得持续成功的机会，并通过应对不良行为降低风险。我们已经强调了信任的重要性，以支持诚实和开放的文化，从而改善风险管理。公平性评估正是这一过程的一部分。

评估必须公平且基于明确的标准。公平的评估降低了许多人员风险发生的可能性，如果确实发生了风险，可以在早期阶段得到解决并降低其影响。

如何确保评估是公平的呢？比较一下。看起来拥有一群卓越的人才的部门，是否比看起来由中下水平的人占主导地位的部门表现更好？更可能的是，评估的动机不同，而不是人的组合不同。评估是对行为的控制，也是维持良好风险文化过程的一部分。这就是为什么应该在整个公司进行验证，以确保这一关键控制的一致性。

就像选择一样，偏见也经常出现。管理者真的检查并分析性别或种族偏见了吗？一旦知道了这一点，员工对这个体系变得信心十足的速度以及特立独行的经理人受到约束的速度会令人惊讶。

这些高于平均水平的分数真的合理吗？很多时候，当一位经理来到人力资源部门说，无论出于何种原因，X 先生或 Y 女士必须"放手"（这是一种可怕而不诚实的委婉说法）时，他们总是会发现，最后几次的评估都非常精彩。当出现问题时，"好人"变成"坏人"是多么奇怪。不诚实的评估不成比例地增加了解雇的成本。如果在经济形势好的时候，尽早对较差的员工进行诚实的评估和确认，解雇的成本会更低，招聘替代者也会比经济低迷时更容易。

年度（甚至半年）评估是否成功？目标是什么？这仅仅是一种计算薪酬的机制，还是与人才发展和继任计划有关？英国特许人事和发展协会的一项调查发现，30% 的员工认为评估不公平，35% 的员工认为设定的目标无法实现。由于经常出现不公平、不一致和不受欢迎的情况以及成本问题，埃森哲、德勤和网飞等公司已经放弃了正式的年度评估，并指望员工以及他们的上级能提供持续的反馈，从而使公司从由此产生的开放性中受益。对整个公司而言，开放性将提高企业绩效并开发企业潜力。这也意味着当进行正式评估时，不会有任何意外的发现。

最后，评估指出了个人可以获得进一步发展的方式，包括培训以改进风险管理或减少风险暴露。员工就像钻石，他们需要不断地打磨。

培训和发展

业务目标（和风险）是评估过程的核心，也有助于确定公司和个人的学习和发展需求。业务目标还是评估培训和发展成功与否的基础。开始一项培训或发展计划时，如果不评估它是否成功地体现了业务目标，这项活动就没有什么意义。

公司需要运用和维护一系列的风险指标，以帮助发现公司内部可能的新的培训需求及其影响。这些指标可能包括生产力水平、错误分析或员工流失率。

公司需要对新员工和现有员工的培训进行投资，以便员工能够更全面地看待自己可能给公司带来的风险。公司内部应鼓励工作轮换，以丰富员工的工作内容，并在特定员工缺勤的情况下保证公司能够正常运作。

培训和发展可能涉及一些课程，但也可能意味着责任或环境的变化。你永远不知道什么时候会有人离开。在更高的层次上，公司应该培养高管的领导力。董事会或者高管，多久会抽出一天的时间开展培训？领导力涉及人际交往技能，例如指导、沟通、冲突管理、咨询、激励、绩效评估或时间管理。除了了解立法的多样性和就业法等法律外，高管还需要接受其他培训。

不储备人才的公司会发现人才离开后可能成为自己的竞争对手。如果个人的职业发展受限，公司将发现在需要不同的人才时，公司面临更加严重的短缺——无论是在经济低迷还是在经济好转的情况下。

但评估并不是个人发展的唯一指南。公司的中期目标将指向所需的技能，因此应定期进行技术审核，确保公司拥有合适的技术人才和领导人才储备，以实现其战略并相应地开发人力资本。

奖励——奖金制度体现了什么样的价值观?

奖励是提高员工绩效、敬业度和促进现有员工留任以及新员工招聘的关键杠杆。但奖励不仅仅是薪酬。基本工资、可变工资、股票期权和其他福利等——是薪酬的财务方面。例如,一家较大的中东银行每年都有一个家庭日。所有员工及其家人都被邀请参加游玩和烧烤活动。这项福利受到所有员工的高度重视。据说,这也是该银行总是收到比预期多得多的职位申请的原因。提供福利不需要花非常多的钱,而是要有针对性,针对公司中的员工群体。

奖励的非财务方面对员工也同样重要。认可——无论是来自老板的赞扬、领导层的关注,还是获得的授权和承担的责任——对我们所有人来说都很重要,同样重要的还有发展技能、获得晋升机会或实现员工工作与生活平衡的机会。它们都是整体奖励方案的一部分,可能对留住一名有价值的员工或招聘一名新员工起到决定性作用——这只是降低员工风险的一个方面。

晋升也是奖励的一部分。如果管理者真的相信公司的价值观,就不会提拔行为不符合这些价值观的人。如果提拔了,说明这个管理者忘掉了企业文化。

回到奖励的核心——薪酬。与评估一样,薪酬应该强化企业要求的绩效和行为,并阻止不必要的行为。它应该以企业认可的良好的业绩为基础,帮助企业实现其战略目标,而战略目标本身应该植根于良好的风险管理和健康的风险文化之上。目标应该是实现企业发展的长期可持续性,长期来看,是被委托管理企业的资本和品牌的长期可持续性。

激励措施旨在改变行为,尤其是短期行为。然而,它是一种力量,既可以是好的,也可以是坏的。一方面,如果激励力度不够大,就不太可能对管理者的行为产生重大影响。另一方面,强效激励可能会产生意想不到的后果,包括过度冒险。如果薪酬与财务和非财务绩效目标挂钩,绩效目标与业务目标密切相关,那么这对将薪酬与风险偏好挂钩很有帮助。在石油钻井平台上,管理人员获得的奖励主要是与安全管理质量有关,实现生产目标则排在第二位。

薪酬和风险之间平衡的另一个反映是固定薪酬和可变薪酬之间的平衡。奖金本身并不是坏事，但它应该用来推动非财务行为和绩效，以及对目标的实现和盈利能力的提高做出反应。

当然，奖金这个词在公众和政客眼中本身就是情绪化的。银行业危机之后，关于银行和金融服务薪酬的指导方针被发布。在指导方针中，有人建议，如果薪酬的很大一部分是以绩效奖金的形式发放的，那么大部分应该：

- 延长最短期限（这将反映产生奖金的交易所涉及的风险）；
- 可追回（在递延要素上）；
- 通过量化标准和人工判断进行风险调整，并反映所有类型的风险。

通常会导致更高风险的做法可能包括：

- 基于数量、盈利能力或生产力的工资和奖金；
- 薪酬总是可变或完全可变的；
- 薪酬取决于达到目标或阈值；
- 佣金率随数量或产品而变化；
- 销售与其他实物商品相关的金融产品，或销售可能与金融产品[①]一起购买的非金融产品。

原则上，以股份形式发放绩效奖金应使奖励与股东价值保持一致。但这可能意味着，高管们花更多时间试图操纵股价，而不是在中长期内使业务保持盈利。事实上，经济理论表明，基于股权的可变薪酬计划往往会提高管理者的风险偏好。[②]高管们代表所有者管理公司资产，不能只盯着迅速致富的机会。

危机后的指导方针是否会提高金融服务业的风险管理质量仍有待观察。然而，企业应该制订长期激励计划，这是朝着正确方向迈出的一步。传统上，激励措施过于短期。英国银行业的付款保障保险（PPI）丑闻就是一个

---

① 　Frank Brown,' Financial drivers of conduct risk ', Bovill (https://www.bovill.com/financial-drivers-of-conduct-risk/).

② 　J Tirole, *The theory of corporate finance*, (Section 1.2.2 Monetary incentives)(Princeton University Press), 2006.

很好的例子，该丑闻最终使银行支付了 500 多亿英镑的赔偿和罚款。员工赢了，但雇主输了。这是一大笔本可以支持企业借贷和经济发展的资金。

指南中的最后一点是，应大幅提高对薪酬依据的公开披露程度。从人力风险管理的角度来看，更重要的是，公开透明的内部文化应该延伸到薪酬方面。人们有权知道自己和同龄人获得报酬的依据，要让他们知道这个过程是公平和公开的。薪酬必须有所区别，否则薪酬就失去了激励良好业绩和阻止不良行为的力量。但人们的反应往往是对薪酬保密。通过支付不同的薪酬来让人们感到不安的风险，与保密的负面影响相比相形见绌。

最后，谁负责决定薪酬水平和制定薪酬制度？除了投资者、媒体和立法委员会等外部机构——它们似乎都相当无效——当然还有董事会和薪酬委员会。董事会必须将薪酬与透明的绩效标准联系起来。此外，还有各种支持薪酬制度的驱动因素：

- 市场规则——市场规则是否迫使企业和个人以符合监管目标的方式行事？
- 商业模式——商业模式是否包括公平对待消费者和平均分担风险？
- 治理——如果董事会建立了一个公平的商业模式，企业治理（如控制）是否确保遵循该模式？
- 行为——商业模式和治理（系统和控制）的设计考虑了理性的反应：它们是否允许现实中的行为偏差？[①]

这不仅意味着员工的优秀表现将得到合理且公开的奖励，而且员工的糟糕表现，包括首席执行官的糟糕表现，会立即得到公平公正的处理。

安全与保护

在很多方面，安全与保护是造成人员风险的原因。我们将在第 16 章

---

① Peter Andrews, Jonathan Haynes, The puzzle of regulating pay: practical solutions for firms and supervisors, Oxera Agenda, April 2019.

讨论网络安全，无论是内部威胁还是外部威胁，大多数由内部人员引发的事件都不涉及网络安全。网络安全通常与糟糕的人员风险管理有关。

大多数内部人员都看到了利用内幕信息的价值，但不是为了从事内幕交易才去工作。在英国国家基础设施保护中心的一项调查中①，最常见的一种内幕活动类型是未经授权披露敏感信息（47%）。获取经济收益（也是47%）是主要动机，还有获得认可的期望。有趣的是，其中绝大多数是男性，年龄在 31 ～ 45 岁，是长期员工。与那些犯错误和容易发生安全事故的人类似！

因此，许多风险都可以通过简单的控制和公司中清晰的风险文化来降低。人力资源部门是否有适当的职前筛查或安全风险评估？高层是否缺乏风险意识？是否存在公司治理不足、管理不善、业务领域之间沟通不畅的情况？正如我们之前所说，大多数人并不打算犯罪，但如果有机会，他们可能会犯罪。即使是整理办公桌的规定也能立即避免许多风险。

降低人员风险

创建正确的风险文化将大大降低人员风险。降低这些风险的根本方法是有效的控制。控制可以保护公司免遭风险，也有助于保护人们免受自身伤害，尤其是在经济低迷时期。

但是，除了内部流程控制之外，还有其他降低人员风险的方法。表 14 - 2 列出了一些典型的人员风险事件、其可能的原因以及缓解这些风险的方法。

表 14 - 2　人员风险事件及其缓解方法

风险事件	原因	缓解方法
员工犯罪活动、欺诈、未经授权的活动	不正直、不诚实	健康的文化 员工选择 物理和技术层面的安全 安全培训

① Centre of the Protection of National Infrastructure, Insider Data Collection Study, 2013.

续表

风险事件	原因	缓解方法
失误	能力不足	员工选择
	缺乏训练	培训 / 发展
	薄弱过程型文化	培训 / 发展
		健康的文化
		评估 / 估计
雇佣法失效（雇佣、解雇、歧视、健康和安全等）	缺乏训练	培训 / 发展
	缺乏法律意识和知识	人力资源政策和流程
	不良的员工文化	健康的文化
		评估 / 估计
薄弱（高风险）的业务 / 交易决策	不当激励	薪酬政策
	不称职的员工	员工选择
	专制的高层管理 / 缺乏挑战	培训 / 发展
		健康的文化
		管理
	不良的风险文化	环境 风险政策和偏好
劳资关系失败	不良的员工文化	健康的文化
	缺乏经验的经理	培训 / 发展
		选择
		评估 / 估计
人员、人才的流失（或缺乏）	不良的员工文化	健康的文化
	薪酬较低	培训 / 发展
	招聘失败	评估 / 估计
		员工保留
		薪酬制度
		选择
知识产权损失	不良的员工文化	员工保留
		雇佣合同

关键的人员指标

如果人员风险作为一家公司最大的潜在风险的一个类别，那么可以关注有哪些指标可用于监控该风险（见表 14-3），尤其是监控风险构成及其控制。当审视因果链时，许多与流程和系统风险及控制相关的指标最终都会体现为某种形式的人员风险。它们告诉你很多关于公司的能力水平以及薄弱之处的信息，这可能意味着需要通过培训或更好的人员管理来加强控制。

表 14-3　人员指标

问题	指标
劳动力稳定 / 损耗	离职率——反悔 / 经验 / 资历
	缺勤、生病
	评估，包括 360 度反馈
	加班分析
	薪酬调查
退休	计分卡指标
雇佣 / 选择	行为能力——价值观
多元化和包容性	性别、种族、地域分析 薪酬公平
敬业的员工	员工敬业度和满意度调查
	人力资源投诉和申诉、违反法律法规的行为
	求助热线、"大声说出来"、举报
	沟通分析，例如发电子感谢信
安全性	事件
技能	培训分析
领导力	董事会效能调查

以自我为中心很容易，但最好是明白别人如何看待自己。在第 3 章中，我们展示了一些评估行为和价值观的外部指标。它们也可以用来表示

人员风险。

但这些指标用的是原始数据，我们需要进一步挖掘。关键是分析和理解这些数字表示什么。员工流动率可能是仪表盘和管理报告中最常见的人员风险指标。但员工流动率本身就是一个非常直截了当的工具。问题不在于离职员工的人数，而在于离职员工的质量以及他们所拥有的知识和经验，那么离职数据是否根据经验和评估等级显示了员工流动的情况？对员工流动率有一个能接受的目标吗？在某些领域，企业也许只关心年员工流动率达到 50% 的情况。但在一个新的项目领域，企业可能会被团队中任何人的流失所摧毁。

另一个反映压力——或对工作环境的不满——的有效指标是疾病。正如我们在关键员工流动率方面看到的那样，疾病数据的问题在于原始数据不是一个好的指标。英国国家健康体系（UK's National Health Service）发现关于疾病的问题之一是，许多疾病与经验丰富、敬业的员工有关，他们的尽责意味着在缺乏足够支持的情况下精疲力竭。因此，与所有运营风险管理数据一样，深入标题之下并发现真正的原因是至关重要的（见第 8 章）。

案例研究

英国国家健康体系（2009 年）

2009 年 8 月，史蒂夫·伯尔曼（Steve Boorman）发表了关于英国的国民医疗服务体系的中期报告。[①] 报告指出，国民医疗服务体系中的员工每年平均缺勤 10.7 天，高于整个公共部门（9.7 天）和私营部门（6.4 天）。将因病缺勤的天数减少三分之一，每年将可增加 340 万天（相当于 14 900 名全日制员工的工作天数），每年可节省 5.55 亿英镑的直接成本。

更具体地说，与风险管理相关的是，员工患病率高的医院，患者满意度低、甲氧西林耐药金黄色葡萄球菌（MRSA）感染率高。该报告得出结论，通过减少工作人员因病缺勤的天数，减少对临时机构工作人员的依赖，英国国家健康体系将大大提高患者满意度和治疗效果。

---

① www.nhshealthandwellbeing.org.

公司可以进行工作场所员工满意度调查，从员工那里获得重要反馈。但要使员工满意度调查有效，必须相信，如果提出问题，这些问题将得到考虑并采取行动，这个过程会是透明的。公司通常通过匿名提交来实现这一点，同时承诺从一开始就与所有员工分享结果，无论结果是好是坏。

我们可以设定关于培训和发展的指标，但多少员工有培训或发展的需求？这些需求中有多少得到了满足？他们真的接受过培训吗？培训产生了什么影响？

小结

每个员工都是独立的个体。他们受家庭、养育方式、工作场所和外部环境等因素的影响，所有这些影响因素都在不断变化。

公司可以开展的人员风险管理活动很多，如培训、奖励。苏格兰环境保护局（Scottish Environmental Protection Agency，SEPA）就是一个很好的例子（见表 14 - 4）。

表 14 - 4　SEPA 的人员风险管理活动

拥护者	承认与奖励
服从	雇佣
困惑	授权
粗心	教育
敢于冒险	雇佣
犯罪	严厉打击

最后，如果我们选择了合适的人，确保他们清楚自己的角色和工作的重要性，给他们提供发展和学习的机会，根据反映组织行为的清晰透明的绩效标准向他们支付薪酬，定期向他们提供反馈，并与他们的上级进行对话，确保员工内部进行有效沟通，我们将拥有一个成功管理和缓解员工风险的企业。

良好的人员管理即良好的管理，良好的管理即良好的风险管理。

声誉损失

引言：什么是声誉？

> 我的好主帅，无论男人女人，
>
> 名誉是他们灵魂里面最切身的珍宝。
>
> 谁偷窃我的钱囊，不过偷窃到一些废物，一些虚无的东西；
>
> 它只是从我的手里转到他的手里，而它也曾做过千万人的奴隶；
>
> 可是谁偷去了我的名誉，
>
> 那么他虽然并不因此而富足，
>
> 我却因为失去它而赤贫了。

（奥赛罗（Othello），Ⅲ，ⅲ，155-161）

一如既往，莎士比亚说得很对。埃古（Iago）可能一直在玩世不恭地操纵奥赛罗，但他在声誉的一个关键因素上的看法是正确的——声誉与感知有关。它存在于他人的头脑中，你既不拥有也不能控制他人的感知。这使得声誉管理起来很困难。

公司的声誉必须是真实的，并以现实为基础。如果一家公司的所作所为与利益相关者对该公司的期望之间存在差距，其声誉将受到影响。这种影响可能是毁灭性的。英国乐施会就是一个很好的例子。

案例研究

英国乐施会（2018 年）

慈善委员会 2017 年 11 月进行调查之前，已经与英国乐施会进行了接洽，并关注到英国乐施会在 2017 年对涉及高级员工的指控进行了多次调查。英国乐施会因此同意了一项行动计划，该计划将于 2018 年 3 月完成，以解决英国乐施会面临的问题。

2018 年 2 月，人们公开表达了对 2010 年海地地震后发生的事件的担忧，随后这些事件受到指控。指控称，2010 年，英国乐施会工作人员与一些人发生不正当关系，其中可能包括未成年人。

2018 年 2 月 12 日，慈善委员会开始对英国乐施会进行调查，以审查该慈善机构的治理，包括对救援事务的领导和文化，以及相关管理、政策和实践。

据称，2010 年 11 月，英国乐施会似乎意识到，在 2010 年海地地震救援的过程中，工作人员缺乏正确的工作意识。这些警告信号本应提醒英国乐施会，它在海地的工作人员的文化、士气和行为普遍存在严重问题。

2011 年 7 月慈善委员会报告了对海地工作人员不端行为的内部调查结果。区域经理的辞职得到了"鼓励和接受"，更高级别的工作人员得到了"更宽容的处理"。调查显示，"多年来，英国乐施会的内部文化容忍了不良行为，有时甚至忽视了它所代表的价值观"。然而，英国乐施会对此只采取了有限的行动。在那个阶段，慈善委员会对英国乐施会处理海地这些工作人员行为的信心已经减弱。

慈善委员会还审查了英国乐施会的救援方法，并得出结论，英国乐施会过去做出的保证和承诺并不总是与其资源相匹配。

声誉损失：
失去了数千名捐赠者和巨额捐款，失去了来自英国政府的援助；
首席执行官和副首席执行官辞职。

声誉管理就是要认识到并缩小差距。

人们根据可获得的信息来评估公司的声誉。其中一些信息来源可能由公司控制，如年度报告或营销材料。另一些信息来源包括：客户的服务体验；顾客的在线意见；员工调查；各种评论观点，例如从地方小道消息到博客，到联合记者，再到活动中的积极分子。声誉是一种主观的、综合的评估，由许多因素构成，其中信任是关键因素。

摩根·威策尔（Morgen Witzel）说："声誉实际上是许多人长期以来对一个组织的综合体验。"[①] 这些体验和感知是动态的，并且一直在变化。这种变化往往是由他人的行为或态度引起的。如果你的同行和竞争对手的水平得到提高，你的相对声誉就会下降。如果某家企业表现特别糟糕，其他企业的声誉可能会受到影响。声誉也会随着社会因素而改变，其他趋势也可能影响企业声誉的关键支持者。随着时间的推移，你可能认为自己的看法会与利益相关者的不同。企业声誉不是一个附加因素，而是企业绩效的一个基本方面。

本章之所以称其为声誉损失，而不是声誉风险，是因为声誉是风险事件的后果或产生的影响。以零售服装和童工为例。国际劳工组织（International Labor Organization）认为，有 1.7 亿人属于童工，其中许多人生产纺织品和服装，以满足欧洲、美国和其他地区消费者的需求。童工事件直接的影响是剥削儿童、超低的工资以及剥夺儿童受教育的权利。但是，童工存在的原因是"人们想尽可能购买便宜的东西"，利益胜过了道德，甚至存在根本不考虑道德的领导者。更深层的原因是，对领导层培训不足，或对外部利益相关者（如投资者）提供了强大的短期激励。

这是一种风险，即企业的行为达不到利益相关者的预期，或者最重要的是，按照预期行事。这是关于信任的问题。考虑到社交媒体带来的影响，声誉的后果按严重程度应该排在前列。声誉是风险管理的关键要素。

---

① Morgen Witzel, The terrible cost of reputational loss, *Financial World*, July/August 2009, pp. 53–55.

声誉和品牌

声誉和品牌一样吗？当然不一样。品牌是其所有者为了商业利益和向消费者销售而创造和控制的标志。如果品牌的声誉严重受损，该品牌可能会停止使用，比如《世界新闻报》（*News of the World*）的案例。相比之下，声誉的影响是无法停止的。

这两者之间也有明显的相似之处。声誉和品牌是由价值观和行为驱动的，两者都取决于体验。然而，对于品牌而言，客户是关键；对于声誉而言，客户是利益相关者的一个子集，是一个重要的子集。

一个强大的品牌可以使一家公司在日益激烈的价格竞争中胜出，并有助于保护其声誉。但单凭品牌并不能保护一家公司免遭其所面临的所有声誉损失。

利益相关者

没有利益相关者的支持，组织将不复存在。利益相关者不仅仅是那些与企业直接打交道的人，还包括其他各方，比如监管机构和意见形成者，他们实际上掌握着企业的经营许可证。他们不仅会影响企业的直接利益相关者，还会影响那些潜在企业与企业直接相关的各方，当然，利益相关者之间也会相互影响。

在一个不断变化的世界里，除了企业社会责任议题之外，还有更具侵入性、简化性和轰动性的媒体，虚假新闻，受害者文化以及反商业和反技术活动。

在表 15 - 1 中，员工在声誉中的作用尤其重要。研究还表明，人们更可能相信员工的意见，而不是老板的意见。Glassdoor.com 在 190 个国家和地区拥有超过 4 100 万会员和约 60 万家公司的数据。在该网站上员工匿名发布关于大公司和小公司工作条件的帖子，引导人才从声誉较差的公司跳槽到声誉较好的公司。

表 15 - 1　典型的利益相关者

直接的	执照持有者——影响者
顾客 / 客户	监管机构
员工	工会
供应商	意见形成者
投资者	广播、出版物和社交媒体
商业伙伴	政治家
	政治方面或其他方面的说客
	消费者权益倡导者和活动人士
	当地社区

声誉就是要满足所有这些利益相关者的期望，其中许多人可能很难见到。声誉的好坏取决于利益相关者对公司及其员工的预期行为和实际行为做出的比较。这是国际新闻社（News International）内部电话窃听丑闻在许多国家引起公众强烈抗议的主要原因。

案例研究

国际新闻社电话窃听丑闻（2011 年）

国际新闻社电话窃听丑闻起源于 2005—2007 年，当时一名为《世界新闻报》（News of the World）工作的私人调查员截获了英国王室的语音邮件。当时的调查得出结论，该报的电话窃听对象仅限于名人、政客和英国王室成员。然而，在 2011 年 7 月，据透露，被谋杀的女学生米莉·道勒（Milly Dowler）、已故英国士兵的亲属以及 "7·7" 伦敦爆炸案的受害者的手机通话也被窃听。进一步的披露显示，电话窃听比最初想象的范围要大得多，该报还窃听了关于自己贿赂警察的指控。

声誉损失

公众的强烈抗议和广告抵制导致《世界新闻报》在出版了 168 年后于

2011 年 7 月倒闭。

持续的公众压力也迫使新闻集团取消了对英国电信公司 BSkyB 的拟议收购。

这一事件导致国际新闻社首席执行官丽贝卡·布鲁克斯（Rebekah Brooks）和大都会警察局（Metropolitan Police）局长保罗·斯蒂芬森（Paul Stephenson）等许多知名人士辞职。

每个利益相关者都有不同的期望。他们可能会高估公司，并有不合理的期望。虽然许多公司可能在采取不良行为后存活下来，但倒下的大多是声誉卓著的公司。

正如澳大利亚保险集团（Insurance Australia Group）负责文化和声誉的高管山姆·莫斯汀（Sam Mostyn）所说[1]，如果"声誉无异于兑现承诺"，那么它实际上意味着要兑现许多承诺。企业的声誉的价值——取决于对企业的利益相关者来说什么是重要的，以及他们对实际业务与预期的比较。

这在 2011 年索尼（Sony）PlayStation 游戏机停止服务事件中得到了证明。2011 年 4 月 20 日，索尼意识到其 PlayStation 游戏机网络遭到了网络攻击，并关闭了该服务。经过鉴定部门检查后，索尼宣布 7 700 万个账户的信用信息已被泄露。服务在 5 月底开始恢复。政府和其他机构担心的是数据保护问题，PlayStation 绝大多数客户抱怨却是，他们的游戏有 3 ~ 4 周的时间无法使用。

由于声誉损失是潜在事件的后果，因此应检查风险登记册中的每一项风险，以确定风险给公司造成的直接损失和可能因公司声誉受损而产生的间接损失。检查将表明这些风险是否会对声誉产生影响，以及哪些利益相关者群体会受到影响。通过使用类似表 15 - 2 的表格，可以简单地确定可能因声誉事件而受损的利益相关者。在讨论战略、新项目或新产品时，应当按照一定的标准识别风险以及新的声誉风险的利益相关者。

---

[1] Quoted in Stuart Fagg, Reputation risk management beyond the spin, *Risk*, 18 August 2006.

表 15-2 使用风险登记册识别风险对利益相关者的损害

风险	员工	客户	供应商	投资者	代理商	新闻媒体	监管机构
1							
2							
3							
4							
5							

一旦确定了哪些人可能会受到影响，企业就可以评估声誉受损的可能程度。因为声誉受损代表了期望和现实之间的差距，所以企业首先需要全面了解所有利益相关者对企业的认识。他们有多信任企业？他们如何评价企业提供的产品的质量？他们对企业有什么期望？他们认为企业做出了什么承诺？企业是否会评估和验证企业政策、业务守则和对优先事项的定位？利益相关者存在吗？可信吗？言行一致吗？

当然，利益相关者的观点会随着时间的推移而改变，利益相关者群体也是如此。他们是利益集团，可能会发生变化。如果企业想建造一座新工厂或办公大楼，当地规划部门可能会第一次也是唯一一次与当地居民一起作为利益相关者出现，但当地居民会继续作为关键的利益相关者群体中的一员。

使事情进一步复杂化的是，单个的利益相关者可能属于多个群体。例如，一名企业员工在金融服务业务中可能是而且通常是客户和投资者，也可能是其中一个影响群体的成员。利益相关者是一个不断移动的目标。声誉风险管理是一个棘手的问题。

声誉如何受损？

不正确对待声誉风险的企业的比例是很高的。在怡安保险（Aon）最近的一项调查中①，声誉在前十大风险中位于第二位。声誉是无形的，就像商誉一样，并没有得到管理层应有的关注。在德勤 2018 年对首席执行官的调查中，只有 42% 的首席执行官在过去一年中讨论过公司面临的声誉风险。

表 15 - 3 给出了声誉问题的例子及其产生的原因。

表 15 - 3　声誉问题及其产生的原因

声誉问题	产生的原因
融资困难	投资者关系不佳
失去关键员工	缺少倾听，内部沟通不畅
失去供应商和客户	营销传播较差
无法进入新市场	与授权机构、客户和潜在客户的沟通效果较差
诉讼和更具侵入性的监管	缺乏对风险的控制

恢复该清单中确定的各利益相关者群体的信任需要大量的资源和努力。在最坏的情况下，声誉的丧失可能会导致公司的倒闭，甚至可能导致整个行业的毁灭，比如 2013 年 4 月拉纳广场（Rana Plaza）的倒塌事件。

案例研究

拉纳广场（2013 年）

2013 年 4 月 24 日，孟加拉国达卡的一个八层商业建筑拉纳广场倒塌了。拉纳广场里有几家商店、一家银行和几家服装厂。2013 年 4 月 23 日，该建筑被发现有巨大的结构裂缝，较低的楼层立即关闭。然而，服装厂位于较高楼层，工人们被要求第二天返回工作岗位。仅仅几个小时后，整座大楼就倒塌了——1 134 名工人死亡，2 500 多人受伤。

声誉损失

1. Benetton、Bonmarché、Cato Fashions、El Corte Ingles、Primark 等

---

① Aon, Global Risk Management Survey, 2019.

全球品牌未对人员伤亡及损失提供赔偿，因此遭到抵制。

2.各品牌被要求在孟加拉国签署一项关于消防和建筑安全的协议。

可悲的是，对一些公司来说，过滤的版本比真实的东西更令人舒适。声誉面临的最大威胁之一是所谓的制度约束，一种公司几乎不知道自己正在混淆可接受行为和不可接受行为的边界。这种行为的另一种描述可能是"道德蠕变"，或者是公司行为不端，逍遥法外，然后仍然继续这样做。当然，在安然事件中，一些高管确切地知道他们在做什么。有人认为，制度约束是美国国家航空航天局（NASA）挑战者号和哥伦比亚号航天飞机灾难的根源。[①] 在哥伦比亚号的灾难中，人们没有吸取挑战者号的教训，这可能是制度约束的另一个表现。与其他公司一样，NASA 长期坚持认为，自己对可接受行为的解释才是最重要的。

在 NASA 的航天飞机计划、英国议员的费用索赔或英国乐施会等案例中，相关人员面临深度改革和公开指责。在更高的层面上，所有事件都会带来更大的代价——公众对那些滥用信任的机构失去了信心。从风险的角度来看，失去公众信任的风险是因为未能以可接受的方式控制行为。

假设欺骗不是根深蒂固的，那么是哪里出问题了呢？我们可能认为，公司领导者最担心的是，他们无法控制的事件会对声誉造成损失。事实上，声誉损失在很大程度上是商业运营的产物。劳埃德受托人储蓄银行（TSB）就是一个很好的例子。

案例研究

TSB（2018 年）

2018 年 4 月，经过多年的规划，TSB 关闭了各种服务两天，计划将客户数据迁移到新设计的 IT 系统"数字时代"中。这一过程涉及将 13 亿份客户记录从其前母银行劳埃德银行运营的旧系统转移到其新的西班牙所有者萨瓦德尔（Sabadell）管理的系统，迁移后每年可以节省 1 亿英镑。

---

① Diane Vaughan, *The Challenger Launch Decision* (Chicago and London:University of Chicago Press), 1996.

行动已经被推迟。最初的计划是 2017 年 11 月进行数据迁移。

客户很快就发现，在周日晚上开机后，一切都没有正常工作——190 万客户无法接入互联网。TSB 当天晚些时候承认，由于容量问题，半数客户无法享受在线服务。

危机爆发 6 天后，TSB 首席执行官保罗·佩斯特（Paul Pester）表示，该银行"服软了"，他已经向外界求助。6 周后，一些 TSB 客户仍面临服务问题。当时，共有 9.37 万起客户投诉。40% 试图致电银行的人在等待时间超过 30 分钟后仍无法打通电话。

财政委员会主席妮基·摩根（Nicky Morgan）表示，她"深切关注 TSB 对其所面临问题的规模和性质的沟通不力，对客户欺诈的回应，以及佩斯特先生向委员会提供的口头和书面证据的质量和准确性"。

欺诈者利用银行 IT 系统的问题，使 1 300 名客户失去了储蓄。

声誉损失

- 赔偿 3.3 亿英镑的客户支出、欺诈和运营损失，修复技术系统；
- 因免除费用而损失的收入；
- 8 万名客户转向竞争对手；
- 首席执行官保罗·佩斯特辞职。

除了这些可能导致声誉损失的直接可控风险外，还有行为风险，例如：

- 会计实务——它们是否恰当，是否受到真正独立的审查？
- 公司治理——董事会的组成（技能、知识和经验）、公司的复杂性和结构、战略与变革及利益冲突是否得到妥善安排或处理？
- 歧视——各种形式的歧视。
- 数据隐私 / 保护。
- 员工关系。
- 激励结构。

最后，有些外部事件无法控制，但可能会对声誉造成严重影响，例如：

- 少数行业成员的活动可能对整个行业产生影响；

- 无根据的指控，无论是否得到支持；

- 单独的举报者可能引发一种可控的激愤情绪，在社会放大效应下，可能会引发恐惧／愤怒；

- 我们不希望打交道的第三方，比如洗钱者或黑客。

需要记住的一个关键点是，声誉会因感知到的失败而受损，即使这些失败实际上并不存在。遗憾的是，感知就是现实。一家公司可能会受到惩罚，不是因为它本身的任何失败，而仅仅是因为它被要求遵守错误的标准，甚至是它不知道的标准。如果因为事实上的误解或错误信息，公众的期望是"错误的"，公司需要主动纠正。

鉴于导致声誉风险的各种原因及其不断变化的性质，我们应该如何管理和缓解声誉风险？

声誉管理框架

治理

从本质上讲，声誉管理是关于利益相关者和公司的行为的问题。你可能还记得我们在第 3 章中引用的默文·金教授的话，其中提到"中层声调和基层节奏"的重要性。问题的关键不在于传授董事会关于声誉的倡议，而在于确保每个人都理解并践行一个显而易见的原则，即公司的声誉掌握在所有员工和所有代表公司行事的人的手中。他们不会对正式的政策做出回应，而是对"语气"有所回应；对他们周围人的态度和行为，以及他们观察到的来自董事会层面的人有所回应。如果他们观察到的这些人都是有道德的和开明的，那么很有可能员工和代理人也会表现良好。

声誉掌握在所有管理层和员工手中的另一个原因是，正如我们在表 15-1 中提到的，利益相关者是多种多样的。在所有的调查中，首席执行官都负有管理公司声誉的主要责任，但令人惊讶的是，许多公司没有正式的声誉管理流程。

尽管董事长或首席执行官可以确保将公司良好声誉的价值观和行为人格化，但他不应独自承担声誉管理的责任。在许多公司，声誉管理交给了企业沟通部门。这些部门可能是发现故障早期预警的雷达，但声誉管理的责任应由对特定利益相关者群体中最负责任的人承担，如表 15-4 所示。

表 15-4　利益相关者和声誉关系经理

利益相关者	声誉关系经理
客户	业务线
客户界面	支持性职能部门，例如 IT 部门、呼叫中心
员工	人力资源部门
供应商	采购部门
第三方代理	合适的业务线
投资者	投资者关系部门
监管机构	合规部门
新闻和社交媒体	新闻与公共关系部门、企业沟通部门
政治家	公共事务部门或首席执行官
工会	人力资源部门

赋予整个公司声誉责任的好处是，每个人都认真对待这个问题。事实上，正如英国石油公司告诉你的那样，在深水地平线灾难发生后，员工和其他人一样对公司施加了巨大的压力，要求公司努力维护其声誉。

危险在于，公司的每个部分都各自为政，需要进行协调。考虑到直接涉及公司声誉保护的领域很多，CEO——或者是董事会——很可能是一个协调角色。

当然，CEO 或董事长可以单独通过行为或言论破坏公司的声誉。一个例子是零售珠宝商杰拉尔德·拉特纳（Gerald Ratner）在一次私人晚宴上把公司的一款产品描述为"垃圾"，并表示有些耳环比"玛莎百货（Marks and Spencer）快要过期的三明治"还便宜。这些言论被报道后，拉特纳集团（Ratner Group）的市值暴跌 5 亿英镑，几乎要被摧毁，拉特纳也被迫离职。

拉特纳在《杰拉尔德·拉特纳：起起落落与再次崛起》（*Gerald Ratner: The Rise and Fall and Rise Again*）中对这一事件进行了有趣的后续报道，他在书中恳求道："我辛勤工作了 30 年，为股东赚了数百万英镑，为我热爱的公司创造了数千个工作岗位，但突然我不再属于这里。不是因为我犯罪。我没有挪用公款。我没有撒谎。我所做的只是说雪莉酒雕花玻璃酒瓶是垃圾。"[1] 有人可能会说"太绝对了"。如果现实和感知之间的差距如此之大，结果可能是毁灭性的。

许多公司通过设立高级声誉和品牌委员会，将协调问题提升到了另一个层面。该委员会的任务是确保其品牌声誉得到保护和提升，并考虑可能影响其声誉的问题。讽刺的是，2004 年初最早成立这样一个委员会的巴克莱银行，在 2012 年夏天伦敦银行同业拆借利率操纵丑闻席卷该委员会之前就解散了该委员会。

这些委员会负责制定关于某些问题的政策，比如道德问题、利益冲突、公司不希望与之有关联的交易对手方面的问题以及公司内外的行为准则问题，尤其是公司在不同国家和文化中开展业务时。当提议的交易可能违反现有政策或指导方针时，委员会将就政策和冲突做出决定。如果能成立这样的委员会，并得到声誉风险管理部门的支持，那就更好了。

适当的治理结构意味着每个直接负责声誉风险管理的人都有明确的角色和责任。无论是面向客户还是后台，他们都有明确的标准，可以根据这些标准评估事件，并有适当的政策和指导方针的支持。他们还将有一个明确的结构，以便在问题出现时识别并上报。当然，整个过程都应该定期审核。

---

① Gerald Ratner, *Gerald Ratner: The Rise and Fall ... and Rise Again*, (Chichester: Capstone Publishing) 2007.

追踪声誉

企业需要一个永久的声誉风险雷达。除了企业的内部环境、企业的利益相关者，企业应该追踪外部环境和企业声誉的变化。可以使用第 1 章提到的 PRESTEL 来实现这一点。表 15-5 显示了可能影响声誉的一些外部环境变化。

表 15-5 可能影响声誉的外部环境变化

政治方面	政治家、政策的变化
监管方面	法规、政策公告、竞争对手罚款的变化
经济方面	竞争对手、经济、劳动力市场、市场、供应链、投资者的变化
社会方面	社交媒体、活动人士、新闻媒体、当地社区、员工和前员工的变化
技术方面	新兴技术
生态环境方面	绿色金融、气候变化、人权、metoo 运动
法律方面	新法律，包括国外法律、诉讼案件

从广义上讲，声誉损失可以通过两种方式产生：随着时间的推移，公司声誉下降；公司处理突发危机失败、处理能力下降及对灾难的处理不力，无论公司是不是危机的始作俑者。正如我们后面展示的那样（见"万一它发生了，我该怎么办"部分），为应对危机，根据各种情景制订一个适当的计划。

对公司声誉的威胁往往来自观念上的一些小变化的积累。一个小事件可能被视为广泛存在的问题的症状。监控对公司声誉的感知是声誉风险管理的关键部分。因此，在评估利益相关者不断变化的认知时起到控制作用的调查，同时也是评估不断变化的声誉损失风险的指标。

这些调查，包括可能基于哈里斯 - 丰布兰（Harris-Fombrun）模型声誉商数的自我评估，是变化的声誉风险的软指标。虽然很难将这些软指标细化为精确的财务衡量指标，但它们确实提供了对声誉进行分析和指标化的方法。如果企业能识别出潜在的影响声誉的指标，企业就能够指导政策的制定并协调资源来管理这些指标。

除了这些追踪声誉风险的软指标外，还有许多硬指标指向不断变化的声誉，并且可以随着时间的推移被追踪。包括：

- 收入下降；
- 市场份额下降；
- 公司市值和清算价值之间的差额（实际上是公司商誉价值的变动）；
- 客户投诉数量；
- 产品召回数量；
- 监管关注度的提高；
- 公司在公众认可的声誉指数中的地位。

最后，在声誉追踪方面，一个关键领域是社交媒体。

社交媒体

马克·吐温（Mark Twain）说："当真理还在穿鞋时，谎言已走遍半个世界。"没有人真正知道是谁首先提出了某个谎言，但在社交媒体的世界里，你可能只有 20 秒钟的时间来遏制谎言、谣言或误解。

社交媒体的兴起意味着关于公司的故事和评论可以在几秒钟内被数百万人关注。脸书（Facebook）有 10 亿月活跃用户，推特（Twitter）有超过 2 亿月活跃用户。[1] 新闻的传播速度很快，尤其是坏消息，现在以毫秒为单位传播。趋势发展得很快。

公司必须关注媒体，了解客户的不满或明显的不实，并在不实成为"事实"或不满对公司构成严重威胁之前迅速做出反应。2011 年，美国银行（Bank of America）和威瑞森无线公司（Verizon Wireless）推出了"便利费"，即银行收取直接借记支付的便利费，无线运营商收取手机和网络支付的便利费。社交媒体风暴过后，这些决定被撤销了。[2]

另外，正如达美乐比萨（Domino's Pizza）证实的，使用媒体是企业提

---

[1] Facebook company announcement 5 October 2012; Twitter company tweet reported on http://mashable.com/2012/12/18/twitter-200-millionactive-users.

[2] Director 20 June 2012.

供卓越客户体验的一种好方法。

案例研究

达美乐比萨（2009 年）

2009 年，达美乐比萨的两名员工在 YouTube 上发布了一段视频，讲述了他们对比萨做过的可怕的事情。不到 24 小时，就有 100 万人观看了这段视频，故事从社交媒体扩散到了广播和印刷媒体，对该公司的声誉和股价造成了毁灭性的影响。考虑到风暴终会过去，当人们还在说比萨有多可怕时，该公司迅速改变策略，发起了一场透明运动作为回应。公司宣布已停止对产品照片进行润色。过了没多久，股价就上涨了 230% 以上。[①]

达美乐比萨的故事还凸显了产生于员工，甚至是员工家属的声誉。现在，大多数公司有针对员工的社交媒体政策，这可能会在一定程度上降低风险，当然也是为了确保员工在社交媒体上的行为规范与正常人际交往中的行为规范相同。[②] 然而，招聘人员和猎头在考虑应聘者时通常会在社交媒体上搜索，不仅是应聘者自己的脸书页面或推特账户会展示出来，还包括应聘者的朋友和孩子们的，这可能会展现未来的首席执行官的一些非常尴尬的照片。

因此，公司必须更善于倾听来自社交媒体的评价并对其做出快速反应，无论评价是来自公司内部还是外部。

声誉损失评估

当发生可能损害企业声誉的事情时，其损害将在一定程度上受到企业在利益相关者群体心目中的声誉的影响。因此，企业需要建立一个评估潜在声誉损失的基准。

建立基准最好的方法是在不同的利益相关者群体中进行调查。这些调

---

① Director 20 June 2012.

② *www.informationshield.com.*

查不仅将确定企业自己的声誉，还将确定企业与竞争对手的比较方式，因为声誉的变化不仅取决于企业的行为，也取决于其他利益相关者的行为，如表 15-1 所示。调查可以采取多种形式——面对面采访、问卷调查、电子邮件——取决于有多少利益相关者，其中有多少被认为是关键利益相关者，或者企业可能需要多少利益相关者作为代表性样本。

下一步是确定企业对声誉风险的偏好，最好的方法可能是确定损失等级，以衡量事件对利益相关者的影响。

银行业使用的一个例子（见表 15-6）主要关注一些关键的利益相关者，如客户、监管机构和投资者。

表 15-6 声誉损失的级别

级别	声誉损失
1	没有外部影响。
2	没有媒体报道；客户投诉增加。
3	有限的当地或行业媒体报道；客户投诉增加；可能有账户关闭；对股价没有负面影响。
4	有限的全国性媒体报道；大规模客户投诉；一些客户流失；非正式监管调查；对股价的潜在负面影响；可能有高管被牵连。
5	持续的国内媒体和有限的国际媒体报道；客户流失严重；正式的监管调查或询问；对股价的负面影响；高管被牵连。
6	持续的国内和国际媒体负面报道；大规模客户流失；正式的监管干预和罚款；对股价有显著影响；高管/董事会直接被牵连。

资料来源：UK Finance Global Operational Loss Database. Copyright © UK Finance. Used by Permission.

重要的是建立一个等级，考虑企业的关键利益相关者，以此来测试企业的风险偏好和潜在的声誉损失。

如果能为声誉损失投保，企业也许能为它定价，但这是不可能的。保险可能涵盖声誉事件的原因，但不包括声誉损失本身。我们可以看一下声誉损失的各种经济衡量方式——收入和客户的损失、供应商或交易条件的损失、管理危机的成本或股价和市值的变化。但很难将这些因素与人们所感知的声誉损失或对信任的长期影响直接联系起来。

有趣的是，工商业保险及风险管理人员协会（AIRMIC）的一份名为《毁灭之路》（Roads to ruin）的报告[1]，研究了 14 次企业危机，其中 7 次企业面临破产，尽管有 2 次得到了政府的救助，但仍有 11 次危机中董事长或首席执行官失去了工作，股东损失惨重。幸存下来的企业也遭受了声誉损失。大多数投资者损失了几年的红利。博雅公共关系公司（Burson-Marsteller）对美国商业领袖、记者和金融分析师进行的另一项调查显示，一家公司在发生重大事件后至少需要 4 年时间才能恢复其声誉。[2]

最简单的经济衡量方式可能是无形资产——商誉，商誉的一个关键组成部分就是声誉。对于服务业来说，它甚至可以代表其总价值。正如美联储（Federal Reserve Board）前主席艾伦·格林斯潘（Alan Greenspan）所说，"制成品通常可以在交易完成前进行评估。另外，服务提供商通常只能提供他们的声誉"。[3] 但实际上，只有当一家企业被出售时，商誉才能得到正确的估值，即便如此，声誉也只是影响其估值的众多因素之一。

另一种方法是使用计分卡。在计分卡方法中，变量很多，而且众所周知权重的设置非常主观。许多公司使用声誉研究所（Reputation Institute）创始人查尔斯·丰布兰（Charles J. Fombrun）确定的因素（例如情感吸引力、产品/服务、愿景和领导力、工作环境、财务业绩以及社会责任）作为计分卡的基础。

丰布兰将计分卡方法设计为一个排名模型，通过该模型，声誉研究所可以评估并公开报告所有公司或特定行业的公司的情况。因此，计分卡方法类似于评级系统。这样的话，该系统可以自我强化并影响企业的行为。企业将与这个系统博弈。但它确实提供了一些有用的问题，企业可以通过这些问题自我诊断不同利益相关者对企业的看法。

最后，正如我们经常说的，声誉的衡量标准是利益相关者的期望和企

[1]　Airmic, *Roads to ruin*, (July 2011). The crises were: Coca-Cola, Firestone,Shell, BP, Airbus, Société Générale, Cadbury Schweppes, Northern Rock, AIG, Independent Insurance, Enron, Arthur Andersen, Railtrack, the UK Passport Agency.

[2]　Alison Maitland, Barclays banks on a good name, *Financial Times*, 19 February 2004, p. 11.

[3]　Commencement address at Harvard University, 10 June 1999.

业实际表现之间的差距。从根本上说，声誉的价值是风险的成本，即恢复以前享有的信誉的成本。这一成本可能相当高昂。

评估潜在声誉损失的另一种高效的方法是使用情景。情景可能是一个或多个事件，例如：

- 执照被吊销；
- 负面的媒体宣传；
- 法律纠纷；
- 失去员工的信任（例如举报事件发生后）；
- 客户对选择的产品和服务的负面看法；
- 监管机构的调查及由此引发的关注。

在进行情景分析时，考虑每个利益相关者以及他们之间如何相互作用，就像我们在识别声誉风险的实践中所做的那样（见表15-2）。利益相关者之间以及利益相关者和企业之间的信息流是什么？要在风险与控制自我评估的背景下考虑事件。企业在情景演练中发现的控制失败可能会影响其他风险，而不是与事件本身直接相关的风险。

任何一种方法——风险记录或情景分析——都将产生声誉事件或情景，并指向有效的行动计划。

声誉损失很可能不仅仅表现为一个财务数字，尽管恢复利益相关者群体对公司的信任可能涉及高昂的成本。声誉影响很难评估，因为影响的范围很大，并且很大程度上取决于真正的原因，无论问题是系统性的还是个人的，关键是，影响还取决于应对问题的速度和方法的有效性。

声誉控制

正如第6章中讨论的控制一样，声誉控制可以在风险具体化之前或之后进行。对于声誉风险，最好的控制是管理期望。利益相关者调查是检查性控制，它不仅提供了评估潜在声誉损失的基准，还可以作为建立预防性控制的基础，以降低发生声誉风险事件的可能性。

实际上，对声誉的最佳控制是基础管理：

- 董事会监督；
- 清晰的战略和业务规划；
- 公司内部上下级之间的沟通以及公司与外部的沟通；
- 严格遵守法规和政策；
- 良好的文化。

由于公司没有良好的文化和流程，因此坏消息不能迅速传递给企业内部需要了解相关信息的人，这使得问题变得更加严重。正如我们在第 3 章中解释的那样，在一家糟糕的公司里，不受欢迎的消息要么缓慢地向上传递，要么信息在传播链条上被扭曲而发生改变。

在报告和账目中解释一家公司面临的风险的性质以及管理这些风险的流程，有助于提高其声誉。然而，无论发布什么，重要的是要有一个过程来评估报告的基调及其对利益相关者群体的可能影响。

管理中间商声誉

我们将在第 18 章详细介绍供应商和供应链。但声誉的一个问题是，它往往掌握在企业无法直接控制的其他人手中。尤其是那些销售企业的产品或服务的人，企业可能有三到四个级别的供应商。这里的一个重要控制是确保向客户提供高质量的建议，以避免任何不当销售的风险。虽然中间商对客户负有主要责任，但企业的声誉也可能受到损害，无论多么不公平。不管真相如何，重要的是感知。

关键是在聘用中间商之前进行彻底的尽职调查，然后确保通过持续对话和更正式的报告不断审查中间商的业务进展情况。以下检查表提供了一个清单。

使用中间商的检查表

对新中间商的尽职调查

- 关键人物的简历

- 职业素养、专业知识和经验

- 商业计划书

- 财务状况

- 银行业务/信用控制程序

- 合规程序和控制，尤其是公平对待客户

- 投诉和分析

- 道德和环境检查表

- 新闻和广告

- 产品信息与营销策略

- 薪酬策略

- 业务连续性计划

- 以前的审计

对现有中间商的审查

- 持续审查上述大部分内容

- 中间商报告不准确或不及时

- 管理信息

    — 业务量

    — 潜在客户的类型和数量

    — 中间商标准业务之外的业务

    — 约定的商业计划书之外的业务

    — 取消率

- 投诉——数量和分析

- 审计

    — 目的：提高中间商的绩效，促进其发展

— 由经批准的审计合作伙伴进行

— 所有中间商采用一致的方法

但这不是一条单行道。中间商也需要保护其声誉，并要确保与产品供应商的任何互动不会损害其声誉。以下是中间商的检查表：

中间商的检查表

初步的尽职调查将是辅助性的，除此之外：

■ 供应商是否提供明确的产品信息和培训？

■ 客户如何看待与供应商的互动？

■ 行业对供应商有何评价？

■ 新产品——产品设计流程是什么样的：焦点小组、压力测试、产品培训？

■ 供应商过去在哪里遇到过问题，是否进行了快速的改正并取得了令人满意的结果？

当然，中间商的检查表可以被供应商用来进一步检查中间商。两份检查表的一个共同点是，尽职调查和持续审查的结果都应明确记录在案。对于中间商来说，记录选择供应商产品的原因尤为重要。

与声誉风险管理的所有方面一样，这不仅仅关乎负面影响。如果供应商和中间商合作，他们的声誉会提高。

万一它发生了，我该怎么办？

处理声誉风险事件与开展我们在第 17 章中介绍的业务连续性计划不同，尽管前者可能是后者的一部分。这是因为无论是公众、媒体还是其他支持者，都对声誉有自己的看法。

问题的原因可能是操作上的，可以修复，但声誉损失是另一种影响，可能会带来更严重的后果，必须单独处理而且要迅速。声誉损失的影响是以与业务连续性计划类似的方式及时衡量的。恢复信任和声誉需要多长时间？这在一定程度上取决于现有的商誉、企业之前与利益相关者的信任关系以及事件的性质。这在多大程度上是可预见和可预防的，还是真的不可预测？探讨如何避免声誉危机，不妨分析一下 2010 年墨西哥湾"深水地平线"钻井平台爆炸事件。

案例研究

深水地平线（2010 年）

2010 年 4 月 20 日，瑞士越洋钻探公司（Transocean）的移动式离岸钻井平台"深水地平线"在英国石油公司租用于马孔多油井钻探时发生爆炸，随后墨西哥湾漏油事件发生。爆炸造成该 11 名工作人员死亡，16 人受伤。它还对墨西哥湾的旅游业和渔业以及海洋和野生动物栖息地造成了损害。直到 7 月 15 日，井口才被封顶。虽然到 2010 年 9 月，美国联邦政府宣布油井"有效关闭"，但 2011 年 7 月，路易斯安那州环境质量部（Department of Environmental Quality）延长了紧急状态，路易斯安那州、密西西比州、亚拉巴马州和佛罗里达州大约 500 英里（800 公里）的海岸线仍然受到了石油污染。

经过内部调查后，英国石油公司承认自己为墨西哥湾漏油事故负责，并于 2010 年 6 月设立了一个 200 亿美元的基金来赔偿受害者。2012 年 11 月，英国石油公司因刑事过失被处以创纪录的 45 亿美元罚款，美国环境保护署（US Environmental Protection Agency）宣布，该公司已被禁止投标新合同，理由是"英国石油公司缺乏商业诚信"。

美国总统任命的委员会在 2010 年 12 月的报告中表示，这场灾难本来可以预防，而且"可以追溯到英国石油公司、哈里伯顿公司（Halliburton）（负责用水泥封井）和瑞士越洋钻探公司所犯的一系列可识别的错误上，这些错误揭示了风险管理方面的系统性失误，使整个行业的安全文化受到怀疑"，"反复出现的问题包括错过警告信号、未能共享信息以及普遍缺乏对相关风险的认识"。

声誉损失

在得克萨斯城炼油厂（2005 年）和阿拉斯加普拉德霍湾管道（2006 年）灾难之后，英国石油公司在美国公众心中的可信度大大降低。

海湾事故被认为是可以预防的。

压垮声誉的最后一根稻草是首席执行官汤姆·海沃德（Tom Hayward）的评论，他是爆炸发生后英国石油公司的代表。他首先出面为公司开脱，然后发表了一项声明，似乎淡化了问题的严重性，最后发表评论说他希望自己的生活重回正轨。这似乎表明，他更急于回家，而不是处理问题直到问题得到控制。

资料来源：National Commission on the BP Deepwater Horizon Oil Spill and Offshore Drilling (11 January 2011), Deepwater Horizon Joint investigation (4 April 2011), *Financial Times* (29 November 2012).

事件发展的速度通常比反应快，如果没有准备或专业知识，领导层会发现自己面对事态发展无计可施。企业需要明确谁来带头努力恢复公众、客户、员工和投资者的信心。

危机中的一个问题是掌握企业所需要的信息。在普华永道 2019 年对 CEO 的一项调查中，CEO 被问及想要什么重要数据以及得到了什么数据。令人惊讶的是：

客户数据——CEO 中 95% 的人想要，15% 的人实际上得到了；

财务和预测数据——CEO 中 92% 的人想要，41% 的人得到了；

声誉和品牌数据——CEO 中 92% 的人想要，24% 的人得到了；

公司风险敞口数据——CEO 中 87% 的人想要，22% 的人得到了。

新闻媒体不再每天报道新闻。记者们被要求通过博客和网站迅速发送报道，这样思考和质疑事件的时间比以往任何时候都少。现代商业新闻媒体的一个令人遗憾的事实是，记者现在只有很少的时间，甚至没有时间来核实"事实"。[1] 新闻记者不是专家。然而，他们往往通过在舆论法庭上提

---

[1] Nick Davies, *Flat Earth News*, (Vintage, 2009).

出指控来影响事件的议程。

遗憾的是，在法庭上，律师几乎没有什么用处。律师关于"什么都不承认"的建议往好了说是无关紧要的，往坏了说可能会严重损害企业的商业价值。尽一切办法聘请律师提供法律咨询，但不要让他们成为企业在危机沟通问题上的第一个建议来源。

在危机中，当出现灾难性的信任丧失威胁时，企业只有有限的时间开展沟通活动。如果企业耽误了一段时间，其他组织和利益相关者将坚持他们自己的议程，并为企业写下一个剧本，这个剧本很少会是赞扬企业的。在危机时刻，所有相关方都将参与一场争夺辩论或议题的主导权的竞赛，以"构建对话框架"。这场辩论的框架由企业决定。

如果企业至少能快速沟通，很可能会让利益相关者暂时相信它，从而获得一些宝贵的额外时间来控制潜在的问题。高管们所做的最糟糕的事情就是害怕向媒体发表讲话或发表任何公开声明，以防他们的话被误解或断章取义。

那么，当企业处在风暴中心时，企业会说什么？要透明。说实话。把一切都说出来，快点说出来。媒体报道的信息来源可能是告密者和举报者。保持沉默的企业往往成为谣言和猜测的对象。企业想隐瞒什么？全面、公开地处理一个问题所花的时间越长，故意拖延的印象就越深刻，而一系列强制披露会让这个问题在媒体上停留的时间更长。

英国石油公司"深水地平线"钻井平台爆炸事件就是一个很好的例子。从这起事件和其他事件中可以吸取的教训是：

- 不要隐瞒真相；
- 直面媒体（因为即使企业不直面，企业的员工也会直面）；
- 认清信任所在，不要辜负信任（真假混杂的信息是影响品牌的最严重的危机）；
- 确保企业有连贯一致的沟通政策；
- 要有同情心。

总之，尤其不要轻视形势的严重性，或暗示"这些事情会发生"，就像波音公司（Boeing）一样。

案例研究

波音 737Max

波音 737 已经飞行了 50 年。波音公司本来考虑开发一个全新的机型，但最终决定将 737NG 改为 737Max。

737Max 上的发动机比 737NG 上的发动机更大，位于机翼上更靠前更高的位置。这导致飞机的表现有所不同。例如，在某些情况下可能会导致机头向上倾斜，比如在人工驾驶飞机低速飞行或大迎角飞行时。为了解决这一问题，波音公司设计了自动软件，该软件将自动启动以稳定住飞机，并推动飞机的机头向下，"从而使其飞行感觉和其他 737 飞机一样"。

737Max 与 737NG 保持了很大程度的共性，这意味着一批飞行员和地勤人员进行一些补充培训，而不需要在新机型上获得认证，就可以在两款飞机上工作。飞行员最终只需要参加一个简短的基于平板电脑的课程，而不是像面对新飞机那样在模拟器中进行训练。

为了尽快使 737Max 获得认证，波音公司误导美国联邦航空管理局（FAA）并对其隐瞒信息，甚至对飞行员隐瞒了防失速软件系统的存在。尽管如此，被授权代表美国联邦航空管理局执行认证工作的波音公司员工之间存在利益冲突，波音公司对美国联邦航空管理局施加的影响导致该局管理层拒绝了自己的技术专家应波音公司的要求提出的安全问题。

2018 年 10 月，印度尼西亚发生狮航坠机事件，189 人死亡。之后，FAA 得知，波音公司未能修复 737Max 机队中约 80% 的机队关于无法操作的警报，并决定在超过 14 个月的时间内不向 FAA 或其客户通报无法运行的警报。

2019 年 3 月，埃塞俄比亚航空公司坠机事件导致 157 人死亡。过了一周，首席执行官才对坠机事件发表评论。他的第一个反应是关于法律和工程基础的，而不是关注悲剧和生命的逝去。没有同情心，也没有针对内部的回应。在检察总长 2020 年 7 月的报告中，提到该公司存在"隐藏文化"、削减成本和监督"严重不足"等问题。该设计"因技术设计失误以及对监管机构和客户（如航空公司）缺乏透明度而受损"。

声誉损失

所有 737Max 全部停飞（从 2019 年 3 月至 2020 年 11 月）；

到 2020 年 7 月，失去 800 份订单；

首席执行官于 2019 年 12 月被免职。

与其他应急计划一样，应急团队以及高管应该经常接受培训。当危机发生时，确保关键参与者随时都掌握最新信息。

记住，企业自己的员工是定义企业声誉的关键利益相关者和重要的倡导者。因此，要确保他们从一开始就参与到沟通实践中。

至于谁负责沟通，企业最好能确定一个发言人以及一份信息清单，当然这是在与媒体打交道时。如果存在信息混杂或相互冲突的风险，情况将有可能变得更糟。同样重要的是，确保为企业发言的人知道他在说什么。在某些情况下，直属经理会比董事会主席更善于沟通，尽管后者也应该参与其中。

当然，董事会也希望了解并尽可能参与应对声誉危机的战略的制定。但最重要的是关注不同的利益相关者，并以他们最期待和欣赏的方式与他们进行沟通，最好是通过声誉关系经理进行沟通（见表 15 - 4）。任何声誉危机计划都应确保危机由公司中适合的人员处理，传递一致的信息，并且快速解决危机。危机结束后，要再次回顾并吸取教训。毕竟闪电可以两次击中同一地方。

最后，在舆论法庭上，企业无权保持沉默，尽管企业讲的任何话都可能会被用来反击企业。无论多么不合理，企业都必须回应对其提出的指控。舆论法庭的制度也比法庭更加严厉：除非企业能证明自己是无辜的，否则企业就是有罪的。以公开诽谤的形式，对企业的宣判和惩罚会立即开始。关于安然案件，安达信（Andersen）最终在法庭上胜诉。但到了那个时候，客户早已离开，公司及其声誉遭到了破坏；法律上的胜利也是无用的。[1]

---

[1] Tim Prizeman, Director of PR advisers, Kelso Consulting, in *Internal Auditing*, December 2008, p. 33.

小结

如果企业做对了，会产生极大的积极效果：

- 缓解企业与股东和客户（利益相关者）之间的紧张关系，与利益相关者建立信任，建立企业的信誉；

- 吸引最优秀的员工、供应商和合作伙伴；

- 产品和服务有更高的定价；

- 降低股价波动；

- 将监管或诉讼增加的威胁降至最低；

- 减少潜在的危机。

伯克希尔·哈撒韦公司（Berkshire Hathway）董事长沃伦·巴菲特（Warren Buffet）在给员工的备忘录中说得很好："我们的声誉是我们唯一的资产——没有它，我们就一文不值。"

让我们用莎士比亚的话来结束本章：

世上最纯粹的财富

是一尘不染的名声：从这个意义上说，

人们不过是镀金的壤土或彩绘的黏土。

（理查二世（Richard Ⅱ），Ⅰ，ⅰ，177-9）

信息安全与网络风险管理

引言

关于如何保护信息资产安全的信息并不匮乏。然而，当新的威胁出现时，人们往往会因追踪它而忘记基本原理。基本的信息安全风险管理应该遵循大多数风险管理中的二八法则——20% 的工作覆盖 80% 的风险敞口，换句话说，可以用相对较少的努力到达更远的距离。

这并不是说信息安全风险管理很容易。实际上，这是一个看似宽泛的主题，对于不谨慎的人来说存在着许多技术陷阱。然而，与许多其他主题一样，信息安全风险也可以从业务层面有效地解决，而非过度强调技术。在发生信息安全事件时，保护信息资产安全和减少风险损失对实现公司的业务目标来说至关重要。

信息安全风险管理与网络风险管理的区别

安全风险管理通常包括三个领域：物理安全、信息安全和个人安全。人们虽然对物理安全和个人安全已经有较深的理解，但往往认为信息安全只是网络安全的另一种表述。

尽管信息很少反映在利润表上（除了商誉或知识产权），但它应被视为公司的一项资产，因为它对公司有重要的价值。安全部分是指确保信息资产所蕴含的价值得到保护，无论这些资产是智力的、实物的，还是数字化的。当信息资产不存在于现实世界，而是员工掌握的知识的一部分时，它就是存在于大脑中的资产。如果信息资产是实物形态，存在于如员工的办公桌上或文件柜中，就可以通过物理安全进行部分管理。如果信息资产存储在技术硬件中，并且可以通过软件进行操作，那它就是数字化的。

　　信息安全风险管理是指确保公司拥有和处理的所有信息的安全。信息安全风险管理有助于维护信息的机密性、可用性和完整性。这三者之间天然地存在冲突，需要谨慎管理。大多数此类信息都受到其使用中固有漏洞的影响。因此，信息安全是一个宽泛的风险管理领域，需要利用所持有的信息资产对公司所有部门进行非常细致的管理，它只在一定程度上依赖信息和通信技术。

　　相比之下，网络风险管理只涉及数字信息资产。网络风险是指数字信息丢失或数字信息的完整性、机密性丧失可能给企业造成潜在的价值损失。这种损失或潜在的损失往往可以通过技术手段加以限制，尽管这些手段通常以政策和程序等非技术手段为支撑。虽然网络不涉及智力或实物信息，但网络风险管理涵盖了复杂的技术问题和控制，可能会让许多人望而却步。绕过复杂技术问题的方法是从业务层面来处理这个问题。本章后面将单独介绍网络风险管理。

信息安全风险管理框架

　　许多信息安全评论家都在谈论信息安全管理系统（ISMS），该系统实际上是一个信息安全风险管理系统。ISO/IEC 27000：2018 中明确指出："需要防范与组织信息资产相关的风险。实现信息安全需要进行风险管理，包括由与组织内部或组织使用的所有形式的信息相关的物理、人员和技术威胁带来的风险。"

图 16-1 显示了一个典型的信息安全风险管理框架，它与第 5 章所示的风险管理框架类似。这并非巧合，因为信息安全风险管理使用了许多一般风险管理中使用的工具。图 16-1 所示的框架与许多 ISMS 的框架一致。

在框架的左侧，战略与目标非常明确：保护信息资产。框架的右侧也得到了增强，并且由于风险主题的广泛性，经常需要进行内部鉴证和外部鉴证。外部鉴证通常每三年进行一次，内部鉴证每年进行一次。

同样值得注意的是，在框架中，信息安全风险管理的治理和监督明确需要一定的风险意识和投入。因为一般的风险管理已经存在于公司之中，所以在正常的风险管理中，往往既需要风险意识又需要投入。然而，尽管许多公司很自然地想到网络风险管理，但没有考虑更广泛的信息资产的治理和监督的含义，这些资产无疑存在于员工的头脑中、办公桌上和文件柜中。

当然，对三种类型信息资产（智力的、实物的和数字化的）的风险管理，始于风险识别。然后，确定降低风险的控制，并对风险和控制进行评估。对风险进行评估，包括风险发生的可能性以及风险发生时对总风险和净风险水平产生的影响；对控制进行评估，包括控制降低风险的理论能力（设计）和操作的有效性（性能）。具体内容见第 6 章。

关键风险指标和关键控制指标是根据阈值和目标来建立和监测的，见第 7 章。当发生信息安全事件（风险已发生或具体化）时，分析并确定事件发生的根本原因。然后判断事件是否在企业的风险偏好范围内，以及对失效的控制的评估是否准确，还可以利用事件对风险发生的可能性和造成的影响进行评估。具体内容见第 8 章。

信息安全事件通常用作情景构建中的一个事件。这使得可以利用这些异常但貌似合理的信息安全事件对风险评估和控制评估进行挑战（见第 9 章）。建模也经常用于分析信息安全事件，因为它可以为极端事件分析提供更灵活的方法。具体内容见第 10 章和第 11 章。

关于信息安全风险、控制、指标、事件和情景的报告通常需要技术专家的参与。在这方面，风险管理部门将担任风险委员会和董事会等机构的翻译人员。使用的报告类型可以是标准的风险管理报告，相关内容第 12 章有介绍。

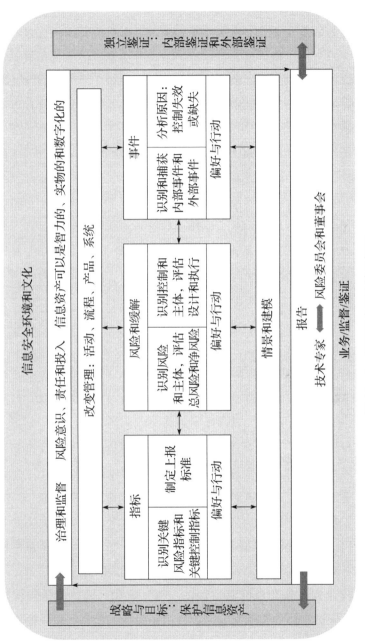

图 16 - 1　信息安全风险管理框架

实物信息安全和智力信息安全

在研究数字信息安全（网络安全）之前，我们将回顾信息安全的实物和智力部分。虽然实物信息安全和智力信息安全都可以通过技术手段加以辅助，但这在很大程度上依赖于公司的流程和文化。当然，数字信息安全也是如此，但流程和文化不可避免地对实物信息安全和智力信息安全产生更大的影响。

如第 3 章所述，企业领导层对于建立能够蓬勃发展的信息安全风险管理文化（以及许多其他风险管理领域的文化）至关重要。企业领导层不仅要有信息安全风险管理的意识，还要将相关责任落实到实际项目中，如政策、培训和持续的改进。例如，保持办公桌整洁从高层开始做起，重要的是，即便是看起来较小的事项，也要大家自愿遵守。一位 CEO 在一天结束的时候离开他堆满文件的办公桌，这是在冒很大的风险，同时也在向公司的其他人传递信息：实物信息安全并不重要。

如果说实物信息安全的维护需要良好的文化，那么智力信息安全更是如此。许多员工没有意识到，当他跳槽到另一家公司时，利用在上一家公司已完成的工作是违法的。唯一合法的方法就是从头再来，完全重新开始工作。为了明确这一点，公司之间以及公司和员工之间经常签订保密协议（NDA）。

竞争对手挖走一名或多名员工而导致智力信息的丢失，这可能对一家公司造成毁灭性的打击。企业的知识产权（IP）通常是客户从该公司而不是竞争对手那里购买产品的主要原因。IP 很难定义，尽管它属于一种"看到就知道"类型的信息。但是，当公司员工被挖走时，可能失去的不仅仅是知识产权。当许多创造知识产权的员工离开，智力能力和锐意进取的态度也会随之流失，这种情况不只是发生在投行和商业银行中。

许多行业拥有非常有价值的知识产权。例如，可口可乐和肯德基都不遗余力地保护它们的秘密配方。版权用来保护书籍和音乐，商标用来区分不同企业的产品。一般来说，专利是用来保护新工艺和技术方案的。最著名的侵犯知识产权的案件可能是音乐分享网站纳普斯特（Napster）案。

2002 年，在美国上诉法院（United States Court of Appeals）裁定纳普斯特侵犯版权后，该网站被迫关闭。

侵权行为已经存在了很长时间，而且很可能会持续下去。16 世纪早期，雕刻家丢勒（Dürer）发现一位名叫雷蒙迪（Raimondi）的雕刻家正在复制并出售他最著名的一件作品，作品上有丢勒的独特签名。丢勒将雷蒙迪告上了威尼斯法院（Venice Court），法院裁定雷蒙迪可以继续复制这些作品，但上面不能有丢勒的签名。

信息安全治理

从治理的角度来看，实物信息安全、智力信息安全和数字信息安全具有相同的结构。风险意识、责任和投入这三个治理与监督的重点同样适用于这三类信息。表 16-1 给出了信息安全治理风险与控制的例子。

表 16-1　信息安全治理风险与控制

风险	控制
没有建立或维护治理结构	■ 来自董事会和管理层的投入 ■ 设立首席信息安全官 ■ 制定信息安全政策
信息安全没有覆盖公司的每一个领域	■ 制订信息安全计划（来自政策） ■ 进行信息安全需求审查
信息安全评估能力差	■ 明确年度评估进程 ■ 向董事会提交鉴证报告 ■ 回顾年度政策和计划
信息安全风险管理不善	■ 风险管理部门参与 ■ 使用风险管理工具
信息安全事件扰乱业务	■ 确认关键功能 ■ 制订和执行业务连续性计划
公司信息安全意识薄弱	■ 开展信息安全意识培训 ■ 保障信息安全通信
信息安全风险识别能力弱	■ 开展信息安全意识培训 ■ 使用风险管理工具 ■ 检查供应链

续表

风险	控制
信息安全事件管理不善	■ 制订业务连续性计划 ■ 开展信息安全意识培训 ■ 纠正措施审查
对增加的威胁级别没有反应	■ 确定威胁级别 ■ 升级到风险委员会和董事会 ■ 实施提高信息安全水平的计划

然而，和实物信息安全、智力信息安全有关的风险与控制相较于和数字信息安全有关的风险与控制并不相同。实物信息安全和智力信息安全的风险与控制见表 16 - 2。

表 16 - 2　实物信息安全和智力信息安全的风险与控制

风险	控制
信息资产识别能力薄弱	■ 信息资产登记 ■ 信息安全意识培训 ■ 使用风险管理工具
管理变更中未考虑信息安全	■ 信息安全意识培训 ■ 使用风险管理工具 ■ 制定风险偏好框架和策略
未报告的信息安全事件	■ 监测事件 ■ 监测指标 ■ 威胁和脆弱性评估 ■ 将报告的事件记录到 IT 日志中
信息的机密性、可用性和完整性不强	■ 明确保密级别，例如公开、公示、限制、秘密 ■ 访问控制：物理和软件 ■ 制定信息安全政策和程序
知识产权的丧失	■ 签订保密协议 ■ 明确合同条款 ■ 做好员工合同管理
数字信息的丢失	■ 制定网络安全策略 ■ 建立软件和硬件防火墙 ■ 对访问进行监控

网络风险管理

网络风险管理是信息安全风险管理的数字化部分。如果有大量关于保护信息资产的信息，网络风险就有可能淹没在有关管理网络风险的信息中。

网络风险相关问题

或许网络风险中最重要的问题是，高级管理层和董事会是否认为该公司是一个理想的黑客攻击的目标。别的企业也可能成为黑客攻击的目标。

当然，网络风险不仅涉及竞争对手或者合同中的另一方希望知道的企业在大型谈判中的立场，还涉及窃取技术系统中电子数据所蕴含的知识产权。或者简单地说，黑客想偷企业的钱。黑客伪装成首席执行官，向支付部门发送电子邮件，指示支付部门向之前不了解的客户紧急付款，这是一种常见的网络攻击形式。黑客收集客户信息，尤其是信用卡信息，以便在"暗网"上出售。

在承认公司是一个理想的黑客攻击的目标之后，下一件最困难的事情往往是认识到员工有一个天生的弱点。我们谈论的不仅是心怀不满的 IT 员工，还包括所有能够安全访问企业有价值的信息的员工。

下面介绍几种常用的网络风险管理方法。

管理网络风险的方法

网络风险与其他风险一样，需要分高级别和详细级别进行管理。幸运的是，这两个级别都有可用的工具。

面向董事会和高级管理人员的高级别的网络风险管理

英国的 NCSC（国家网络安全中心）发布了一个很好的例子，NCSC 接受了 GCHQ（英国政府通信总部）的"网络安全的 10 个步骤"倡议。该倡议最初由 CESG（通信电子安全小组）发布，该组织隶属于 GCHQ。

"网络安全的 10 个步骤"倡议的初衷是成为董事会成员的得力助手，也就是说，该倡议针对的是高级管理人员，且有意避免使用技术术语。因此，它特别适合对网络风险进行更高级别的分析和管理。图 16-2 摘自 CESG 最初的手册《执行伙伴》中的"网络安全的 10 个步骤"部分。

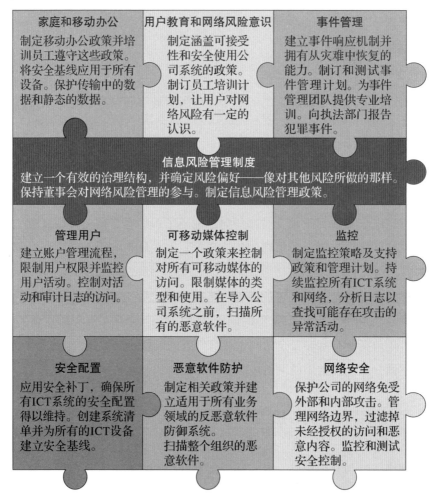

图 16-2 网络安全的 10 个步骤（节选）

可以看出，这 10 个步骤都是以技术为中心的基本风险管理。当然，首先要建立一个信息风险管理制度，随后是其他 9 个步骤。所有的步骤都是用简单的语言来描述，相对来说没有技术术语，其中"网络边界"和"恶意软件"是为数不多的最具技术含量的表述。

将 10 个步骤中的每个步骤的标题视为风险，并将建议的行动视为控制（如表 16-3 所示）是有指导意义的。其实有趣的是研究各种控制，并根据第 6 章中提到的控制类型来分析。当然，这些控制包括旨在降低风险发生的可能性的指导性控制和预防性控制，以及旨在减少风险不良后果的检查性控制和纠正性控制。

表 16-3　高级网络风险、控制和控制类型

风险	控制	控制类型
缺乏信息风险管理制度	建立治理结构 确定信息风险偏好 董事会参与网络风险管理 制定信息风险管理政策	指导性 预防性 预防性 指导性
家庭和移动办公的安全性差	制定移动办公政策 对员工进行政策培训 建立安全基线 对传输中的数据或静态数据的保护	指导性 预防性 预防性 预防性
用户教育和网络风险意识不足	制定涵盖可接受和安全使用公司系统的政策 制订员工培训计划	指导性 预防性
事件管理不善	建立事件响应机制 灾难中恢复能力 制订事件管理计划 对事件管理团队进行专业培训 向执法部门报告犯罪事件	预防性 预防性 预防性 预防性 预防性
用户权限管理不善	建立账户管理流程 特权账户数量限制 限制用户权限 监控用户活动 控制对活动和审计日志的访问	预防性 预防性 预防性 指导性 指导性
（可移动媒体控制——这是对风险的控制） 可移动媒体滥用	制定可移动媒体政策 限制可移动媒体类型 在将数据导入公司系统前，对恶意软件进行扫描	指导性 预防性 预防性

续表

风险	控制	控制类型
（监控——这是一种对风险的控制） 网络攻击未被识别	制定监控策略 制定战略支持政策 持续监控所有的系统和网络 异常活动的日志分析	指导性 指导性 指导性 指导性
不安全的配置	应用安全补丁 维护所有系统的安全配置 创建系统清单 建立安全基线	预防性 预防性 预防性 预防性
成功的恶意软件攻击	制定针对恶意软件的政策 建立恶意软件防御系统 恶意软件扫描	预防性 预防性 指导性
网络安全性差	对未经授权的访问建立过滤机制 创建恶意内容过滤机制 实行安全控制测试计划 安装网络边界管理软件	预防性 预防性 预防性 预防性

为了降低风险发生的可能性，绝大多数的控制是预防性的，并通过指导性控制得以加强。只有少数控制旨在减少风险造成的不良后果。

根据解释或描述风险的方式，控制可以分成不同的类型。例如，事件管理不善风险可以用两种不同的方式解释。第一种方式认为风险是可能发生的事件，并且可能管理不善。第二种方式认为风险是一个已经发生的事件且管理不善。按第一种方式理解，如表 16-3 所示，向执法部门报告犯罪事件的控制是一种预防性控制，因为它旨在为阻止风险发生提供激励。按第二种方式理解，向执法部门报告犯罪事件的控制是一种纠正性控制，因为事件已经发生，控制的目的是纠正这种情况。因此，确保风险登记册内的所有用户都理解风险的含义或能够准确地描述风险是十分重要的。

"网络安全的 10 个步骤"倡议还提出了三个需要考虑的关键领域：

1. 确认企业已经识别出关键信息资产，以及如果这些信息被泄露对企业业务的影响。

2. 确认企业已经明确识别了信息资产面临的主要威胁，并为应对相关风险做好了准备。

3. 确认企业正在适当地管理信息资产面临的网络风险，并制定了必要的安全政策。

除上述三个关键领域之外，还可以加上董事会和高级管理层应该问自己的六个关键问题：

1. 我们对本企业最重要的信息得到妥善管理且免受网络威胁有多大的信心？

2. 我们清楚董事会成员可能成为关键的攻击目标吗？

3. 我们是否全面准确地了解：

（a）如果信息丢失或被盗，对企业声誉会造成多大的影响？

（b）如果我们的在线服务中断，对业务会造成多大的影响？

4. 我们是否定期从首席信息官/安全主管处收到情报，以了解谁在针对我们的企业，他们的方法和动机是什么？

5. 我们是否鼓励技术人员分享信息以进行基准测试，抑或是鼓励向他人学习并帮助识别新出现的威胁？

6. 网络安全风险影响企业的所有资产，包括股票价值和声誉。我们是否有信心：

（a）我们已经识别了关键的信息资产，并对它们易受攻击的地方进行了彻底评估？

（b）网络风险的责任是否已合理分配？

（c）我们有由董事会和高级管理层制定的书面信息安全政策吗？我们是否通过定期的员工培训来推动政策的落实？

即使企业已经完成了硬件层面的风险管理，网络风险管理和适当的信息风险管理制度也可能是一个问题。2020 年，摩根士丹利（Morgan Stanley）因未能妥善停用包含财富管理数据的硬件而被罚款 6 000 万美元。尽管人们不认为客户信息已被访问或滥用，但美国货币监理署（US Office of the Comptroller of the Currency）表示，该银行"未能对已停用设备进行适当的监督"。这个事情体现了该银行在使用第三方供应商硬件时缺乏必要的风险评估和尽职调查。① 将硬件设备进行处理并外包之后将不用为其担负责任的观点是错的。

详细级别的网络风险管理

有许多所谓的信息安全框架。它们是真正的数字信息安全风险框架（又称网络风险框架），可以分为两种类型：

- 网络信息安全风险（第 1 类）的全面（分析、治理、保护、检测和响应）分析；
- 网络信息安全风险（第 2 类）的详细控制分析（保护、检测和响应）。

第 1 类的示例是美国国家标准与技术协会（National Institute of Standards and Technology，NIST）改善关键基础设施的网络安全框架、ISO 27000 及其系列文件、澳大利亚网络安全中心（Australian Cyber Security Center，ACSC）的信息安全手册。

第 2 类的示例是互联网安全中心（Center for Internet Security，CIS）控制第 7 版（前身为网络安全委员会（Council on Cyber Security，CCS）有效网络防御的关键安全控制（Critical Security Controls，CSC），第 5 版最注重风险管理）；ACSC 基本八项（又名澳大利亚信号理事会（Australian Signals Directorate，ASD）基本八项）。

上述示例都是相通的，第 1 类示例是要公司从头开始研究它目前的位置、想要达到的位置并想办法实现。虽然两类示例都是基于业务和组织的需要，但第 1 类示例是在更高的级别上，即 IT 术语更少。在研究这些框架时，必须记住，企业对不同的网络风险有不同的优先级，这反映了企业的风险承受能力。与任何类型的企业韧性分析一样（见第 17 章），为公司及其客户确定关键服务非常重要。这可使公司确定投资的优先顺序，以最大限度地发挥所选择的控制的作用，从而防止网络安全风险发生并在发生风险时减少其不良后果。

在第 1 类示例中，ISO 27000 及其系列文件可能是被引用最多的，但它的内容太多了。美国 NIST 改善关键基础设施的网络安全框架的优势在

---

① https://www.occ.gov/news-issuances/news-releases/2020/nrocc-2020-134.html.

于使用业务驱动来指导网络安全活动。它由三个部分组成：框架核心、执行层和概要文件。不同组织可以根据其网络安全风险管理的成熟度，以不同的方式使用这些框架。ACSC 的信息安全手册是另一个很好的起点，尽管它面向的是政府和准政府机构。

第 2 类网络风险框架允许本公司对其网络控制进行十分详细的研究。基于此，框架中不可避免地会有更多的 IT 术语，不过大多数业务人员都能理解这些术语。这些网络风险框架通常由专家编写，反映的是关于实际攻击和有效防御的综合知识。尽管如此，它们较少作为优先考虑的最佳实践和行动指南，其中 CIS 控制有 20 多项，而 ACSC 基本八项也是如此。这两个框架几乎完全一致。有趣的是，CIS 和 ACSC 都明确表示，控制不仅限于预防性控制，还包括检测和中断攻击者的后续行动。

例如，ACSC 谨慎地将它的控制分为：

- 防止恶意软件传播运行的缓解策略
    - 应用程序控制（即应用程序白名单）；
    - 在 48 小时内修补具有"极端风险"漏洞的应用程序；
    - 应用微软办公软件宏设置以阻止来自互联网的宏；
    - 使用应用程序加固来阻止互联网上的 Flash、广告和 Java。
- 控制网络安全事件发展程度的缓解策略
    - 根据用户职责限制管理权限；
    - 在 48 小时内修补具有"极端风险"漏洞的操作系统；
    - 所有用户访问敏感信息时需进行多重身份验证。
- 用于恢复数据和系统可用性的缓解策略，即每日备份。

相比之下，CIS 控制第 7 版没有使用太多的风险管理方法。与第 5 版一样，20 个控制中的每一个都需要分析为什么 CIS 控制至关重要，以及子控件（即如何实施控制）、程序和工具以及实体关系图。然而，第 5 版在有效性指标、自动化指标和有效性测试部分进行了额外且非常有用的分析。因此，第 5 版为我们提供了关键控制指标、控件测试以及风险子控制。从风险管理的角度来看，这非常有帮助，并使标准风险管理技术和网络风险管理技术完全一致。

第 5 版还提供了"速赢五步法",这是最直接有效的防止攻击的子控制。它们是：

- 应用白名单技术（CSC2-1）；
- 使用标准的、安全的系统配置（CSC 3-1）；
- 48 小时内修补应用软件（CSC 3-2）；
- 48 小时内修补系统软件（CSC 3-2）；
- 减少具有管理权限的用户数量（CSC 3-3）。

ACSC 基本八项和 CCS 第 5 版的"速赢五步法"之间有明显的一致性。此外，所有 20 个 CSC 的子控制都有注释，可以快速生效。CSC 12 管理权限的受控使用和 CSC 16 账户监控都有子控制，且每个子控制都有 9 个速赢，每个控制至少有一个速赢子控制。

风险（控制失败时，控制就转变为风险）、控制（又名子控制）和上面提到指标的示例见表 16-4、表 16-5 和表 16-6，这三个表也强调了相关控制与"速赢五步法"的联系。

表 16-4 CCS 用于有效网络防御的 CSC 的风险、控制和指标（第 5 版）示例，基于 CSC 2 授权和未授权软件清单的风险

风险	CSC 编号	控制	控制类型	是否属于"速赢五步法"
	CSC 2-1	应用白名单技术	预防性	是
	CSC 2-2	企业所需授权软件版本列表	指导性	是
	CSC 2-3	对未经授权的软件定期扫描	检查性	是
	CSC 2-4	软件库存工具	预防性	
未经授权可以运行的软件	CSC 2-6	监控/组织危险的文件类型（例如：exe, zip, miss）	预防性	
	CSC 2-8	使用非持久的虚拟化操作环境配置客户端工作站	预防性	
	CSC 2-9	已签名的软件 ID 标签	预防性	
		软件审批政策	指导性	
		发现时删除所有未经授权的软件	纠正性	

续表

CSC 2-1 的 KCI——领先指标（早期预警信号，即降低可能性）

公司的业务系统中没有运行白名单软件以阻止未经授权的软件应用程序的百分比是多少？

最近有多少软件应用程序被公司的白名单软件阻止执行？

CSC 2-3 的 KCI——滞后指标（减少影响）

检测系统上安装新软件需要多长时间（分钟）？

扫描仪需要多长时间才能提醒公司的软件管理员系统上有未经授权的软件应用程序？

表 16 − 5　CCS 用于有效网络防御的 CSC 的风险、控制和指标（第 5 版）
示例，基于 CSC 3 硬件和软件的安全配置

风险	CSC 编号	控制	控制类型	是否属于"速赢五步法"
硬件和软件的不安全配置	CSC 3-1	标准的安全的系统配置	预防性	是
	CSC 3-2	自动补丁工具和过程 从系统中删除过时的、旧的和未使用的软件	预防性 指导性	是
	CSC 3-3	限制管理权限	预防性	
	CSC 3-4	严格的配置管理	预防性	是
	CSC 3-5	安全配置在服务器上的主映像	预防性	是
	CSC 3-6	约定购买安全配置的开箱即用的系统	预防性	是
	CSC 3-7	安全通道远程管理服务器、工作站、网络、设备和类似设备	预防性	
	CSC 3-8	文件完整性检查工具，以确保关键的系统文件没有被修改	检查性	
	CSC 3-9	自动化配置监控	检查性	
	CSC 3-10	自动执行系统配置管理工具	纠正性	

KCI——领先指标（早期预警信号，即降低可能性）

CSC 3-1 目前未配置公司批准的有关安全配置的业务系统的百分比是多少？

CSC 3-2 没有安装最新操作系统软件安全补丁的业务系统的百分比是多少？

KCI——滞后指标（减少影响）

CSC 3-9 在几分钟内检测网络系统的配置更改需要多长时间？

CSC 3-10 在几分钟内阻止／隔离网络系统上未经授权的更改需要多长时间？

表 16 - 6 CCS 用于有效网络防御的 CSC 的风险、控制和指标（第 5 版）示例，
基于 CSC 4 持续的漏洞评估和补救

风险	CSC 编号	控制	控制类型	是否属于"速赢五步法"
	CSC 4-1	自动扫描漏洞工具	预防性	是
	CSC 4-2	将事件日志与来自漏洞扫描的信息相关联	检查性	是
缺乏连续的漏洞评估	CSC 4-3	通过身份验证的漏洞扫描	预防性	是
	CSC 4-4	订阅漏洞情报服务	预防性	是
	CSC 4-5	自动补丁管理工具和软件更新工具	预防性	
	CSC 4-6	监控与任何扫描活动相关的日志	检查性	
	CSC 4-7	比较背靠背的漏洞扫描结果	检查性	

KCI——领先指标（早期预警信号，即降低可能性）
CSC 4-1 漏洞扫描成功后，需要多长时间（分钟）才能发出警报？
CSC 4-1 如果扫描没有完成，需要多长时间（分钟）才能发出扫描失败的警报？
KCI——滞后指标（减少影响）
CSC 4-2 有多少攻击检测事件与早期的漏洞扫描结果相关？
CSC 4-6 有多少次合法扫描超过了公司合理的扫描时间范围？

　　因未经授权的软件执行而导致罚款的事件中，英国航空公司是一个例子。英国航空公司被罚款 1.83 亿英镑，原因是犯罪组织在两周内使用信用卡刷卡签名获取客户的个人支付数据。英国信息专员办公室（Information Commissioner's Office，ICO）调查发现"该公司糟糕的安全安排"导致了这次违法案件。不过，ICO 表示，将在罚款方面把"经济影响和可承受性"纳入考虑，并在 2020 年将罚款降至 2 000 万英镑，这一改变的部分原因是全球新冠疫情的暴发。[①]

　　艾可飞（Equifax）被罚至少 5.75 亿美元，是迄今为止与修补程序直接相关的最高网络风险罚款之一。由于未对其中一个数据库的框架漏洞进行修补，艾可飞丢失了近 1.5 亿人的个人信息和财务信息。该公司在发布修

---

① https://ico.org.uk/about-the-ico/news-and-events/news-andblogs/2020/10/ico-fines-british-airways-20m-for-data-breach-affecting more-than-400-000-customers/.

补程序数月后仍未能修复关键漏洞，且在发现漏洞数周后未能通知公众。该公司在 2020 年与联邦贸易委员会（Federal Trade Commission）、消费者金融保护局（Consumer Financial Protection Bureau）和美国所有州和地区的和解协议中指出，自己"未能采取合理措施保护网络"。[①] 该公司也没有采取次级控制 CSC 3-2，而这也是 ACSC 基本八项中的一项。

但并非只有跨国公司会受到网络事件的影响。在 CSC 3 中实施子控制可能会为费森尤斯北美医疗保健公司（Fresenius Medical Care North America）节省 350 万美元，因为此前在不同的公司地点发生了 5 次不同的网络入侵事件。美国卫生与公共服务部（Department of Health and Human Services）民权办公室于 2020 年结束的一项调查发现，该公司未能"对其在不同实体中存储的所有健康信息的机密性、完整性和可用性的潜在风险及脆弱性进行准确、彻底的风险分析"。[②]

持续进行漏洞评估至关重要。英国某家电零售企业的所有者在 5 000 多个销售点的机器上发现了恶意软件，并在 2020 年被罚款 50 万英镑。如果这是在《通用数据保护条例》生效后发生，罚款数额会更高。英国 ICO 声称，该公司"安保措施不到位"，未能采取充分措施保护个人数据，包括不恰当的修补程序、没有本地防火墙、没有网络隔离及没有例行的安全测试。[③]

从以上三个表可以看出，尽管有一些检查性和纠正性控制，但是大多数网络风险控制仍然是预防性或指导性的。

数据泄露可能会造成长尾损失，尤其是涉及罚款与和解时。2014 年，家得宝（Home Depot）卷入了一起涉及销售点系统的大型数据泄露事件。据报道，家得宝因违规行为向信用卡公司和银行支付了至少 1.34 亿美元。此外，家得宝在 2016 年同意向受违规行为影响的客户支付 1 950 万美元。

---

①　https://www.ftc.gov/enforcement/cases-proceedings/refunds/equifax-data-breach-settlement.

②　https://www.hhs.gov/guidance/document/five-breaches-add-millionssettlement-costs-entity-failed-heed-hipaas-risk-analysis-and Z01 Mastering Risk Management 31317.indd 375 26/11/2021 17:36 Mastering Risk Management 376.

③　https://ico.org.uk/about-the-ico/news-and-events/news-andblogs/2020/01/nationwie-retailer-fined-half-a-million-pounds-forfailing-to-secure-information/.

2017 年，该公司同意向受违规行为影响的金融机构额外支付 2 500 万美元。2020 年，该公司又向美国 46 个州和华盛顿特区支付了 1 750 万美元的和解费。[①]

小结

进行信息安全风险管理时，尽管网络风险管理的信息很多，但二八法则仍然适用。此外，良好的信息安全风险管理和良好的网络风险管理可以使用与其他不同类型的风险管理完全相同的工具，如风险与控制自我评估、关键风险指标和事件因果分析。做好这些基础的工作，企业将在确保智力信息、实物信息和数字信息安全方面取得成功。

[①] https://www.reuters.com/article/us-home-depot-cyber-settlementidUSKBN2842W5.

企业生存与复苏

引言：确保生存

英国首相哈罗德·麦克米伦（Harold MacMillan）曾经说过，最可能使政府偏离轨道的事情是"事件，事件"。事件可能是不可预见的，其中一些显然是不易察觉的，但它们仍然可能威胁企业的生存。

正如本书所示，许多风险可以被管理并降到可接受的水平。然而，有些事情是无法避免的。我们能做的最好的事情就是制订计划，尽可能地减小事件带来的不利影响。美国总统艾森豪威尔（Eisenhower）曾经说过，"计划是没用的，但做计划依然必不可少"。事情不会完全按照计划进行，但还是需要做计划。

令人担忧的是，克里尔维尤（Clearview）在 2019 年对 1 000 多名从业者开展的业务连续性基准研究[①]表明，不同情况下，实现业务连续性目标的成功率为：

确保危机期间员工的安全	61%
确保危机期间业务的连续性	43%

---

① 克里尔维尤等进行了首次业务连续性基准研究。该研究是由国际业务连续性协会（Business Continuity Institute）、国际灾难恢复协会（Disaster Recovery Institute International）和连续性专业人员协会（Association of Continuity Professionals）合作推动的，时间为 2019 年 5—7 月。

最大限度地减少业务中断对客户的影响　　41%

最大限度地降低声誉损失　　　　　　　　41%

"员工"处于保证成功率的首位，但调查显示，太多的公司只是针对事件做出反应，缺乏一项深思熟虑的计划。

本章无法涵盖世界上所有的重大危机——流行病、网络攻击、气候变化、恐怖主义——或那些往往由人为错误引发的危机。在任何情况下，都不应该只考虑一件事，而应该同时或在合理的有限时间内考虑不止一件事。本章的重点是为危机的预防、发现、应对和从危机中复苏提供指导。最重要的是，当一个事件发生时，我们要吸取教训，以便下一次不断改进。因为仍然会有下一次。

本书的内容包括：外部环境（第 1 章）、文化（第 3 章）、风险偏好和风险承受能力（第 4 章）、领导力（第 5 章）、风险与控制自我评估（第 6 章）、指标（第 7 章）、情景分析（第 9 章）、人员风险管理（第 14 章）、声誉损失（第 15 章）、网络风险管理（第 16 章）、第三方和外包（第 18 章）。企业的复苏计划与这些内容都是相互关联的。

事件发生后，企业分为两类——"复苏者"和"未复苏者"。在风险管理、运营韧性和治理上投资的企业是最有利可图的，也是幸存者。企业的生存是一项投资，而不是一项成本。如果没有办法获得业务，就没有生意。没有比这更重要的战略问题了。如果企业能在竞争对手之前恢复业务，后面的机会就很多。

企业生存和运营韧性

在介绍本部分内容之前，我们先介绍一个企业生存领域的新术语——运营韧性。金融服务监管机构发布的一系列咨询文件推动了这一术语的运用。[1] 从本质上讲，运营韧性是指企业需要确定哪些客户和第三方将因其

---

[1]　Bank for International Settlements, Consultative Document, 'Principles for operational resilience', August 2020.

无法提供关键业务而受到损害。关键业务涉及活动和流程以及配套资产，如人员、技术、数据和设施以及资金。运营韧性实际上是指对业务的影响，尤其是对客户、供应商和第三方的影响。一项关键业务的中断，即使是短时间的中断——更不用说同时出现多个中断——都会破坏客户对企业的信任，给企业带来困扰和声誉损失。

有一种观点认为，业务连续性和灾后重建是战术性的，而运营韧性则更具战略性。不管怎样，多年来，业务连续性已经成为一个封闭系统，关心的是日常问题。这不是我们的观点。无论称其为业务连续性、灾后重建还是运营韧性，其基本原理都是相同的。复苏从风险管理开始，涉及原因（包括新出现的威胁）、事件和影响。正如我们在本章前面所说的，复苏涉及风险管理的许多要素。这就是为什么本章名称提到"企业生存"。无论服务类企业、制造业企业还是公共部门实体，目标都是尽快恢复到新常态。

为了尽快恢复到新常态，企业需要制订和测试它的计划，端到端地在业务复苏生命周期中推行这些计划。实际上，这意味着企业需要明确：

- 政策和治理；
- 业务影响分析；
- 威胁和风险评估；
- 战略和计划；
- 测试计划；
- 维持计划和持续改进。

本章其余部分分别介绍上述内容。

政策和治理

治理（包括公司的政策）构成了企业生存的基石。没有正确的治理，世界上最好的计划都是无用的。

治理

企业的生存涉及整个企业及其面临的威胁，因此，需要由企业的所有部门共同尽责，并在董事会中设立一个核心的问责点。问责点的负责人将主管这一"项目"，并负责确保制订适当的计划，定期对计划进行测试和审查。

当危机来临时，需要一个统一的指挥和控制团队，负责应对、调整和恢复。危机中的领导者应是一个脚踏实地的人，谦逊、能力强。他能坚定地采取行动，但事情可能很快发生变化，因此领导者也需要机敏和灵活。在危机中，领导者应该与各利益相关者进行沟通，以减少对公司声誉的损害。

制订、审查和实施计划需要一个指导小组，该小组应该由董事会发起人担任组长，还应该包括来自企业的高级利益相关者（不要忘记客户和第三方），IT、健康和安全、人力资源和其他支持部门的人员。该小组涉及不同职能部门和高级管理层之间的相互联系，不同的职能部门有明确的角色和职责。企业可以组建一个"黄金"团队，负责处理战略问题和长期问题，而"白银"团队负责处理日常事务。同时还要建立一个最终的问责制。

加入这个小组意味着要能够保证足够的工作时间。除了制订计划需要时间外（这是微不足道的），成员在项目的开发和实施阶段以及测试和测试审查期间需要定期开会。

不可避免地，计划和对计划的任何测试都需要接受来自风险管理部门的检查。它们也应该接受来自内部或外部审计人员的独立审查和审计。不管谁检查，都应该向董事会汇报，董事会最终对这个"项目"负责。

政策声明

有了问责点的负责人和指导小组，还需要一份明确的政策声明。政策声明是所有企业都应不断检查的基准。由于混乱往往是有效应对干扰的主要障碍，因此政策声明应明确规定公司希望达到的水平。

政策声明应该包括：

■ 公司赖以生存的运营框架

— 由董事会层面发起；

— 明确高级管理层和其他人（包括危机管理小组和其他小组）的角色和职责；

— 明确采取行动的部门；

— 建立指导委员会，它负责监督方法和程序的制定和实施。

■ 公司的生存原则和优先事项（例如员工福利和关键客户服务）。

■ 关键业务活动、企业的资源需求及其临界时间。

■ 策划方案、复苏时间、服务中断等的最低标准。

理想情况下，关键点应该能够总结在一张 A4 纸上，然后分发给所有人。这种对事件发生后公司优先事项的明确声明，以及对复苏预期的充分说明，将为其余的业务活动提供一个框架和依据。

政策声明应该简明扼要并且可以实现。不切实际的政策声明，如零停机时间，会使整个文件变得毫无意义。哪些活动真正需要优先考虑？实际的复苏时间需要多久？可接受的活动水平是怎样的？短期的解决办法是什么？

业务影响分析

业务影响分析为制定战略和计划提供了基础。这是一个确定复苏过程中的优先事项以及分析执行优先事项所需的最少资源的过程。

业务影响分析着眼于特定事件在一段时间内对业务活动的影响。因此，它应该考虑最坏的情况，例如当一个部门或一条业务线完全停止运作时，考虑同时发生多起类似事件的情况。有一句话："如果有疑问，就做好最坏的打算。"这将确定现实的也至关重要的复苏时间的目标——在事件发生后，关键系统和业务流程必须启动并恢复运行的时间。在这些情况下，我们的容忍度有多大？我们的风险偏好是什么？

了解需要完成的工作和相应的做法

业务影响分析的第一步是确定公司要开展哪些活动以及如何开展——包括各种活动之间的关系。收集的信息至少应包括：

- 一个完整的产品或服务清单，以及哪些是优先事项；
- 受产品 / 服务损失影响的关键客户和利益相关者；
- 运营产品 / 服务的关键流程（含临界时间的细节）；
- 供应链中的关键点，包括风险和优先事项分析以及可选择的其他销货方和供应商；
- 依靠部门内部或外部供应商来运行的关键流程；
- 关键第三方；
- 运行关键流程的主要员工；
- 运行关键流程的主要系统和设备以及记录（包括书面记录）、技术系统和数据流；
- 运行关键流程的具体前提。

数据收集过程的一个关键要素是识别相互依赖的关系，不仅是公司内部的，还有外部第三方的。恐怖袭击、新冠疫情和全球金融危机凸显了系统性风险以及企业对公共基础设施和系统的依赖。

这个阶段也是收集其他细节的好时机，比如收集通信树（传播信息的基本人际网，包括与客户、供应商和外包商的通信方式）以及现有复苏措施的各个细节。

最后，记住不仅要了解企业的第三方，还要了解企业的第四方（企业的第三方所分包的公司）。企业可能已经调查了分包商，分包商对竞争对手也很关键。此时集中度风险可能变得至关重要。

什么是关键性测试？

在明确了要开展的活动及其相互关系之后，可进行关键性测试，即检测随着时间的推移，使业务恢复正常或可能的新常态需要耗费多少资源。

对于一些活动来说，随着时间的推移，耗费的资源会增加，也许是成倍增加。对其他人来说，可能一周后才能感受到这种影响。

随着时间的推移，可能难以评估耗费的资源。计算耗费的资源的一种方法是使用财务目标或预算，并将相关的每周或每月目标划分为商定的时间段——每小时、每天等的目标。这样做的时候，记住要把现有业务和新业务的预期收入分开。新业务有可能在业务中断期间失败。

此时，企业应该已经确定了关键业务活动、复苏过程中的优先事项和维持这些活动所需的资源，按时间将它们详细列出——现在、第 1 天、第 2 ～ 6 天、第 2 周、第 3 周等等。

外部环境

水平扫描是运营韧性的一个关键要素。我们已经在第 1 章介绍过 PRESTEL。水平扫描的目的是保护价值链、创造价值。如果企业有国际运营场所、全球供应链、高度监管的行业、对先进技术的依赖或不断变化的客户需求，水平扫描是至关重要的。

保持水平扫描系统的正常工作，以便持续地对威胁进行评估和审查。一旦识别出新的威胁，就应该针对现有的控制进行检查。如果有必要，可以增加新的控制。例如，确保企业及时了解可能涉及关键分包商的处罚情况。

可能触发启动计划的事件通常是外部威胁或原因，它们在很大程度上超出了预防性控制的范围。在这些事件产生影响的地方，控制就可以发挥作用。

每个组织都需要确定它认为具有足够影响且在某个时刻可能发生的威胁，以便对其进一步考虑。关于这些威胁的清单需要定期审查，以检查目前对威胁发生的可能性的评估，并添加新发现的威胁。例如，尽管恐怖主义被提上了议事日程，但美国或欧盟只有少数组织担心传染病或流行病会成为威胁企业生存的事件，尽管 2003 年出现了 SARS，2004 年出现了禽流感（H5N1 病毒），2009 年出现了 H1N1 流感（猪流感）。最终，各国政府和监管机构在 2010 年确定流行病是他们需要考虑的情景之一。现在，由于 2020 年的新冠疫情，流行病已经上升为各种威胁之首。同样，气候变化，无论是南亚洪灾（2018 年）、东非干旱（2019 年）、澳大利亚丛林大火（2019 年）还是英国洪灾（2020 年），都是企业及其供应链需要面对的威胁。

竞争对手也是一种外部威胁，部分原因是它们可能会导致本企业的商业模式产生问题，但如果它们出现危机，可能会影响本企业和其他企业。

2018 年国际业务连续性协会的一项调查（涉及 76 个国家）[①] 发现，供应链产生问题的主要原因是：

- 意外的 IT/ 电信故障；
- 恶劣天气；
- 网络攻击；
- 人才的流失或技术的丧失；
- 运输网络的中断。

因此，大多数原因来自企业外部。有趣的是，这些问题主要影响财务，其次是物流和声誉。在财务影响中，只有 13% 得到了全额保险，而 47% 没有保险。

威胁和风险评估

影响评估

从本质上讲，影响的评估方法与第 9 章用于评估情景的方法相同，只是有一个附带条件，即对于企业生存或复苏而言，时间是衡量影响的关键指标。企业可能会损失收入，可能会失去客户基础或者声誉受损——但如

---

① BCI Supply Chain Resilience report 2018, associated with Zurich Insurance.(www.thebci.org/uploads/assets/uploaded/c50072bf-df5c-4c98-a5e1876aafb17bd0.pdf).

果不是灾难性的，中断持续多久才会令企业无法承受？企业对设备中断的风险偏好或承受能力如何，例如受影响的客户、数据、服务器、语音设备在何时恢复？最重要的是，在哪一点上的中断会给公司和客户造成财务损失？

在评估影响时，企业应该尝试找到范围的极限，而不是一个可接受的着陆点。要做到这一点，企业需要一群不同的人来进行评估。我们在第 14 章介绍了认知多元化。在这种情况下，企业应该把不同思维方式的人聚集在一起。

从复苏的角度或者从生存的角度来看，企业需要考虑那些可能性很低但影响非常大的威胁。如果某种威胁发生的可能性比较高，那么它就不利于企业的生存。现在需要通过审查指导性控制和预防性控制，并可能引入新的控制来解决这一问题。这也可能意味着应该对公司的风险偏好进行重新评估。

保险

对于某些风险来说，很简单的应对办法是投保。如果发生了火灾，企业提出索赔就能拿到钱。入室盗窃或员工病重时与此类似。在有适当证据的情况下，保险公司会根据保单进行赔付。保险是一个减小影响的因素。企业可以得到现金，即使需要一些时间。然而，对于许多风险来说，能够投保就像在法庭上获得了一项选择权。

有些风险是根本无法投保的，要么是因为为特定风险投保是非法的、不可能的或不道德的，要么是因为现有保险的财务限制。事实上，据估计，如果考虑不可保风险以及保单中的免赔额和限额，金融服务中可能只有 30% 的非金融风险可以投保。即使是 30%，这也是减小风险损失最直接的方法，是减少风险暴露的一种成本效益较好的方法。保险公司可以利用它的理赔专业知识，为企业提供控制建议，从而减少风险损失。但从本质上讲，保险是一种风险转移机制——以一定的价格将风险转移给保险公司。

重点是保险是一种意外事件合同。换句话说，它能否生效取决于是否发生一些无法预见和被保险人表面上无法控制的事情。如果发生了与担保内容相同的意外事件，保险公司就会做出响应并支付赔偿。

是否根据保单进行赔偿，要追溯到投保原因。在第 1 章中，我们介绍了因果关系链：

原因→事件→影响（或后果）

在风险和保险的背景下，这条因果关系链转化为保险起因→事件或问题→索赔／损失。风险通常与识别和衡量事件有关。保险也会由事件触发，但保险公司会查看事件发生的原因。保险公司会对火灾造成的损失进行赔偿，但如果证明火灾原因是投保人纵火，或者如果没有安装作为保险生效条件的自动喷淋灭火系统，则不予赔偿。保险公司会对失窃进行赔偿，但如果报警系统在知情的情况下被允许在一段时间内不开启，或者安全控制失效，保险公司也可能不会赔偿。

表 17 - 1 给出了一个企业可能考虑购买的保险种类及保单类型，以及这些保险种类如何与保单类型相匹配，它们涵盖了本章涉及的所有业务威胁。

表 17 - 1　保险种类及保单类型

保险种类	保单类型
业务中断险	发生损失
计算机犯罪险	发现损失
商业通用责任险	理赔
董事和高级职员责任险	理赔
雇佣行为责任险	理赔
环境险	理赔
关键员工险	发生损失
绑架和赎金险	发生损失
财产险	发生损失
专业赔偿（民事责任）险	理赔
声誉损失（公关成本）险	理赔
恐怖主义险	发生损失

对于"发生损失"保单，损失必须发生在保险期内。这些涉及我们大多数人熟悉的保单，如财产险、车险的保单。

对于"理赔"保单，被保险人必须在保单有效期内通知保险人需要接受的情况，即使该事件可能发生在保单生效之前。这类保险属于各种责任保险，如董事和高级职员责任险或专业赔偿险。"发现损失"保单涵盖被保险人在保单有效期内遭遇的损失，通常涉及犯罪，包括计算机犯罪。

但企业需要先生存下来，才能领取保单。如果企业生存不下来，就等不到拿赔偿的时候。

战略和计划

如何选择最佳应对措施

当威胁变成事件时，就会引发企业采取相应的应对措施。事件将导致企业在以下方面发生损失：房屋建筑、员工、设备、系统、生产线、关键供应商或外包活动。企业生存计划详细列出了这些应对措施。每一项应对措施的重要性是由业务影响的评估结果和与之相关的威胁的可能性的组合决定的。

2005 年 7 月伦敦爆炸案发生，做出最佳反应的公司将其业务恢复的重点放在分析事件产生的影响和如何应对的决策上，而不是分析中断的性质及其可能的原因上。因此，它们采用了一种更加通用的方法，能够灵活地应对广泛的潜在情景。关于情景的关键点是不要对它们进行太多细节上的研究。就像许多生存计划一样——保持简单。

还要记住，保持组织在事件状态下也按规定运作是复苏的基础。对已发生事件的恐惧会拖延向高级管理层汇报的时间，其影响可能是致命的。与声誉问题一样（见第 15 章），在事件变成危机之前，企业可能只有很短的时间去应对。

企业生存和复苏管理是一个涉及所有职能部门的全公司的项目。它还涉及政府、监管机构、竞争对手、第三方和客户等外部实体。因此，最好通过研讨会或类似的方法开展这一阶段的工作，以确保了解生存和复苏战略的所有后果，并得到所有相关实体和人员的支持。

将项目团队聚集在一起，也有助于确保战略和对策不发生冲突，这样一来，针对一部分业务的解决方案就不会给另一部分业务带来新的问题，或使其面临无法衡量的风险。

两个建议：

- 确保每个人都了解主要目标——必须充分了解需要实现的目标，实事求是；
- 最大的风险来自不同的做法，尽可能地坚持常态做法，或者至少企业已经界定了什么是新的常态。

一旦企业确定了相应的做法，并让所有人团结在一起，下一步就是列出目前可用的应对方案，然后考虑对于每个起因，哪些应对方案是合适的，以及企业希望使用的对策是否存在失败的风险。

在考虑这些选项时，重要的是考虑在特定的触发条件下，这些选项是否可用——人员、地点或系统。这就是企业需要考虑的可能存在威胁的地方。威胁不仅会使企业的房屋无法使用，还会使企业的替代地点无法使用。新冠疫情就是一个很好的例子。在很长一段时间里，这个替代地点就是每个人的家。

可以考虑下列选项：

- 业务活动和流程级别；
- 人员；
- 地点；
- 通信；
- 基础设施——电力；
- 基础设施——数据和系统；
- 基础设施——公用事业。

这些选项提供了企业在评估时需要考虑的问题示例。随着答案的出现，企业也应该审查目前的偏好。最后，回答完这些问题，企业需要将它们整合起来，给出一个整体的观点。

思考应对方案

业务活动和流程级别

什么级别的业务活动在什么时间段是可以接受的？使用一系列的等级，从"正常营业"开始，到一个或多个"紧急级别"，再到"停止业务"。企业的应对能力如何？其中哪些能力可以使用或已经闲置？是否有可以停止的业务活动？

同样，事件中流程的生产能力是多少？什么级别的流程在什么时间段是可以接受的？

人员

企业的生存在很大程度上涉及人员问题（包括员工的家庭）。在考虑企业的策略时，始终记住人员安全是最重要的，无论是身体上的还是心理上的。新冠疫情期间领导者对他们的团队表现出了关心。但这并不需要大型流行病来证明。想想其中的情感含义。

在发生大型流行病时，大量人员可能被隔离，企业是否有足够的人员配备？在没有交通工具或通信非常有限的情况下，是否有足够的员工？每个员工都知道并理解他们在事件中的作用吗？

是否有足够的员工（包括副手）接受培训以执行关键职能？特别是，新员工在入职时是否接受过培训？如果老员工换到新的岗位，他是否接受了足够的培训？

地点

有哪些可作为替代的办公地点？从可立即使用且发生故障时间最少的备用地点到在家工作，这些都可以。对于大多数人来说，搬去一个不同的地点，通常是一个合租地点。如果企业选择了合租备用设施，在发生影响范围较广的事件时，这些设施是所有人都可以使用的吗？在发生紧急情况时，有几方合租备用设施？出租方是如何确定合租备用设施使用的优先次序的？合同中是否存在例外事项，比如企业是 400 米范围内合租备用设施的唯一使用者？

对于每一个替代地点，重要的是它要位于主要地点的风险区之外，并有独立的电信、电力和水等关键供应源。但是，如果距离风险区太远，可能需要员工出差。出差（以及可能的住宿）费用会导致启动该计划时发生潜在的致命延迟。

如果像大型流行病那样，通常的备用地点不可用，那企业还是安全的吗？我们需要保护资产。

通信

从"9·11"等重大的、影响范围大的事件中得到的另一个教训是，移动电话网络无法处理集中的流量。这意味着要考虑所有的替代方案：数字和模拟固定电话、移动电话（带备用电池）、卫星电话、网站、Zoom 等。从许多方面来说，新冠疫情可能更容易发生，而网络攻击或恐怖袭击更难发生。

危机管理小组如何跟上形势？企业将如何与远离主要办公地点的员工沟通——无论是在替代办公地点还是在家里？企业需要一个系统和一种制度，以确保信息能够自上而下和自下而上地传递。谁来与关键的利益相关者，如员工（最关键）、供应商、客户、服务提供商、金融家、媒体或（如果合适的话）监管机构及时沟通？他们都需要不断地更新信息。

基础设施——电力

有足够的备用电源吗？企业可能看起来有足够的备用电源。然而，企业的空调系统可能因为公用事业公司缺电而失效。

基础设施——数据和系统

我们如何确保系统和最新的数据已到位并可供使用？有哪些备份数据中心？哪些系统在远程站点有备用方案？哪些系统有异地备份？

过时或薄弱的基础设施或不断增加的系统容量，可能在企业最需要它们的时候失效。企业依赖旧的或孤立的系统将导致其在事件发生时能力受限。

在发生网络事件时，首要任务是保持关键数据的完整性，包括遵守与数据保护和机密性相关的法律和监管要求。

该事件可能只是一个编程错误。即使是像脸书这样技术娴熟的公司也在 2019 年 3 月因"服务器配置更改"而宕机，数百万客户超过 24 小时无法使用系统。

基础设施——公用事业

万一某一事件发生，我们还能依靠电力、交通和电信等公用事业吗？还有其他选择吗？如果我们要依赖公用事业，我们是否测试了配套基础设施的可用性？

考虑各种选项的结果应该是使企业能够为每个事件确定一个首选的复苏战略，并评估战略和控制的有效性，以减小事件带来的不利影响。战略决策将影响企业的反应、投资和风险偏好。目标是在尽可能短的时间内恢复业务。

这项工作还应该突出任何缺口（即尚未确定复苏战略的事件）和那些战略制定还不够充分的事件。由此，企业可以确定需要重点关注的优先行动领域。

一旦建立了这一制度，就必须在全公司范围内进行明确的沟通以便所有人理解，并进行清晰的责任划分。

预算和计划

在确定了首选的复苏战略后，就可以开始撰写计划了。但在这之前，企业需要获得预算——包括财务和资源、人力和系统。企业的战略与潜在的商业风险有明确的关系，并不能保证会有一个好的项目论证来证明企业的战略是有价值的。企业需要反复检查特定业务给整个组织带来的价值，然后计算出执行企业生存战略所需的成本——包括填补企业所发现的任何缺口的成本。

从战略到计划

战略是企业生命周期中需要思考的关键部分。计划阶段实际上是规划接下来如何做的阶段。

制订计划的最佳方式是与员工一块儿坐下来，了解各种活动，问"为什么""怎么做"。当计划启动时，很可能会有不同的人参与进来。如果制订计划时只问了一些简单的问题，企业最终会得到一个相对来说没有术语的计划，好处是在需要的时候很容易实施。

在这方面花点时间，通过对话就可以详细了解事情。企业的目标必须是第一次就把计划做好。事件发生的可能性总是存在的，计划必须及早制订并经过全面测试和审查。

形成计划

计划至少应详细说明：

- 背景与范围；
- 主要目标与优先事项；
- 不同危机管理小组的成员（假设针对不同的危机有不同的小组）；
- 测试、培训和宣传的安排；
- 假设——在计划层面，这些假设会随着时间的推移而变化，必须不断进行审查，以确保业务持续推进；
- 备用的工作地点；
- 全面的应急通信协议和程序——内部、外部市场/行业、监管机构或其他法定机构、公用事业、安全、公众和其他利益相关者。

当然，对复苏程序的详细描述会确保业务尽可能地持续发展。在这个层面上，企业需要明确：

- 负责实施计划的个体；
- 启用的权限级别（如董事会、首席执行官、IT 主管）；
- 假设——在活动层面，以便在后续审查中可以很容易地识别这些假设的任何变化并采取适当的行动。

在介绍如何将计划存档之前，先谈一下危机管理小组。小组成员是在计划被调用或测试时承担管理责任的人。该小组包括来自所有相关职能部门的代表，具体取决于所考虑的事件影响类型。除非公司规模太小，否则不应该让首席执行官作为该小组成员。一旦发生危机，首席执行官将继续负责管理企业。危机管理小组负责处理危机，但显然，至少每天都要向首席执行官提供最新信息。

无论用何种方式存档——Word 文件、iPad 或复杂的软件工具——都要确保它易于管理，并便于所有需要它的人使用。不是每个人都需要整个计划。在"需要了解"的基础上开展工作，并在各个层面（从整个企业到各个部门）进行规划，以便员工了解自己所在级别的需求，以及自己在事件发生时的角色。一家好的公司会保持充分且开放的沟通，因为公司不知道在事件发生时会需要谁。没有一个明确的清单会告诉你风险管理小组发现的哪些信息可能是有用的，但是，收集的信息越多，就越需要做更多的工作来使其随时更新。

当一个部门需要搬迁至另一个地点时，它通常可以通过专用设备和纸质文件的方式存储可能需要的任何东西。这通常被称为应急箱（或战斗箱）。应急箱的内容清单以及它们最后一次被检查或更新的时间，是计划的重要组成部分。

测试计划

测试原因

正如军方常说的那样，没有任何计划能在与敌人的遭遇中幸存下来。[1]话虽如此，周密的计划和培训将使企业有更大的机会取得成功，使企业的业务尽快恢复并投入运营。

---

[1] 正如常被引用的德国陆军元帅赫尔穆特·格拉夫·冯·毛奇（Marshal Helmuth, Graf von Moltke，1800—1891）的说法："任何作战计划直至与敌人的主力第一次较量之前皆不能确定。"（*Militarische Werke*. vol. 2，part 2，1892）。

与其应对紧急情况，不如对计划进行测试——或者像企业生存专家喜欢说的那样，进行演习，并吸取教训。测试的意义在于实践和学习。企业测试得越多，就越能找到改进的方法。

人们常说，企业的生存计划就像一个灭火器——它可能会闲置多年，但在需要的时候必须存在并发挥作用。由于计划必须在所有情况下都能发挥作用，而不仅仅是理想的情况（理想的情况并不存在）下，因此需要尽可能全面地进行测试——在关键领域做到极致。

案例研究

日产（2011 年）

2011 年 3 月 11 日日本发生 9.0 级地震，福岛第一核电站的三个核反应堆发生 7 级熔毁时，日产（Nissan）成功地维持了其全球运营。这一事件集三种灾难于一身——地震、海啸和核危机。大多数公司无法应对这种情况，但日产是一家从危机中重生的公司。日产曾在 1999 年几乎破产，雷诺（Renault）收购了其 37% 的流通股，并重振了管理团队。日产值得借鉴的做法包括：

- 制订了有效的应急计划和全球灾难指挥部，包括地震模拟训练，这是关乎人类生命的优先事项。
- 建立了分散的供应链结构，但在危机发生时实施强有力的中央控制和协调。这种"危机心态"在 2007—2008 年全球金融危机、福岛第一核电站事故和 2011 年泰国洪灾期间帮助了日产。
- 全球灾难指挥部（Global Disaster Headquarters）允许管理层在高层没有做详尽分析的情况下做出决策。2011 年 3 月 11 日，地震发生仅 17 分钟后，各管理层就使用了这一授权。

资料来源：*Operational resilience in financial institutions: a practitioner's guide to continuity*, edited by Lyndon Bird (Risk Books, Incisive Media, 2014).

企业需要明确测试的目标、对测试事件的描述、测试事件的时间范围、交付方式和参与人员。

测试内容及频率

从根本上说，测试内容及频率取决于企业。企业可以与危机管理小组合作举办经典的年度活动，组建危机应对小组，将员工转移到备用工作地点，并确保系统和数据备份能在合理的时间范围内投入使用，希望员工成功到达备用工作地点并投入工作。这不是最好的方法，仅仅是最低要求。或者，企业可以确定具体的需求并从中找出一个进行测试，这取决于企业在事件发生时希望达到的应对程度。这些测试包括桌面演练、简单的通信树级联系或通知测试、模拟测试、每月在备用工作地点进行的测试活动以及重新部署测试，还包括：

- 备份和恢复测试——备份数据并测试将其恢复到应急服务器的过程和时间范围；
- 连接性测试——在电信或数据出现故障后重新链接站点并测试网络安全；
- 一次完整的技术恢复测试；
- 企业范围内的全面测试，公司搬迁到其备用工作地点一两天，照常开展业务。

企业还应该认真考虑与关键的行业参与者以及地方当局、公用事业部门和其他可能依赖的组织进行测试。这是确定企业的计划是否有效的唯一方法，因为计划不可避免地要依赖于这些组织。

企业需要不断地检查企业的容忍度和相关指标。正如我们经常说的那样，世界一直在变化——企业的业务、竞争对手、客户、外部环境会发生变化。企业需要不断地测试和监控，以确保企业有足够的能力应对这些变化。

选择权在企业，但无论选择什么，关键是要有一个好的计划。

测试制订的计划

计划测试的关键是理解测试目标，这反过来决定了测试的范围。在企业尝试一些过于雄心勃勃的事情之前，有必要问一下自己是否已经准备好达到计划中的水平，或者企业是否应该通过更循序渐进的测试步骤来达到这个水平。最后一次检查企业的雄心壮志——测试的破坏性有多大？它是否具有足够的实用性和可实现性，并且不会危及企业？

一旦确定了测试的目标和范围，就应该确定：

- 一个日期；
- 谁会参与；
- 测试将基于最新的计划；
- 可用的设施；
- 测试前、测试中和测试后的独立审查和评估系统。

测试前的审查是至关重要的，它可以确保所有影响计划执行的事项都得到考虑，包括培训副手，当危机发生时，他很可能是唯一在场的人。

最后，留出足够的应急时间，以便在测试结束后将系统恢复到真实环境中。这一点往往被低估，将系统恢复到真实环境中就不会对业务造成真正的干扰。

测试

测试的目标是验证恢复程序的效果，并识别计划中的不是或错误。这是一种学习。专注于效益最大化和影响最小化。如果业务出现中断，要确保所有人都同意，并且控制已被了解和测试。最高管理层应了解并接受测试出错的风险。如果出现意外中断，做好迅速结束测试的准备。

一个好的测试——和一份好的计划——的关键是记录。在测试前、测试中和测试后都应该做好记录，以便审查和作为下一次测试的基础。

在测试过程中，请一名独立观察员（或请多名观察员，取决于测试规模和可用资源）就测试工作方式提供客观反馈，包括对员工、危机管理小组和其他人之间沟通的有效性提供反馈，并指出测试的进展情况。

测试后

如果可能的话，在工作人员结束测试离开之前，找到他们，在他们对测试还记忆犹新的时候，获得他们对哪些事情进展顺利、哪些事情进展不顺利的初步反馈。关键是要尽快获得反馈，然后分析：

- 是否达到了测试目标？
- 测试是否按时完成？
- 测试参与者是否按预期行事？资源是否按照预期使用？
- 测试方法是否合适？
- 计划的哪些部分不充分或已过时？
- 有什么是本该做而没有做的？

从测试中吸取的经验教训必须应用到计划中，并商定采取哪些步骤来弥补缺陷。同时，应根据测试结果审查计划所依据的假设，包括关于外部依赖性的假设。这可能意味着必须重新评估甚至改变企业的生存战略。这就是企业进行测试的原因。

将测试记录保存好，以备下次使用。否则，所有这些宝贵的经验都会丢失，下一次测试只会重复过去的错误。

维持计划和持续改进

测试是审查计划及其所依据的假设的一种实用方法。应定期审查所有风险、假设和关键恢复要求，以确保它们是最新的，并且能够适应不断变化的业务环境、市场条件、并购或处置、产品和服务、应对风险的方法。这些审查是规划时间表的关键组成部分。维持计划可能比最初制订计划更重要。坦率地说，过时的战略、文件或能力的缺乏并不比什么都没有好多少。更糟糕的可能是依据错误信息做出决策。

另一个确保公司为任何突发事件做好准备的因素是培训。确保员工熟悉计划是至关重要的。培训也是确保恢复团队成员之间合作的有效方式。培训需要被审查，因为员工经常变动，企业内部关系也是如此。测试是一个改变流程的机会。这是一个动态的、不断发展的过程。我们正在努力打造一种学习和持续改进的文化。

最终，这一切都取决于沟通（培训旨在加强沟通）和记录，如果没有这些，整个工作将在无知的氛围中进行。每个阶段的记录都意味着可以吸取经验教训，业务线管理层能够对流程进行审核和适当审查。

小结

本书中的许多章节都与生存和复苏的管理有关。重要的一点是，我们正在努力使业务恢复正常，包括业务本身、客户和第三方。关键在于时间。时间是影响因素中最关键的一个。要做到这一点，企业需要知道自己要做什么，什么对企业至关重要，并清楚企业的战略和计划。危机不会像预期的那样，但如果企业一开始就有一个计划，企业就有机会在合理的时间内复苏。

要做到这一点，企业必须：

测试、测试，不断测试

沟通、沟通，保持沟通

记录、记录，持续记录

并且简明扼要

计划越简明，在危机中就越容易执行，并且能尽快让整体业务恢复运转。

第三方、外包和供应链风险管理

引言

本章介绍第三方的风险管理。第三方可能是提供外包服务的供应商或者只是贸易供应商（以下统称供应商）。它们必然或多或少地参与到供应链之中。外包可能涉及将部分业务公开地转移给第三方，或者通过白标（white-labelling）的方式将服务转移给第三方——包括同一集团内部的其他成员。这些都涉及代理安排，也可能通过合资企业的方式进行。

在任何情况下，如果想有效开展工作，双方都要以合作伙伴的方式来协作。外包风险管理的几乎所有工作都围绕着在外包的企业（或买方）与供应商之间建立协调公平的伙伴关系展开。

尽管本章主要讨论外包，但其中的原则和管理流程同样适用于其他供应商关系或者第三方依赖关系，如供应链。事实上，第三方依赖是一个有用的通用术语，用来描述我们在任何买方-供应商关系中可接受的风险，而外包只是其中之一。

就外包而言，它是买方将管理一项活动的风险转给第三方供应商，而第三方供应商的日常行为是在买方的直接控制之外的。外包不能消除风险，但通过将管理工作转交给管理水平更高、能以合理价格提供更熟练技能的一方，可以减少企业面临的固有风险。

就供应商而言，无论是贸易供应商还是外包供应商，都需要考虑供应链中其他部分——它们依赖的第四方或者第五方的风险。

为了将由于缺少直接控制导致的风险降到可接受的水平，买方要充分了解供应商的风险及其控制的有效性，这是因为如果出现问题，买方及其客户都会受到影响。虽然日常的管理可以委托给供应商，但质量和声誉仍由买方负责。

无论是外包还是其他供应商安排，买方都不能放弃维护客户或买方自身声誉的责任。买方与供应商之间的有效沟通是降低声誉风险和确保外包项目顺利开展的最佳手段。

本章大部分内容与外包流程、识别各阶段的关键风险以及减少这些风险的必要措施有关。还会介绍与供应链相关的特定风险管理。

外包决策

外包的好处

当人们在调查中被问及成功的外包有哪些特征时，削减成本排在下面这些特征之后：

- 集中管理核心活动；
- 实现更高的活动水平；
- 改善客户服务。

以上所有特征都有助于增强买家的竞争优势，也应当成为决定是否外包的一个基础性测试。外包因提高客户服务的速度与质量而具有商业意义。例如，供应商能够以更大的成本优势处理各种耗费资源的合规任务，使买方员工能够集中精力把握创造利润的机会。

同样地，供应商也许还拥有买方难以复制的数据和技术。比如，获得关于竞争对手业绩的大型数据库，或者是能够找到大型数据集或参数之间依赖关系的特定解决方案。然而，买方需要控制数据和系统结构，以便当不可预见的新选择出现时能顺势而变。就在几年之前，还很少有企业知道云计算会变得这么重要。

在那些有着真正的合作伙伴关系的最佳外包业务中，买方会将技能、专业知识和能力传授给供应商，而供应商则会积极主动地向买方提出创新想法。德勤 2018 年的一项调查显示，49% 的买方会向其供应商提供额外的服务，43% 的买方会将创新作为合同的关键组成部分。因此，真正的合作伙伴关系使新产品更快地进入市场。

站在更高的层面上来说，如果外包是组织转型的一部分，那么它就可以成为文化变革的一股力量。当两种基底文化的结合十分困难时，外包可以为合并提供帮助。在第三方供应商的基础上建立未来的基础架构就能解决这个问题，并将其置于政治之外。因此，外包可以视为改变、改造风险环境的主要力量。

并不只是削减成本

做出外包决定应当基于良好的业务基础，并考虑外包能带来的整体价值，而不是只将削减成本或者提高投资回报当作唯一的甚至根本的目的。有趣的是，虽然成本是第一代外包计划的关键驱动因素，但随后的外包将寻求特定的知识、专业技能和工具作为关键驱动因素。[①]

当然，外包应该具有显著的现金流效益，但若削减成本成为外包决定的主要驱动力，外包项目极可能失败，因为削减成本本身并不会带来可持续的商业优势。无论如何，成本削减往往是表面上的好处多于实际。英国零售商布虎（Boohoo）就是一个很好的例子，它被指控从支付的工资低于最低标准的制造商那里采购服装，且未能在新冠疫情中给员工提供防护措施，其英国供应商普遍恶劣的工作条件也备受诟病。作为布虎集团的大股东，标准人寿安本集团（Standard Life Aberdeen）宣布已经将该公司大

---

① 　EY survey Outsourcing in Europe 2013.

部分股票出售。在与布虎的管理团队进行多次接触后，标准人寿安本集团发现这家线上零售商对这些指控的回应"在范围、时间和力度上都不够充分"。[①] 当然，作为零售商，布虎所遭受的声誉损失远大于供应商。

在决定是否外包时，最大的风险之一是没有评估当前活动的真实成本以及外包后的成本，包括财务和非财务成本。如果没有正确的成本信息，企业就很有可能做出原则性的错误决定，并且无法依据一个可靠基准来对潜在的服务供应商进行评估。

在做出外包决定时，需认真考虑以下成本：

■ 内部活动成本，包括场地和配套基础设施的成本；

■ 启动外包和与供应商交接的成本，包括知识转移成本；

■ 合同的持续管理和监督成本，特别是当供应商在海外时；

■ 出事后的应急计划成本；

■ 在员工和基础设施中保留足够的资源，以便在合同终止的情况下公司内部活动得以开展的成本。

但是，外包和现金流也有积极的一面。在良好的合作伙伴关系中，外包应当意味着未来的成本可以随着企业的成长或收缩而调整，从而使固定成本变为可变成本。外包可以让企业不必投资于非核心活动或大型投资项目。供应商已经进行了必要的投资，可以给外包企业带来减少基础设施投资和扩大规模的好处。更积极的一面是，如果供应商购买了硬件或软件等资产，外包可能带来现金流入或是增加创收机会。

诸如此类的现金收益是外包的正面理由，而基于削减成本带来的现金收益则不是。

外包政策

与其他任何重大风险或控制问题一样，外包的一个基础部分是由董事会来商定公司内部管理外包的原则和政策。毕竟，董事会要对这些政策以及在这些政策下开展的活动负最终责任。这些政策应当包括：

---

① BBC *News*, 6 *July* 2020; www.investorschronicle.co.uk, 10 *July* 2020.

- 在决定是否进行外包时应当遵循的原则和内部审批流程；
- 如何对外包项目进行治理和管理，包括确定长期目标与阶段性目标的要求、风险评估和一般风险管理、评估与选择流程、对分包商的依赖和处理、合同条件与条款、变更管理协议以及对服务的持续监督；
- 满足数据隐私和信息安全的要求；
- 预期会形成什么样的业务连续性计划和运营韧性协议；
- 制定一个详尽的外包登记手册。

外包范围

一旦外包政策和流程得以制定，企业就可以考虑可能外包的职能与活动。可能外包的工作，供应商应比企业做得更好，或者它们能完成而企业做不到。

例如，站在小企业的层面上看，这可能意味着将受到法律修订影响的领域外包出去，如税务或会计，因为供应商是这方面的专家。企业可以通过这种方式降低风险并节约成本，内部人员可能无法像专业公司那样及时了解最新情况，而专业公司就是凭借这些专业知识建立了声誉。另一个关于小企业的例子是，企业能因外包而使用自身本无法负担的最先进的技术，因此外包可以带来竞争优势，同时节省成本。

外包需遵循下面三条黄金法则：

- 不要试图将问题外包出去。外包商无法解决企业的烂摊子，只有企业自己能解决。
- 与业务部门沟通。是否外包取决于业务需求，而不是采购的需求。
- 永远不要将任何能带给企业竞争优势的业务外包出去，也就是说，企业需要直接控制那个能持续带来竞争优势的业务核心。

撇开那些认为"核心"就是企业无法出售的业务的论调不谈，什么是"核心"因企业而异。难道"核心"的一定意味着"战略性"的吗？若是这样，什么又是真正意义上"战略性"的呢？

举个例子，可口可乐其实并不生产可口可乐。它对可口可乐进行营销，并负责开展广告业务和制定战略规划，大部分可口可乐都是由世界各地获得许可的装瓶公司生产的。类似地，维珍（Virgin）其实也只是其金融服务与移动电话活动中出现的一个名字而已。也许，管理品牌和声誉，还有管理外包合同才是它们真正的核心业务活动，这些活动取代了这些企业之前管理大量员工的核心活动。

最后，企业必须决定是外包给单一供应商还是考虑其他选择。单一供应商可能意味着低成本，但这个供应商若失败有可能导致企业的业务失败。同样，如果只有一个占主导地位的供应商，也可能存在严重的风险。规模很重要。企业对这些供应商来说有多重要？除非企业是巨头，否则二八法则会生效，企业很可能只代表了供应商收入和关注度的很小一部分。如果是规模较小方，企业必须积极争取获得供应商高层的关注，以确保企业的需求不会在优先级中被降级。另外一个原因是要最大限度地提高竞争程度。

外包项目——从一开始就做对

外包项目中最大的两个风险是：

- 没有明确的长期目标和阶段性目标；
- 没有合理的规划。

由于风险是对目标的威胁，如果没有设定明确的目标，就很难识别项目自身的风险。因此，没有设定长期目标和阶段性目标本身就是一个重大风险。

外包项目经常因在每个阶段都设定了不切实际的时间表而出错。外包项目失败的原因包括与供应商对接的时间规划不当，对外包安排可能给企业其他部门的员工和流程带来的影响认识不足，以及对风险领域——包括环境和监管因素的规划不当。

一旦决定进行外包，降低失败可能性的关键是做好以下准备：

- 为项目设定目标；
- 了解什么可以外包，什么不可以外包；
- 明确企业想获得的利益；
- 组建一个项目团队，该团队负责日常的运营流程，有清晰的定期汇报程序，并提供可行的外包解决方案；
- 使用企业的风险管理系统来管理外包流程，并在每个阶段重新评估风险。

如果企业已经就外包流程的管理原则达成一致，那么企业就能有效地应对外包风险。无论如何，在一个真正拥有风险文化和弹性的企业中，风险管理应该是其商业决策的一个常规组成部分。

外包——风险评估

当企业决定了什么外包或什么不外包，并已经组建了一个项目团队之后，下一步就是进行全面的风险评估，识别外包成功实施所面临的威胁。首先，企业需要依次进行三种风险评估（分别对应第 1 步、第 2 步和第 3 步）：

1. 对当前状况的风险评估。

2. 对项目本身的风险评估。

3. 对期望目标的风险评估。

风险评估 2 和 3 有助于制定招标书（RFP）、确定选择供应商的标准以及拟定服务水平协议（SLA）。

风险评估 2 和 3 在项目的每个关键阶段都要被审查。在签署了服务水平协议以后，供应商应提供对其自身的风险评估（第 4 步）结果并商定用于监测风险的指标。在交接期间，应当进行进一步的评估（第 5 步），但这次是企业与供应商共同进行的。正是在这时，真正的知识转移才能双向地发生。

为确保项目风险评估过程（第 2 步）尽可能地全面，要将所有可能受影响的人纳入其中。这涉及人力资源、法务、公关、财务、采购、IT、那些工作职能被考虑外包的人以及一旦工作职能被外包就会与之接触的人——当然，还有风险管理人员。若企业曾有外包的经验，请善用。如果是首次接触外包，一定要记住慎重考虑将要面对的风险。

外包在项目的每个阶段都会产生新的风险，特别是当项目已经上线，而企业几乎没有日常控制权的时候。以下就是一些可能的新风险：

- 供应商交付的服务质量低于预期；
- 保密性和安全性未受到重视；
- 合同内容过于死板，无法适应变化；
- 未能投入足够的时间和精力处理人际关系问题；
- 未能在内部提供足够的资源来保障外包的业务流程顺利进行；
- 供应商缺乏应急预案；
- 供应商的管理层变更——一个对绩效和沟通都有影响的常见问题；
- 供应商破产。

企业在考虑这些新风险时要记住，与供应商和员工的沟通是一个关键的缓解措施。在每一个阶段都要与服务供应商开诚布公地交流。这不仅意味着企业能够从外包项目中获得最大收益，还意味着企业能够理解并记录那些受到影响的人的结果——而这正是外包决策的基础之一。

关于招标书的忠告

招标书的第一步是编制信息邀请书（RFI）。RFI 应当在尽可能广泛的领域发放，而不仅仅是发给寻常的候选对象或是一两个通过轶事或传言了解的候选对象。企业要从尽可能多的候选对象中尽量缩小范围。

驱使企业选择外包的那些长期和阶段性目标将指向企业的外包需求，并构成企业确定选择标准的基础。这些目标和需求应当和业务一致，而不是与采购一致。重要的是需求，而不是文件。牢记黄金法则中的一条——

与业务部门沟通。这也意味着企业应当足够谨慎，以免对解决方案造成限制，从而使招标书过于严格。如果外包的益处是带来企业所缺乏的专业知识，那么要从这种关系中获得最大的好处，并对如何更好地满足企业的需求保持开放的心态。

风险评估将引导企业了解招标书中的要求。招标书会处理具体的细节，也会提供信息帮助企业确定：

- 供应商的管理能力与资源；
- 供应商如何进行关系管理；
- 报告与质量监控的流程；
- 供需双方的培训要求；
- 技术要求以及未来的可扩展性；
- 交接时间表与在此期间所需的资源；
- 治理问题，确保服务供应商认同企业的价值观。

以上这些也同样有助于拟定详细的服务水平协议。

招标书确立了期望，并进一步确定了入围供应商的资格。招标书清晰明了十分重要，所以尽可能使用定量标准而非定性标准。同时，不要低估企业仍将从事的工作。招标书应该清晰地列出企业和供应商之间的风险以及其他责任。在随后的合同谈判中，企业的招标书也应该明确企业有随时退出的权利，而且不需要支付任何费用。

如果招标书经过了精心设计，它就应该能确保企业将选择范围缩小为少数真诚可信、可接受的候选对象。

供应商选择

关于外包最糟糕的风险就是选择了错误的合作伙伴。供应商的选择方式最好是商业化的，而不是个人主观决定的。如果企业没能在选择供应商上投入足够多的资源，包括无法拥有多种视角和适当的技能以有效管理选择的过程，做出错误选择的风险就会增加。毕竟，供应商在代企业行事，企业的声誉掌握在供应商手中。

评估和评价

正如外包决定不应当是基于削减成本的考虑，供应商的选择也不应当以谁提供的交易最便宜为基准。为确保这个过程兼具客观性和适当的竞争性，企业需要根据选择外包时的长期目标和阶段性目标建立一个评估计分卡。打分规则不必过于复杂。

它可以很简单，比如首先关注企业的需求并评估这些需求：

1. 关键的需求。

2. 必要的需求。

3. 锦上添花的需求。

然后根据以下基准给供应商打分：

1. 不符合需求。

2. 符合需求。

3. 超过预期需求。

在许多方面，衡量硬标准是相对容易的，比如说涉及财务、法律、合同、绩效甚至监管风险等方面。相较之下更难的是去衡量软标准，而这些软标准正是外包成功的基础，比如文化契合度、领导力、人力资源、沟通和创新等。

招标书应当提供关于软、硬标准的大量信息。这些信息需要通过互联网、行业媒体、专家建议以及客户提供的参考资料等渠道来进行测试。供应商在业内的认可度如何？供应商的强项是什么？供应商的声誉如何？供应商处理问题的能力如何？供应商服务承诺的过往执行情况如何？

最重要的是，要拜访候选名单上的每一个潜在供应商。企业的外包是长期持续的，因此不要忽视尽职调查。面对面的交流是评估那些关键软标准的唯一明智的途径。至少，要确保企业与供应商通过 Zoom 会议室或其他类似方式交流过。

在实际操作的层面上，请企业的主题专家而非采购主管来检查 IT 系统和设备、管理流程以及质量保证程序。如果供应商在海外且在此阶段很难去登门拜访，可以尝试从它们在本国的用户那里了解情况。这应当是最后的办法。

供应商的声明必须经过检测和核实。供应商员工留任与更替的细节是什么？它们如何准确地跟踪客户满意度？它们将如何确保你在需要时拥有合适的资源？供应商的销售人员又是如何与送货人员沟通的？

供应商经常引用数据，如从头部客户获得的收入或利用率（员工效率），但若没有雇用独立调查人员的话，这些是几乎不可能被证实的，一如 2009 年 1 月份的萨蒂扬案带给人们的教训。

案例研究

萨蒂扬公司（2009 年）

萨蒂扬公司（Satyam）曾是印度第四大软件集团，也曾是印度最大的外包公司之一，它的客户占到《财富》500 强企业的 1/3 以上。2009 年 1 月，其创始人兼董事长拉马林加·拉贾（Ramalinga Raju）在一封公开信中披露，该公司多年来虚增其财务业绩超过 10 亿美元。除此之外，还将员工数量夸大了 25% 以上（从 4 万人夸大到 5.3 万人），并将员工的薪水挪到了其他被拉贾控制的公司账上。2009 年 11 月，据印度中央调查局（Indian Central Bureau of Investigation）估计，欺诈金额超过 26 亿美元。

2011 年 4 月，该公司受到了 1 000 万美元的处罚，其审计机构普华永道印度分公司也受到了来自美国证券交易委员会（SEC）总计 600 万美元的处罚。这些罚金被分派给了遭受损失的投资者们。2018 年，印度证券交易委员会（SEBI）吊销普华永道上市公司审计资格 2 年。

资料来源：Based on 'Scale of Satyam fraud escalates ahead of trial' by Rhys Blakely, *The Times*, 27 November 2009, p. 77; SEC digest, 5 April 2011.

调查公司易唯思（Evalueserve）副总裁阿舒托什·古尔塔（Ashutosh Gulta）在《金融时报》上评论萨蒂扬案时表示："明智的企业已经在雇用

调查公司四处打探和询问，我们也将看到更多的企业会如此效仿。"[1]

能力和胜任

供应商被假设可以提供某些功能，否则它们怎么会进入候选对象名单？重要的是它们所提供的服务的质量——它们是如何完成自己的工作的，而非它们是否能在特定的时间内处理特定数量的交易。

在大多数的外包合同中，质量——还有风险——并非取决于系统性能力，而是取决于那些管理流程的人以及与客户接触的人。企业要考虑是否需要对供应商员工的工作进行检查。而这或许就是独立调查员或神秘顾客派上用场的地方。

供应商管理层变更是一个会同时影响绩效和沟通的常见问题，可能某些人对外包流程或对接十分关键。如果是这样，坚持保留这些人员的位置会是一种控制手段；如果这些人员必须变动或调离，那么作为客户，企业拥有批准替代者的权利。服务质量的一致性对企业的声誉是至关重要的。

供应商的治理结构也非常重要。它们内部管理的实践是怎样的？风险管理对它们的重要性和作用如何？供应商的董事会、审计委员会和其他职能有着怎样的架构？是否拥有强大的机构投资者，能够给董事会带来一定程度的资金支持和专业知识？健全的风险治理也是保证业务可持续性的关键之一。

定价

定价则是另一个关键风险。供应商的定价构成是否有足够的透明度，以确保企业的钱花得值？另外，供应商是否能按商定好的收费标准获利？

对固定成本、升级成本和维持成本及其基础是否考虑清楚了？价格升

---

[1]　Joe Leahy and James Fontanella-Khan, ' Outsourcing clients on the lookout for red flags ', *Financial Times*, 22 January 2009.

级因素或者与规模相关的成本是否被充分地考虑？它们的价格可能与基本标准不同。那么，培训开销和转嫁项目如何处理？最终花费可能远超签订合同时的预期。

如果外包安排没有得到恰当设计和精心管理，到头来发现增加的附加项目使初始成本提高了 50% 的情况并不罕见。因此，要彻底地进行分析以及通过各种活动情景来竭尽所能地了解结果。这样的话，才会知道真正的成本是多少以及真正节约的成本是多少。

数据安全

数据安全是关键（见第 16 章），供应商能对与客户有关的信息及数据安全提供什么保障？它们的系统、网络和防火墙都有着什么样的安全措施？它们的事件监测和响应流程是怎样的？它们是否遵循行业标准以及相应的国际标准，并根据这些标准进行审计？

如今海量的数据都存储在云端。企业要对云端中的内容负责，但云服务提供商要对云的提供负责。企业是否向客户确认过，它们的云服务供应商的服务有什么样的安全保障？

商业可靠性和持续性

外包是一段长期关系，会对企业的声誉产生重大影响。我们已经提到过供应商随着时间推移提供服务的能力的变化，特别是当企业的需求增长的时候。从长远角度考虑企业的供应商是否会长期存在是整体评估的一个重要部分。

对供应商进行财务尽职调查是整体评估中的一个因素。由于外包最初通常是由投资资金或者成本需求驱动的，供应商必须拥有可持续的现金流，以随着时间推移提供企业所需的功能，并有能力提供为满足当前和未来需求所需的投资。因此，问清楚供应商如何处理目前矛盾的资源需求是十分重要的，当然还要询问供应商如何处理客户未来的需求——如果它们运营得很成功的话。

与潜在的供应商探讨企业和潜在供应商各自在三到五年内的期望，可以作为战略愿景会议的一部分。这还提供了一个机会来考虑潜在供应商的流程是否可扩展到企业想要的级别——甚至更高。可持续性不只关乎现金流，还关乎无形资产，比如说供应商在市场上的地位和供应商顺应市场需求的变化而变化的能力。愿景会议将帮助企业更好地了解供应商随市场变化的能力。

兼容性和文化

最重要的是，企业需要确保选择的供应商能够认同企业的价值观，认同企业的愿景和信条。它们既是供应商，也是企业的合作伙伴，只有拥有共同的价值观才能建立一段可持续的关系。信任至关重要。企业不会想要与一个做事投机、会窃取知识产权、员工不具备所需能力的供应商接触。

而这正是企业一方专家参与实地考察如此重要的原因之一。如果企业没有进行一次或多次的实地考察，企业就无法接触将要打交道的人，而只会接触合同的谈判人员。

企业需要知道企业和供应商可以像团队一样合作；企业的员工，无论什么层级，都会和供应商的人接触。那么这些人是否完全理解了企业的需求？他们是否专注于持续性的改进并且愿意和企业分享他们努力的结果？由于企业的风险之一是创新落后于行业水平，因此企业应该与供应商商讨激励措施，以使企业能够获得服务角度的改进。

而流程也必须相适应。这既包括决策过程和管理结构，也包括两家公司之间的交互点比如正式互动频率、问题事件的升级流程等。

总体而言，相较于分析性的过程，对兼容性的评估更像是个直观的过程，基于企业的战略和风险评估的计分卡方法对兼容性评估有很大帮助。而其风险在于，判断不可避免是主观的，会被个人情感所蒙蔽。

对服务水平协议的建议

　　企业选择了供应商之后，应该将关注的重点转向关乎企业未来与供应商关系的合同——服务水平协议上。该协议将成为企业基本的风险控制措施。如果不关注服务水平协议，后果可能是灾难性的，正如拉斐尔银行（Raphaels Bank）所经历的那样。

案例研究

拉斐尔银行（2015 年）

　　拉斐尔银行是一家在英国和欧洲提供金融服务的小型零售银行，开展预付卡和签账卡业务。这些银行卡业务在第三方银行卡处理机构的协助下推动，该机构提供的服务对银行卡程序的运行至关重要。

　　第三方处理器在 2015 年平安夜遭遇了一次技术故障。这次技术故障使第三方有超过 8 小时无法提供授权和处理服务，影响范围非常大。在此期间，拉斐尔银行成千上万的客户无法使用他们的预付卡和签账卡，而银行卡处理器也无法对 ATM 机、销售点终端机和线上的银行卡交易进行授权。

　　监管机构英国金融行为监管局和英国审慎监管局指出：

　　1. 拉斐尔银行与第三方之间的外包协议并不恰当。

　　2. 拉斐尔银行没有充分地了解当"破坏性事件"发生时该如何得到支持。拉斐尔银行没有一个恰当的灾难恢复模拟程序，也没有处理重大信息技术事故的应急预案。

　　拉斐尔银行支持监督和管理其外包安排的系统和控制是不充分的，这令拉斐尔银行的客户遭受了不必要的、本可避免的损失和不便。

　　服务水平协议规定企业需要定期报告风险与控制自我评估结果、相关关键风险指标和关键控制指标。它还详细说明企业需要对事件和损失进行报告，不仅包括那些由企业承担的事件和损失，还包括供应商负责并承担费用的事件。

当企业在与供应商协商服务水平协议时，应基于风险视角考虑拟定的合同内容。企业需要进行风险评估，包括关于什么风险由谁承担等假设。此时正是直言企业正在努力减小的风险并就一个风险权属矩阵形成共识的时候。清晰的角色和职责是良好的风险管理的关键要素。

另一个建议是，在讨论法律细节之前，企业先就操作细节达成一致。外包毕竟是一种合作伙伴关系，如果企业能在起草法律文件之前就操作和风险事项达成一致，将避免产生不必要的误解或纠纷，并能在更短的时间内达成双方愿意签署的互利协议。

还有，要强势。企业已经完成了所有的分析和评估。企业明白自己想要什么及其原因，所以不要让供应商来决定企业将得到什么。去获得企业想要的，毕竟那正是企业所需要的。最重要的是，不要同意在合同签署之后才确定最终的服务范围、价格或者服务水平，也不要签署依赖于基准测试的协议。

合同就是交易本身。企业签署的合同关系到未来三到五年内企业将获得的服务，所以一定要确保它是企业想要的，表述尽可能明确。

当关注服务水平协议通常包含的内容时，企业会发现实际上几乎每个条款都代表着某种形式的风险控制，涵盖了我们在本章中讨论的那些风险管理元素。表18-1展示了一些典型的条目。

表 18-1　典型的服务水平协议的内容

1. 服务的性质和范围	包括协议的所有相关参数，如参与的各方、服务期限等等
2. 各方面的职责划分	
3. 服务连续性的预期	包括通过业务连续性事件和排他性协议提供的可用性服务来保护对外包资源的访问
4. 业务/财务条款	包括供应商增加费用的权利以及对其业绩不佳的处罚
5. 与活动相适应的预期绩效水平衡量标准	包括数据安全问题，访问、审计和关于信息的权利

续表

6. 绩效审查程序	
7. 绩效报告	包括风险与控制自我评估、关键指标、事故和事件
8. 问题升级程序	包括争议解决程序，应对执行失败的应急计划
9. 审计目的下的信息获取准则	包括内部和外部的审计师以及监管机构（如适用）
10. 机密 / 保密 / 安全期望	包括数据保护、系统安全和信息所有权
11. 变更控制协议	
12. 退出策略	包括与另一项托管服务的交接

资料来源：Courtesy of RiskLogix Solutions Limited.

最后，在尽最大努力构建了一个满足企业所有需求的服务水平协议之后，要避免过度依赖它。供应商有可能达到了约定的服务水平，但由于衡量的标准不对，合作并不成功。为了避免这种情况，企业需要确保协议内容不至于太死板以致对变更造成阻碍。如果企业正在与一个真正的合作伙伴共事，这并不难。毕竟，双方都希望这份合同能长期有效。

外包项目管理

治理

治理为供需双方关系的处理提供了一系列的指导方针，也为处理法律和服务问题提供了一种讨论机制。有效的治理有助于确保供应商在协议有效期内履行其所承诺的事项。缺少强有力的治理会导致外包目标和结果不明确。

治理成本通常占合同总额的 3% ～ 6%，它在外包开始时会处于高位，但会随时间推移而降低，因此，请确保治理成本包含在原始成本里。[①] 治理并不是次要活动。

一个由双方高级管理人员组成的优秀治理团队是实现良好治理的关键，他们应当定期沟通什么是有效的，什么是无效的，并确保相关问题得到恰当的处理。

理想情况下，外包项目治理团队应该包括拥有管理供应商关系实操经验的人，以及能够理解外包环境下买方组织需求的人。同时，还必须有外包领域的专家、财务和法律等领域的代表，如果可能的话，还包括采购或外包领域的代表。尤其要包括风险管理部门的人。

在买方企业内部，良好的沟通应当确保员工——特别是那些直接受影响的员工，能够了解某一特定流程被外包的原因和即将获得的益处。缺少与员工的有效沟通会导致破坏性的流言蜚语和士气低迷。正如我们在本书中指出的那样，无论是风险管理或是其他方面，良好管理的关键是信任。

如果将那些直接受到影响的人纳入外包流程，他们就能起到缓解风险的作用，因为他们有可能指出在财务或风险评估中被忽略的成本或者流程问题。如果内部员工充分地参与外包项目，就可以减少中层管理人员面临的阻力，这些阻力会使项目的许多预期收益无法实现。

最后，在人员配备方面，尽量让那些参与谈判的人留在身边。无论服务水平协议多么清晰，人和环境总会改变。让了解交易背后意图和想法的人留在身边总是有帮助的。

离岸外包

由于外包是一种合作伙伴关系，因此，买家和供应商之间需要充分合作。这可能是一项特殊的挑战，因为双方可能要在不同的文化、时区和不

---

① Bob Violino,'Outsourcing governance: A success story', www.outsourcing.com, 21 March 2018; Same date and source,'Governance: A key to outsourcing success', Bob Violino. Whose guidance is gratefully acknowledged.

同的法律、政治、监管和社会经济环境下工作。

为使离岸外包工作尽可能有效地运作，企业首先应该确保企业的离岸团队中有一个高质量的本土领导者。如果企业能够让离岸团队与本土专家一起工作，收益将会非常可观，风险也将显著降低。

培训是实现这一融合的一部分。为了取得最佳效果，首先要在总部培训离岸外包团队，这样他们就能成为该团队的领导者和培训者。他们会理解并能够传递企业的价值观和文化——当然，这种培训也会给企业一个了解自身价值观的机会。若能让更多的本土人员参与其中，结果就更好。要是让供应商的高层人员能与本土团队一起工作，还会更好。通过轮换这些人，最终企业会拥有一个理解并在企业及其文化中工作过的完整的外包团队。

以这种方式进行外包也有助于克服语言上和文化上的障碍与风险，这些同样是离岸外包的一部分。除语言表达的风险之外（包括与供应商之间的语言风险和涉及当地法律和专家的语言风险），诸如此类的人员风险也是离岸外包的一部分：不同的人力资源和就业法律要求；差劲的沟通；不同的数据保护要求；关于贿赂和腐败有不同的道德标准。许多企业在被发现其昂贵的产品是由"血汗工厂"的劳工生产时遭受了声誉上的损失。企业需要在服务水平协议中明确企业所期望的相关标准。就数据安全而言，可能与国际标准相关，比如说 ISO 27001 发布的标准。而除此之外，必须准确地阐明企业的标准是什么，然后确保对这些标准的监控是企业定期监督和审计流程的一部分。

新冠疫情同样暴露了离岸外包的问题，印度境内的客户服务中心就是一个例子。当员工被告知要居家办公时，很明显，极少人家里装了宽带。

最后，在考虑离岸外包时不可避免地要面临汇率风险。以印度为例，由于签订的大多数合同价格是以美元为单位固定下来的，这就为印度供应商带来了巨大的额外利润。当然，在汇率波动的情况下，其结果也可能完全相反。分享纯粹因超过一定比例的汇率变动而产生的利润——制定一个这样的条款，也许会是一种解决办法。

交接过程

当然，和供应商的实际交接无疑是整个项目中的一个高风险点。如果交接工作经过了精心策划和排演得以顺利进行，其风险将大大降低。在交接中还有一个问题，即不论是在"上线"日期还是随后的几个月内，买方经常会对供应商提出不切实际的期望，并反映在买方管理层的期望之中。买方应保持客观和实际，尽量确保没有任何意外发生。良好的沟通作为一种风险控制机制，应当有助于管理这些期望。

在选择程序中，交接是应当被明确的要素之一。合作伙伴是否使用类似的项目方法？平稳的交接是企业的目标所在；而麻烦丛生的交接将立即带来痛苦和代价。为了使交接过程顺利进行，降低交接和未来的风险，让企业的部分员工在供应商那边工作并随合同的推进再临时调派部分员工到供应商处工作，可能是一个好方法。这将保证企业的重要控制之一——在必要时将流程带回企业内部的能力——有更大的成功概率。而这样的合作关系也将降低企业真这么做的可能性。

变更

所有的外包合同都会发生变更，这正是它们需要有一定灵活性的原因。它们从来都不是静态的。毕竟，合同将会持续三到五年甚至更长的时间。但是这并不意味着在第一个月就跃跃欲试、过度反应。没有一个外包业务从一开始就是完美的。由于缺乏经验和额外检查，头两三个月的外包效率会下降。在这之后，定期的监督应当指出需要讨论的各个方面，并在必要时对合同内容进行修改。

治理团队必须能够在合同的整个生命周期内处理变更事宜。拟定变更控制协议是其管理的一个部分。变更控制协议是"工作方式"文件的一部分，买方与供应商在一开始对其内容就达成了一致，其中还明确地说明业绩报告与评估的目标和期望。在人员方面，治理团队应该由那些思想开放、做事不墨守成规的人组成。

变更或许还和外包执行有关，也可能缘于买方、供应商的解释差异或者环境的变化。所以，买方应了解买方与供应商关系的最新变化并将其反映在合同中，确保合同对双方都有效力，并有足够的灵活性以适应合同变更。

最重要的是，记录、记录、记录——要及时记录那些在整个合同存续期内发生的事件或召开的会议。

退出策略

关键绩效指标和关键风险指标就是企业的眼睛和耳朵，提醒企业是否有必要考虑退出策略，并实际管理业务连续性计划。突然之间，企业会意识到，那些所有关于情景和员工培训的会议都是值得的。

外包合同中包含应急计划以应对合同期内发生的重大问题。然而，有时候也会出现合同不得不终止的情况。有很多原因可能导致有必要终止合同。最明显的原因是供应商不合格或未能达到要求的标准或质量。供应商的行为造成了买方的声誉损失则是另一个原因。不太容易预测的是，一家公司收购供应商后，要么将其出售，要么将其与集团内的另一家公司合并，这应该作为定期风险重新评估的一部分加以监测。这完全可以证明供应商违反了合同，从而将外包流程收回企业内部。

在金融服务领域，监管部门要求企业应当能够将任何外包活动带回内部。正如上文提到的那样，这意味着，需要在培训过的人员和基础设施上投入一定的资源，并制定一个明确的预案，好让员工能迅速承担那些原本被外包出去的任务。所有部门都必须考虑自己的退出策略。如果不这样做，就会导致供应商依赖，失去议价能力，并发觉自己难以脱身。

企业也应该能够基于自己的考量终止合同，并以合理的理由发出合同终止通知，而不是因供应商的违约行为终止合同。这意味着从一开始，就应在合同中明确以下内容：

- 可以解除合同的情形；
- 如何将外包活动（以及数据）收回买方企业内部（或转交给第三方）；
- 各种资产的归属权；
- 赔偿金将在何时给付。

说到底，外包是一种合作关系。如果企业已经尽心管理了这段关系，终止也可能是一种协作行为。

供应链

供应链为何如此特别？它又是如何变化的？

对于供应链为何不同这个问题的简短回答是，无论是在一国之内还是全球，它都涉及许多的动机。分包也是一样的。要想理解多层供应链颇具挑战性。从某些角度而言，提高供应链的透明度很难（有时甚至不可能）实现。

世界一直在变化。由于关税削减、通信和运输更加便宜，国际贸易迅速发展，尤其是在 1990 年之后，全球 70% 的贸易都有供应链参与。适时或者说精准的存货管理意味着供应链变得更短、更快、更智能。

然而，经过十年甚至更久的监管协调，世界各地出现更多的区域性问题，比如个人信息被滥用（欧盟为此制定了《数据通用保护条例》）；工资飙升；人们对道德问题，比如人口贩卖和童工的忧虑；还有对环境恶化和气候变化的担忧。所有这些都会带来声誉损失。在 5G 时代，可能会同时存在不同的标准，而这也许会对未来网络风险的合法安全问题产生威胁。

出现新冠疫情之后，供应链的复杂程度得到简化和降低。外包则很可能会出现一种区域化而非全球化的趋势——近岸而非离岸。汽车制造也可能布局在墨西哥（对标美洲）、东欧或摩洛哥（对标欧洲）以及东南亚。另外，随着北极冰川的融化，新的海上通道可能会通航，从而加快供应链的运行速度。

但是即便是一个国家内部的供应链，也存在许多变数和难题。对于那些关键或重大的职能，需要对长而复杂的分包链实施监督。企业需要对主要供应商进行相同的检查并提出要求。任何重要的分包商都应该得到买方的批准——前提是，"重要"已经被明确地界定。

更重要的是，数据和分析方法是驱动变化的因素之一。起初，实物资产的可用性、流通性和成本是主要关注的问题。如今，主要关注的问题变成了与解决方案配套的数据、服务和产品管理。分析的内容涵盖了产品和服务的质量、运输、成本、顾客体验和盈利能力。然而，海量的数据意味着企业必须学会去芜存菁。

数据分析能够做到：

- 识别潜在的问题，比如能预测短缺，以避免糟糕的服务和客户体验。
- 制定最优的价格，比如当航空、酒店和生鲜产品需求下降时。
- 改善库存，依据销售预测、真实订单和承诺的原料交付来分配资源。
- 在供应链中应用 AI 来真正地了解不断波动的生产流程，并能预测变更。使问题能在几分钟内解决，而不再耗费数个小时，还能避免长时间的数据挖掘。

云技术意味着整个供应链都能进行协作和参与。这样对供应链中的各参与方和客户都更好。

需要什么样的管理?

企业需要通过以下措施来进行供应链管理：

- 规划。实施端到端的供应链映射和供应商风险分析，明确风险优先领域。确定供应链是高效率、高效能的，能向顾客传递价值并能实现买方企业的目标。

- 治理。监管、监控、尽职调查和提出挑战。
- 采购。与外包一样，选择供应商至关重要，应当建立监督和管理供应商关系的流程，比如关于订购、接收和存货管理的流程。
- 财务。掌握与物流路径和存货紧密相关的营运资本和现金流。
- 制造。制造产品，实施质量测试并制订交货计划。
- 交付。产品订购，产品运输，开具发票和收款。
- 保障。建立支持性程序以监控整个供应链中的信息，并确保遵守了所有相关法规。这不只是关于产品和交付，其他的职能，比如财务、人力资源、IT、设施管理、投资组合管理、销售和质量保证等也应当被纳入其中。

这也意味着企业要与供应商建立合作关系和信任。最初，"石油巨头"们倾向于以敌对方式对待其供应商。现在，它们与供应商的关系有了改变。许多企业意识到，外包不仅关乎价格，更关乎价值。再次重申，外包其实是一种合作。

这种合作意味着需要有一个跨职能的委员会存在。委员会不仅需要实施监管和监督，其作用更在于改善供应链，无论是重新配置供应网络、想办法减少交付时间，还是和供应商协作。理想情况下，应该有一个专门的团队来对供应链进行评估和风险管理。

将风险管理能力作为业务决策的常规组成部分是建立真正的风险文化与一个有弹性的公司的第一步。

第三方风险管理

第三方风险及其风险管理

我们在本章前面部分提到的关于外包的许多风险适用于所有的第三方，包括供应链。变数是供应链间最大的差异所在。供应链的任何层面都可能出现中断。在一项由国际业务连续性协会和苏黎世保险集团（Zurich Insurance Group）开展的调查中，超过 85% 的企业至少遭遇过一次供应链崩溃。更令人担忧的是，该报告涉及的崩溃中有 40% 来自次级供应商而非直接供应商。对时间敏感的业务流程可能因天气、突然的劳动力短缺、政治动荡或需求的微爆发而崩溃。

第三方风险很复杂，复杂度风险和集中度风险是主要的风险。企业大可以随便找个特定的供应商，但它是不是一个具有支配地位的供应商以至于无可替代？或者，这个供应商是否与其他供应商联系密切，因此可能产生集中度风险？这就是与供应商的合作以及对供应链的监控十分重要的原因。

对于外部环境，我们经常使用 PRESTEL 工具（见第 1 章及其他章节）来了解包含第三方在内的业务变化。表 18 - 2 给出了一个企业及第三方面对的不断变化的环境的例子。了解这些变化的环境对于企业生存与复苏（见第 17 章）还有声誉（见第 15 章）都至关重要。

表 18 - 2　PRESTEL 与第三方

政治	供应链涉及国家政治的不稳定；地缘政治力量的不稳定，例如贸易战和关税战
监管	世界各地法规的变化，例如欧盟的《通用数据保护条例》的变化
经济	经济、劳动力市场和竞争对手的变化；地理位置，如果有供应商所在国之外的第三国，就还包括分包商的地理位置；产品的去碳化
社会	人口结构；客户观点的改变；社交媒体与新闻媒体；政客；伦理或道德观念的改变
技术	网络威胁与网络安全（见第 16 章）；充分的灾难复苏计划，包括云供应商、停电和网络中断
生态环境	气候变化，例如洪水、台风；自然灾害
法律	不同国家的商业惯例及各国不断变化的立法，例如美国的《反贿赂法案》

正如我们常说的那样，水平扫描是一项需要全天候执行的职能。

在识别出内外部的风险之后，企业需要评估战略性风险事件的可能性与影响，无论这些事件是关于人员、系统、流程还是外部事项。使用企业拥有的所有内部和外部数据（见第 8 章）。重要的是要考虑其影响。这些风险的影响可能导致供应链失效并需要很长时间才能恢复。

如我们在第 6 章介绍的那样，只要一个简单的框架就能帮企业将风险分类：以风险预计发生的可能性为纵轴，再以横轴表示量化风险的预期影响。

表 18 - 3 展示了可能的风险类别。

表 18 - 3　可能的风险类别

类别	影响	例子
业务挑战	通常是低影响风险，可以被合理地预测和管理	劳动纠纷、监管变更、客户需求
可控意外	较难预测，但其影响可控	供应商破产，一个没有重大业务活动的国家发生了区域冲突
酝酿中的风暴	可预测，而且若发生将产生很大的影响	英国脱欧
黑天鹅事件	极难预测，而且若发生将产生很大的影响	战争、严重洪灾、恐怖袭击或者网络攻击

接下来就是情景模拟（见第 9 章）并考虑其应对措施。这些应对措施见表 18 - 4。

表 18 - 4　不同风险的应对措施

业务挑战	培养企业的稳健性；培训员工处理日常风险；改善信息系统；建立风险意识文化
可控意外	业务多样化；撤出高风险地区；双源采购战略
酝酿中的风暴	重新考虑供应链策略；审查存货积累策略；为需求变化做准备
黑天鹅事件	培养敏捷性和灵活性；为恢复时间长的部分保持合理的储备；重新审视情景规划；风险转移，如保险和合同语言

要用情景来决定是投资于预防措施还是在毫无准备的情况下承担风险。

第三方缓解和控制

我们已经介绍了一些应对第三方风险，特别是供应链风险的方式。供应链正在变得更短、更快、更智能，因此也更加需要确保安全性。

正如我们在前文所说的，也许最佳的缓解方式就是与企业的合作伙伴密切合作。这是一种基本的预防性控制。类似地，无论是涉及外包商或供应商，服务水平协议或者供应商合同都是一项重要的控制和缓解措施。

数据机密性应当被保护，包括数据、系统的完整性和可追溯性，不论是关于外包商还是供应商的。企业应该考虑传输中的数据、存储载体中的数据以及休眠中的数据，并使用加密技术作为另一种预防性控制。

在不断变化的世界中，运营韧性（作为一种缓解措施）可能意味着更多的本地采购，即使这样做的成本会更高；或者当企业的某个供应商至关重要时，可能涉及能力的复制。

现在说到检查性控制，不管是对外包商还是供应商，企业都很难摸清所有的分包商，但企业的合同，特别是那些与关键第三方签订的合同，应当被定期审计。同样，这些合同也必须定期进行绩效评估。

对于企业和第三方间的常规问题，应当具备问题升级程序。如果危机发生，就需要一个业务连续性计划以及涉及各方的争议解决程序。就像我们在第 17 章中解释的那样，如果不对业务连续性计划进行测试，不对公司和第三方应对危机的人员进行培训（包括企业和第三方），那么制订业务连续性计划就没有意义。虽然业务连续性计划是一种纠正性控制，但培训是预防的一部分。如果内部员工同时参与合同谈判和维持与第三方的关系，将对企业和第三方的合作有所帮助。

第三方监控和指标

好的企业会持续监测可能导致业务中断的趋势和事件。无论是服务水平协议还是与供应商签订的合同，都会涵盖关于执行情况和服务质量的指标，如交货时间。其中的一个指标涉及为客户提供的服务，比如客户满意度。除了涉及合同本身的内部指标，跨国的合同还应当密切关注各国的风险指标。在多层级供应链中，需要建立包含供应商地理位置、业绩和审查结果的供应商数据库。这些数据源将为事件发生提供预警。

外包合同中将包含定期的绩效审查——开始可能是每天审查，之后就变成每周或每月审查——必须允许内外部的审计师采用他们自己的评估措施。无论是绩效评估还是审计评估，都要在治理团队中及时且定期地记录结果，并就结果达成共识。这就是企业确保必要的改善得以推进的控制机制，也是导致合同修订的过程，可能是每个季度或至少每年进行修订，以反映累积的变化。

报告和监测应该围绕风险展开。供应商应跟踪风险指标和突发事件。绩效监测的一个组成部分是定期重新评估关系中的风险——包括管理层面和操作层面。毕竟这是一种合作关系。企业需要依照初始目标持续监控交易，以对其是否能始终满足企业的需求进行检查，而这些需求本身也可能随着时间的推移而变化。

在考虑绩效评估时，企业必须保留具备专业知识的人员来监管、监督外包活动及其供应商。外包应该使企业提高绩效，但往往也导致了内部专业知识的流失。企业不能让外包削弱了企业进行绩效评估和回归外包初始目标的能力。

最后，如果供应商未能有效履行其职能或者违背了法律要求，企业必须采取行动纠正供应商的错误。企业在合同存续期间有采取行动的权利，但同样，为了应对重大的业务中断或程序故障（见第17章），企业也必须拥有一个有效的、定期测试的应急预案。

小结

本章大部分内容都是关于外包项目及其风险细节的。许多因素都适用于一般的供应商，不管是单一的供应商还是整个供应链。无论是外包还是其他供应商安排，企业都不能放弃服务客户和维护自身声誉的责任。最好的解决办法是，确保企业与第三方建立真正的合作关系。

图书在版编目（CIP）数据

风险管理实务：从入门到精通 /（英）托尼·布伦
登，（英）约翰·瑟尔韦尔著；池国华译. -- 北京：中
国人民大学出版社，2023.12
　　ISBN 978-7-300-31982-7

　　Ⅰ. ①风… Ⅱ. ①托… ②约… ③池… Ⅲ. ①企业管
理－风险管理 Ⅳ. ① F272.35

中国国家版本馆 CIP 数据核字（2023）第 135735 号

风险管理实务——从入门到精通

[英] 托尼·布伦登
　　　约翰·瑟尔韦尔　　著

池国华　译

FENGXIAN GUANLI SHIWU —— CONG RUMEN DAO JINGTONG

出版发行	中国人民大学出版社		
社　　址	北京中关村大街 31 号	邮政编码	100080
电　　话	010 - 62511242（总编室）	010 - 62511770（质管部）	
	010 - 82501766（邮购部）	010 - 62514148（门市部）	
	010 - 62515195（发行公司）	010 - 62515275（盗版举报）	
网　　址	http://www.crup.com.cn		
经　　销	新华书店		
印　　刷	涿州市星河印刷有限公司		
开　　本	720 mm×1000 mm　1/16	版　次	2023 年 12 月第 1 版
印　　张	24.75 插页 1	印　次	2023 年 12 月第 1 次印刷
字　　数	357 000	定　价	88.00 元